El don de la sensibilidad *en el amor*

Cómo comprender y mejorar las relaciones cuando el mundo te abruma

Dra. Elaine N. Aron

Autora del best seller *El don de la sensibilidad*

El don de la sensibilidad *en el amor*

Cómo comprender y mejorar las relaciones cuando el mundo te abruma

EDICIONES OBELISCO

Si este libro le ha interesado y desea que le mantengamos informado de nuestras publicaciones, escríbanos indicándonos qué temas son de su interés (Astrología, Autoayuda, Ciencias Ocultas, Artes Marciales, Naturismo, Espiritualidad, Tradición...) y gustosamente le complaceremos.

Puede consultar nuestro catálogo en www.edicionesobelisco.com

Colección Psicología
El don de la sensibilidad *en el amor*
Dra. Elaine N. Aron

1.ª edición: octubre de 2017
3.ª edición: junio de 2026

Título original: *The Highly Sensitive Person in Love*

Traducción: *Antonio Cutanda*
Maquetación: *Compaginem S. L.*
Corrección: *M.ª Jesús Rodríguez*
Diseño de cubierta: *Enrique Iborra*

Edita: Ediciones Obelisco, S. L.
Collita, 23-25. Pol. Ind. Molí de la Bastida
08191 Rubí - Barcelona - España
Tel. 93 309 85 25
E-mail: info@edicionesobelisco.com

ISBN: 978-84-9111-279-2
Depósito Legal: B-19.062-2017

Printed in India

A mi marido, Art.
A mi hijo, Elija.
A todas aquellas personas llenas de amor
que pueblan las vidas de mis lectores.

Agradecimientos

He disfrutado de la gran fortuna de tener a Tracy Behar como editora, y a Betsy Amster como agente literaria. Ambas han realizado un exigente aunque amable trabajo, persuadiéndome para que plasmara por escrito y matizara todo lo que bullía en esta cabeza de persona altamente sensible (PAS) acerca de mis trabajos sobre el amor y el temperamento. La editora Sarah Whitmire también le dio al manuscrito una buena pasada, al igual que mi marido, Art; y también le agradezco a mi hijo, Elijah, el trabajo que ha hecho sobre el texto.

Muchísimas gracias también a las PAS que aceptaron que las interrogara durante horas en lo relativo a sus relaciones, y gracias asimismo a las muchas personas que respondieron a mis encuestas. También estoy agradecida a todas aquellas otras personas que han acudido a mí en busca de psicoterapia. Cada vez que he relatado alguna parte de sus historias en estas páginas, he intentado combinar los hechos, al tiempo que preservaba sus puntos de vista. Estos relatos eran la única forma de ofrecer la profundidad que este libro requería, y siento que ha sido un privilegio haber estado presente mientras sus historias se iban desvelando.

Nota de la autora

Recibe mi más cordial bienvenida a esta nueva edición de *El don de la sensibilidad... en el amor.* Quizás te hayas dado cuenta de que este libro se publicó por primera vez en el año 2000. Pero, a pesar del tiempo transcurrido, debo decir que cambiaría muy pocas cosas en él. De hecho, lo que podría añadir es lo que vas a encontrar en esta nota, que intenta contar más que nada los hallazgos realizados en las investigaciones más recientes sobre la alta sensibilidad. De todos modos, me gustaría expresar también un par de ideas que me han sobrevenido con los años, a medida que iba viendo las reacciones de muchos lectores ante este libro.

Ve despacio

En primer lugar, una advertencia para mis lectores altamente sensibles. No esperes que las personas más cercanas en tu vida se entusiasmen de repente cuando les cuentes lo de tu sensibilidad o intentes explicarles lo que esto puede significar en vuestra relación, porque en el fondo pueden sentirse amenazadas. Pueden sentir que algo está cambiando, y el miedo puede llevarlas a sentirse mal. Quizás piensen que todo esto va a enturbiar vuestra relación debido a que sois muy diferentes, y ciertamente cualquiera de los dos puede sentir de pronto estas dudas. O quizás piensen que tu nuevo descubrimiento te va a llevar a expresar nuevas necesidades, o que incluso vas a comenzar a reivindicarte en ellas; necesidades que nunca antes habías planteado, como pedir más tiempo de inactividad o dejar de ir a sitios ruidosos en los que quizás antes os lo pasabais relativamente bien, pero que ahora comprendes que no iban demasiado contigo. Podría suponer incluso un cambio notable en los equilibrios de poder, si hasta este momento se hubiera contemplado la alta sensibilidad como una debilidad o, incluso, un problema o trastorno psicológico; pues, a partir de ahora, vas a comprender que la persona altamente sensible (PAS) es absolutamente normal, además de tener determinadas habilidades especiales y de tener los mismos derechos. Por tanto, te recomiendo que vayas despacio. Utiliza tu inusual empatía (*véase* más abajo) para comprender lo que esta nueva perspectiva puede suponer para la otra persona, que también tiene necesidades que han de ser respetadas y que pueden dar lugar a conflictos que habrá que negociar. Además, nunca utilices tu rasgo como un arma, diciendo, por ejemplo, «Soy una persona altamente sensible y me niego a escuchar eso». Convendrá que, en caso de conflicto, y si alguno de vosotros se sobreexcita en algún momento, acordéis de antemano el tomaros un tiempo muerto de al menos 20 minutos, pero no dejéis de retomar la conversación después. Por otra parte, tampoco te excedas recalcando esta nueva diferencia entre vosotros. Al cabo de pocos meses, esta nueva perspectiva seguirá siendo esencial, pero se integrará con el resto de tu persona y con el modo en que conectabas previamente con las personas más íntimas.

En segundo lugar, un consejo para los escépticos. Vosotros también convendrá que vayáis despacio a la hora de aceptar o rechazar la idea de la alta sensibilidad. Si te cuesta creer que esto pueda ser una realidad, te diré que a mí también me costó aceptarlo durante un tiempo. ¿Es posible que yo viera algo en los datos que, en realidad, no estaba ahí? Ante tal pregunta puedo responderte que todas las investigaciones que vas a encontrar aquí, llevadas a cabo por distintos científicos, te convencerán en breve. Pero, de todos modos, tomemos en consideración los buenos motivos que existen para ser escépticos, al menos en principio, aunque luego echaremos un segundo vistazo.

Puede que te preguntes por qué nadie descubrió esto antes. O, también, «¿No será otro libro más de autoayuda?». Seamos claros, nunca tuve la intención de escribir libros de autoayuda. Me vi forzada a ello por las PAS que oyeron hablar de mi investigación y, literalmente, casi me exigieron que escribiera sobre ello. En segundo lugar, el rasgo siempre ha estado ahí, evidentemente, aunque se le han dado otros nombres. Sin embargo, se desconocían sus elementos esenciales, por lo que se le describía exclusivamente por sus comportamientos externos, como «timidez» o «introversión». No obstante, las PAS no son ni una cosa ni la otra. En tercer lugar, la alta sensibilidad es en gran medida invisible, a diferencia del color del cabello, de la altura o del género de la gente, de ahí que se la minimizara con facilidad. Pero este rasgo puede tener tanto impacto como el género de una persona, en tanto en cuanto afecta a todos los aspectos de la vida: el pensamiento, los sentimientos, las preferencias, la profesión y, cómo no, las relaciones.

Además de la invisibilidad, la PAS típica se adapta tan bien a la vida y a los demás que sus diferencias pasan desapercibidas, a menos que las conozcas. (Aunque determinados problemas o capacidades que pueden tener las PAS las llevan a llamar la atención, por lo que ésa puede ser la única imagen que tengamos de una persona sensible). No obstante, en cierto sentido, la esencia de su rasgo es la adaptación.

Otro motivo por el que las personas pueden no tomarse en serio la alta sensibilidad es porque sólo en torno a un 20 por 100 de los seres humanos nace con este rasgo, lo cual deja al 80 por 100 restante estableciendo su opinión mayoritaria sobre en qué consiste la naturaleza humana. Es natural que cualquier persona piense que el resto del mundo es parecido a ella en la mayor parte de los aspectos, pues esto nos ayuda a comprendernos unos a otros y nos lleva a sentir empatía. Sin embargo, hay personas que responden «Sí» a todas las frases del test «¿Eres altamente sensible?» que encontrarás en este libro, y personas que responden «No» a todas las frases. Podemos vivir en las mismas comunidades, podemos vivir incluso bajo el mismo techo, pero tenemos necesidades diferentes y, dado que no se reconoce con facilidad quién es y quién no es sensible, y la mayoría no lo son, las no-PAS se muestran escépticas de forma natural. Incluso, en ocasiones, hasta las mismas PAS piensan que deberían ser como las no-PAS. (Y convendrá explicar lo de «no-PAS». La «AS» hace referencia a un concepto específicamente científico, y NO significa que una no-PAS carezca de sensibilidad alguna en el sentido de cuidar a los demás y querer ayudarlos. En realidad, las PAS pueden llegar a ser bastante insensibles en ese aspecto, cuando están sobreestimuladas, por ejemplo, o cuando se hallan bajo el influjo de «un complejo», cosa de la que hablo en este libro).

Existen verdaderas diferencias innatas de todo tipo entre las personas, y la suposición de que todos nacemos iguales y que tomamos forma a través del aprendizaje y de las decisiones personales puede convertirse en una fuente de problemas en las relaciones. Solemos pensar que, si alguien está haciendo algo que no nos gusta o que no nos conviene, tal persona debería modificar su comportamiento si realmente nos quiere. Pero quizás pueda hacerlo, o quizás no. Por ejemplo, es habitual que las no-PAS piensen que todo el mundo debería disfrutar de los restaurantes ruidosos o de las charlas intranscendentes, y que si alguien no disfruta con eso es porque es una persona quisquillosa, complicada o exigente. Pues no, esta diferencia hace que los restaurantes ruidosos y las conversaciones triviales estén bien para algunas personas, pero que sean casi insoportables para las personas altamente sensibles. Una vez más, este rasgo es real.

Las investigaciones más recientes

En torno a 1991 comencé a aplicar el término «sensible» a los adultos. Posteriormente, en 1997, publicaría una investigación sobre el tema, si bien ya había otros investigadores que estaban estudiando este rasgo en los niños, y ninguno de nosotros habíamos hecho demasiado ruido con todo aquello. En mi caso, yo entrevisté a un buen número de personas para luego crear un cuestionario estadísticamente válido y comenzar a realizar algunas investigaciones sobre el cerebro (enfoques en los que no se puede utilizar a niños). Otros investigadores, que estaban estudiando la fisiología o la genética, conectaron posteriormente con la alta sensibilidad. En la actualidad, estas investigaciones tienen bastante repercusión y llegan desde muchos y diferentes campos, a veces dándole diferentes nombres al mismo rasgo. Yo utilicé el término de «sensibilidad de procesamiento sensorial», pero ese mismo rasgo recibe los nombres de «sensibilidad o reactividad al entorno», «sensibilidad biológica al contexto», «susceptibilidad diferencial» o «sensibilidad ventajosa», o bien se identifica por los nombres de determinadas variaciones genéticas o, en los animales, con el nombre de «plasticidad» o «flexibilidad comportamental».

Los puntos básicos

Aunque siguen llegando nuevas evidencias, sea quien sea el investigador, todos coincidimos en que este rasgo

- Es innato, genético o «constitucional» (aunque algunos creen que pueden haber otros factores implicados).
- Se halla siempre en una minoría, alrededor del 20 por 100.
- Implica una preferencia a la hora de percibir aspectos sutiles del entorno y para hacer una pausa en situaciones novedosas con el fin de observar y comparar lo percibido con experiencias pasadas (aunque, a veces, la información de las experiencias pasadas puede llevar a actuar de forma comparativamente más rápida y confiada).
- Ha evolucionado en más de 100 especies porque proporciona determinadas ventajas para la supervivencia.
- No es un trastorno ni supone vulnerabilidad alguna porque, mientras que aquellas PAS que se hallan en entornos pobres, sobre todo en la infancia, son más proclives a tener problemas, las PAS que se hallan en entornos de apoyo, enriquecidos, funcionan mejor que las demás personas en numerosos aspectos. A esto se lo denomina «susceptibilidad diferencial».

Investigaciones sorprendentes sobre lo que las PAS aportan a las relaciones

Quizás la investigación reciente más importante sobre este tema sea la que realizó Bianca Acevedo y sus colegas –entre los que estamos mi marido y yo misma– y publicada en la revista científica *Brain and Behavior* (Cerebro y comportamiento) en el año 2014. (Cada vez que menciono una investigación proporciono detalles suficientes como para que pueda encontrarse fácilmente mediante una búsqueda en Internet, y con frecuencia se hallan relacionadas en mi página web, en www.hsperson.

com). En este estudio se utilizó un escáner cerebral para averiguar qué partes del cerebro estaban activas cuando PAS y no-PAS contemplaban fotos de personas extrañas y de personas queridas con expresiones de felicidad, angustia o expresiones neutras. En los resultados se apreciaron notables diferencias. En concreto, las personas que poseen el rasgo de la alta sensibilidad mostraron más actividad que las demás en su sistema de neuronas espejo. Las neuronas espejo, junto con otras partes del cerebro que también están activas en las PAS durante estas actividades, están estrechamente relacionadas con la empatía. En general, podemos sentir empatía a través del razonamiento o incluso suponiendo que los demás son como nosotros; pero, con las neuronas espejo, la empatía nos lleva a sentir realmente, hasta cierto punto, lo mismo que sienten los demás.

Las PAS de este estudio también fueron más receptivas que las otras a las emociones en general, más receptivas a sus parejas que a los extraños y más receptivas a los sentimientos positivos de su pareja, porque, cuando veían a su pareja angustiada, su cerebro entraba más en «modo de acción» que las otras personas. Otras áreas cerebrales que estuvieron más activas en las PAS demostraron que, en términos generales, se trata de personas que están más conscientes durante la tarea que se lleva entre manos. Todo esto son ventajas tangibles que las PAS aportan a cualquier relación.

Las cuatro características de la alta sensibilidad, más una

Desde 2012, utilizo un acrónimo para explicar las características principales de la alta sensibilidad: PSES. La P es por la Profundidad de Procesamiento de la información, que viene seguida por la propensión a la sobreestimulación. Si lo procesas todo en profundidad, y si hay demasiado que procesar, el resultado es la sobreestimulación. La E es porque la persona es Emocionalmente receptiva y por la Empatía que suelen mostrar las PAS, características que en las investigaciones aparecen constantemente. Por último, la S es por la Sensibilidad ante estímulos sutiles.

No es difícil ver de qué modo estas cuatro características afectan no sólo a las relaciones, sino a todo en la vida. De hecho, podrías detenerte por un instante y reflexionar sobre tus relaciones (con tu pareja, con un amigo o un familiar) y en cómo se manifiestan estos cuatro elementos en esos procesos. Si una persona no muestra indicios de estas cuatro características, de todas ellas, lo más probable es que no sea una persona altamente sensible, al menos tal como he definido yo este concepto.

Pero ¿qué es ese «más una»? Es la *susceptibilidad diferencial.* Más o menos en la época en la que yo estaba pensando en el tema de la sensibilidad, Jay Belsky y Michael Pluess estaban trabajando sobre una teoría que sostiene que los progenitores tienen más posibilidades de que su ADN sobreviva (lo cual es el objetivo evolutivo de todo individuo) si alguno de sus hijos es altamente sensible a su entorno. Estos descendientes serían, desde el mismo momento de nacer, mucho más conscientes del peligro, y obtendrían más ventajas de todo aquello que les resultara útil. Pero sería aún mejor que alguno de sus hijos no fuera altamente sensible, en el caso de que, para cuando los chicos se hicieran adultos, no hiciera falta demasiada sensibilidad, con todo el coste energético que esto supone. Antes de Belsky y Pluess, la sensibilidad se contemplaba exclusivamente como algo que incrementaba la vulnerabilidad y reducía la resiliencia, haciendo a las PAS más proclives a la depresión y a la ansiedad, por ejemplo. Pero ahora sabemos que el mejor término es «susceptibilidad», tanto para buenos como para malos entornos. Michael Pluess ha seguido estudiando el aspecto positivo de todo esto, que hasta el momento se venía ignorando, y lo ha denominado «sensibilidad ventajosa».

Así pues, si comparas, por ejemplo, a las PAS y a las no-PAS que hayan tenido una infancia igualmente turbulenta, las PAS mostrarán mayores niveles de depresión, ansiedad y timidez al llegar a la edad adulta, y forcejearán con la inseguridad en sus relaciones, tal como se explica en este libro. Sin embargo, con una infancia lo suficientemente buena, no mostrarán estos problemas y pueden funcionar incluso mejor que los no-PAS. Aunque la ansiedad y la depresión son dos de los mayores predictores del fracaso en las relaciones, las PAS parecen responder mejor que las demás a la ayuda que les prestan sus parejas o aquellos profesionales que comprenden su rasgo.

Las investigaciones sobre la profundidad de procesamiento

La profundidad de procesamiento es la clave de la sensibilidad, y también lo más difícil de observar y lo más complejo a la hora de formularse preguntas. A veces se manifiesta en que las PAS parecen recorrer con su pensamiento todos los aspectos de un tema, especialmente si han de tomar una decisión, sea la de elegir el sabor de un helado o determinar qué piensan sobre el significado de la vida. Aunque esto puede llevarles a cierta lentitud en la toma de decisiones, éstas suelen ser más acertadas debido a que son el resultado de una cuidadosa consideración, y de ahí que muchas PAS se conviertan en líderes.

Pero ¿qué dice la ciencia al respecto? En un estudio publicado en 2011 en la revista científica *Social Cognitive and Affective Neuroscience* (Neurociencia social cognitiva y afectiva), realizado por Jadzia Jagiellowicz y sus colegas, se comparó la actividad cerebral de las PAS y las no-PAS mientras buscaban las diferencias entre dos imágenes muy parecidas en contraposición con dos imágenes claramente diferentes. Al observar las imágenes que casi no se diferenciaban, las PAS mostraron una mayor actividad en aquellas áreas cerebrales que se encargan precisamente de eso, de considerar las complejidades perceptivas y sus detalles, y no simplemente los aspectos superficiales. Es decir, las PAS emplearon más aquellas partes del cerebro implicadas en un procesamiento «profundo» o más elaborado.

En otro estudio, que realizamos nosotros y otros investigadores, publicado también en *Social Cognitive and Affective Neuroscience,* en 2010, comparamos a PAS y no-PAS nacidas y educadas en Asia o en Estados Unidos en relación a cómo manejaban tareas perceptivas que se sabía que variaban en dificultad –es decir, cuánta activación o esfuerzo cerebral se precisaba– en función de si tu cultura es más colectivista, como en Asia, o más individualista, como en Estados Unidos. La actividad cerebral de las no-PAS mostró el esfuerzo extra que sería de esperar cuando se hace la tarea que es más difícil para las personas de su cultura, pero los cerebros de las PAS, tanto las nacidas en Asia como en Estados Unidos, no mostraron diferencia alguna de esfuerzo en ambas tareas. Era como si pudieran ver más allá de su sesgo perceptivo cultural hasta un nivel más profundo sobre cómo «son realmente» las cosas.

En las investigaciones cerebrales sobre la empatía de las que he hablado arriba, de Bianca Acevedo y sus colegas, se halló también que las PAS mostraban más activación en aquellas zonas que elaboran el procesamiento perceptivo. Así se «replicaron» los hallazgos previos, lo cual es una buena señal.

Las investigaciones sobre la facilidad de sobreestimulación

Una persona que sea más consciente de todo lo que ocurre, tanto fuera como dentro, y que además procese esa información de manera más concienzuda se desgastará mental y físicamente más rápido que las demás, además de que se va a estresar. Este hecho apenas precisa de investigaciones, dado que es la experiencia común de las PAS y lo que perciben con más facilidad las personas que conviven con ellas.

Pero, si buscamos evidencias experimentales de que las PAS se sobreestimulan con mayor facilidad, Friederike Gerstenberg, en un estudio publicado en *Personality and Individual Differences* (Personalidad y diferencias individuales) en 2012, comparó a personas sensibles y no-sensibles sobre una tarea perceptiva complicada. Las personas tenían que decidir lo más rápidamente posible si había o no había una T oculta y girada de diversas maneras entre una masa de letras L giradas también de diversas maneras en una pantalla de ordenador. Pues bien, las PAS fueron más rápidas y tuvieron más aciertos; pero, cuando se les preguntó sobre su nivel de estrés, también resultaron ser las más estresadas después de finalizar la tarea.

Sin embargo, la alta sensibilidad no consiste principalmente en estresarse con altos niveles de estimulación, como un lugar ruidoso, una sala abarrotada o los cambios constantes. La incomodidad sensorial, en sí misma, sin otros aspectos del rasgo, puede ser un indicio de un trastorno en el propio procesamiento sensorial –no ser capaz de ordenar bien tal proceso–, que es algo muy diferente del rasgo de la alta sensibilidad, con su procesamiento sensorial inusualmente elaborado o profundo. Por ejemplo, en ocasiones, las personas con trastornos del espectro autista se quejan de sobrecarga sensorial; pero, en otras ocasiones, estas personas reaccionan en exceso a los estímulos, sobre todo a las señales sociales, como si tuvieran dificultades para evaluar la importancia de la estimulación. (Qué duda cabe que nos podemos encontrar con PAS que tengan también trastornos autistas o sensoriales, pero se trata de cosas diferentes al rasgo).

Las investigaciones sobre la reactividad emocional y la empatía

Ya sabíamos, por investigaciones sobre cuestionarios y experimentos, que las PAS dicen que reaccionan con más intensidad tanto a experiencias positivas como negativas. Pero, además, los investigadores han señalado, reforzados por evidencias sólidas, que, básicamente, nadie procesa nada en profundidad a menos que tenga una motivación emocional. Es decir, la profundidad de procesamiento es impulsada necesariamente por las emociones, y una mayor profundidad de procesamiento precisa de una mayor reactividad emocional. Después de cada experiencia, las PAS se sienten más satisfechas, perturbadas, curiosas o lo que sea por el resultado, y piensan más en la experiencia de lo que lo harían las demás personas. Pero no hay duda de que también funciona a la inversa: procesar algo con más profundidad evoca sentimientos cada vez más intensos acerca de ello.

Las fuertes reacciones de las PAS, sobre todo la retroalimentación negativa acerca de algo personal o de su rendimiento, es el motivo por el cual se suele decir de ellas que «sobrerreaccionan» a las críticas, especialmente a las críticas de las personas más cercanas. Buena parte de la estrategia de supervivencia de las PAS consiste en corregir su comportamiento cuando han cometido un error, y esto se debe a que se preocupan más por hacer las cosas bien. Todo el mundo se preocupa por algo. Éste es el motivo por el que los exámenes funcionan, porque los alumnos se sienten satisfechos con una buena nota y mal con una mala nota. Al fin y al cabo, sería de desear que nuestro cirujano se hubiera sentido mal con sus errores del pasado y hubiera aprendido de ellos, ¿no? Pues bien, las PAS son simplemente más eficientes en este proceso.

¿Qué dicen las investigaciones sobre reactividad emocional en las PAS? En un experimento, que se incluye en un artículo que presentamos junto con Kristin Davies en 2005, en *Personality and Social Psychology Bulletin* (Boletín de Psicología Social y de la Personalidad), hicimos que unos alumnos creyeran que lo habían hecho muy mal o muy bien en una prueba de «capacidad de razonamiento aplicado». Lo hicimos entregándoles dos versiones diferentes de la prueba de forma alternativa, una de ellas era poco menos que imposible de responder en tanto que la otra se podía responder fácilmente en un minuto. Al entregarlas de forma alterna, cada alumno o alumna tenía a ambos lados a compañeros que o bien encontraban la prueba muy fácil o bien muy difícil. Pues bien, los resultados indicaron que las PAS se vieron más afectadas por la impresión que tenían de haber respondido al ejercicio sumamente bien o por el convencimiento de haberlo hecho rematadamente mal. (A todo el mundo se le explicó después que aquello había sido un experimento y que el proceso había estado manipulado en todo momento).

En una serie de experimentos y de estudios sobre activación cerebral llevados a cabo por Jadzia Jagiellowicz, y publicados en 2016 en *Social Behavior and Personality* (Comportamiento Social y Personalidad), se descubrió que las PAS reaccionaban más que las demás personas tanto a las fotos agradables (p. ej., cachorritos, gatitos y pasteles de cumpleaños) como a las desagradables (p. ej., serpientes y arañas), pero que reaccionaban con más intensidad a las fotos agradables, sobre todo si se trataba de PAS que habían tenido una infancia positiva. Esto podría explicar el aspecto positivo de la susceptibilidad diferencial. Por otra parte, ya hemos hablado de la emoción social de la empatía.

Las investigaciones sobre la sensibilidad a los detalles sutiles

En este caso, tenemos los estudios sobre activación cerebral de los que ya hemos hablado, en el que a los sujetos se les pedía que buscaran las diferencias entre fotos con diferencias muy sutiles en contraposición con fotos con diferencias obvias. Como ya hemos señalado, los cerebros de las PAS estuvieron bastante más activos que los de las no-PAS cuando se trataba de buscar diferencias sutiles. Otro ejemplo es el del estudio cultural, en el que la facilidad para percibir diferencias sutiles no se vio afectada por la cultura en el caso de las PAS, pero sí que ofreció diferencias culturales en el caso de las no-PAS. También está el estudio de Gerstenberg, en el que PAS y no-PAS tenían que localizar las T dentro de una sopa de letras L en distintas posiciones. En este caso, las PAS fueron más rápidas y acertaron más que las no-PAS.

Genética y evolución

En nuestro artículo de 1997 comentábamos ya los motivos evolutivos que pueden subyacer a este rasgo, cuando se encuentra más o menos en el mismo porcentaje de individuos (un 20 por 100) en más de 100 especies diferentes. Evidentemente, existen dos estrategias de supervivencia, dependiendo de la situación. La estrategia sensible consiste en observar con atención antes de actuar, siempre y cuando otras observaciones pasadas hayan enseñado que una acción rápida puede ser también aquí una ventaja. La otra estrategia es actuar con rapidez, «audazmente», sin fijarse demasiado en los detalles de la situación.

En un artículo publicado en *Proceedings of the National Academy of Sciences (Actas de la Academia Nacional de las Ciencias)* en 2008, Max Wolf y sus colegas adelantaron una probable explicación evolutiva para la sensibilidad, basada en una simulación computarizada y en otras evidencias y razonamientos. Un animal que coma pasto, por ejemplo, sobrevivirá mejor que otros de su especie si es capaz de percibir diferencias sutiles en las hierbas cuando existan diferencias sustanciales en la calidad nutricional de las zonas de pasto. Pero, si no existen demasiadas variaciones, el hecho de percibir diferencias sutiles en la hierba no dejará de ser una pérdida de tiempo y de energía.

Pero ¿por qué la mayoría de los individuos en las distintas especies no es sensible o, al menos, por qué la distribución no es de mitad y mitad? La simulación computarizada y las observaciones reales indican que, si los sensibles no fueran una minoría, no supondría ventaja alguna el ser sensible porque, en la situación planteada sobre las hierbas, por ejemplo, las mejores hierbas se las comería el primero que llegara y, por tanto, no sería la sensibilidad, sino la rapidez de acción lo que primaría. A mí me gusta poner el ejemplo de que, si la mitad de los conductores en un atasco de tráfico supieran una ruta alternativa y la tomaran, esa ruta terminaría tan atascada como la primera. (Me gusta este ejemplo porque yo siempre encuentro rutas alternativas secretas para evitar los atascos).

¿Y qué genes pueden estar dando cuenta de la alta sensibilidad? En primer lugar, existen variaciones en los genes que heredamos que determinan cómo se va a expresar ese gen, variaciones como aquellas que deciden el color de los ojos o la altura. El gen que determina el movimiento de la serotonina por el cerebro recibe el nombre de gen transportador de la serotonina, y tiene tres variantes: corto-corto, corto-largo y largo-largo. En 2002, Cecilie Licht y otros investigadores del Centro para la Imagen Molecular Integrada del Cerebro, en Copenhague, informaron de que muchas o la mayoría de las PAS portan una de las dos variantes cortas del gen.

Se afirma desde hace años que las variantes cortas de este gen están relacionadas con la depresión y con otros problemas emocionales. Pero esta afirmación no es demasiado consistente, porque el hecho de que las personas depresivas tengan en general las variantes cortas del gen no significa que todas las personas que tienen las variantes cortas del gen sean necesariamente depresivas. Y ahora sabemos que las variantes cortas son las que provocan la susceptibilidad diferencial que, por ejemplo, está relacionada con una mejor toma de decisiones y con el hecho de que estas personas obtengan más beneficios del apoyo social (cosas ciertamente buenas en una pareja).

Los monos rhesus constituyen probablemente la única especie que tiene esta variante, además del ser humano. Los monos que la tenían fueron etiquetados en un principio como «tensos» porque se estresaban con facilidad (se supone que por estar sobreestimulados y por ser emocionalmente reactivos), pero, si tenían una madre solícita que cuidara de ellos en la infancia, estos monos terminaban situándose en la edad adulta en las posiciones más altas de la jerarquía social (se supone que por la profundidad de procesamiento de la información y por ser conscientes de los detalles más sutiles). Curiosamente, tanto los seres humanos como los monos rhesus son altamente sociales y son capaces de adaptarse a un rango más amplio de entornos que cualquier otro primate. Una se pregunta si esta adaptabilidad se debe a los miembros altamente sensibles del grupo de monos o de seres humanos, que pueden captar mejor lo sutil, como qué nuevos alimentos se pueden ingerir sin poner en riesgo la salud y qué peligros evitar, permitiendo al grupo sobrevivir mejor en un entorno determinado.

En cuanto a las parejas, Schoebi y sus colegas informaban en un artículo publicado en *Emotion* en 2011 que las personas con el alelo corto se ven más afectadas por las emociones de su pareja. Y Haase y sus colegas dan cuenta en la misma revista científica, pero en 2013, que, cuando una pareja muestra más emociones positivas durante un conflicto (observado en el laboratorio), esto se asociaba incluso años más tarde con una mayor satisfacción marcial, pero sólo en aquellas personas con el alelo corto.

Otro posible sendero genético capaz de explicar la alta sensibilidad fue el que anunciaron en 2011 Chunhui Chen y sus compañeros desde China. En un artículo publicado en la revista científica *PLoS ONE* decían que las variaciones en siete genes de la dopamina estaban asociadas con altas puntuaciones en la Escala PAS. En el año 2015 descubrieron que, cuando se comparaban los escáneres cerebrales de no-PAS y PAS en reposo, estos genes afectaban potentemente determinadas partes del cerebro, haciéndolas menos activas en las PAS que en las no-PAS.

Un último estudio: las PAS y el aburrimiento en las relaciones

En 2010, mi marido y yo llevamos a cabo una serie de estudios de los cuales hemos dado cuenta en dos congresos pero que aún no hemos escrito para su publicación en una revista académica. Siempre nos ha interesado la cuestión de en qué medida algo tan sencillo como aburrirse en una relación afecta a la satisfacción que la pareja encuentra en su relación. Y, ya puestos en harina, nos planteamos esta duda en relación con las PAS en concreto. ¿Hasta qué punto se aburren las PAS en sus relaciones de pareja cuando se les compara con las no-PAS? Pues bien, en dos estudios diferentes nos encontramos con que las PAS se aburrían decididamente más, aunque en otros aspectos estuvieran tan satisfechas con sus relaciones como podían estarlo las no-PAS.

Llevamos a cabo el mismo estudio con un tercer grupo, pero preguntándoles si, cuando estaban aburridos, preferirían salir y hacer algo diferente, excitante, o bien preferían mantener una conversación profunda con su pareja acerca de algo personalmente significativo. Y sobre todo en el caso de las PAS que decían también que les gustaba reflexionar sobre el significado de sus experiencias (como suele ocurrir con la mayoría de las PAS), éstas casi siempre afirmaban que lo único que necesitaban para terminar con el aburrimiento era una conversación profunda.

La mala noticia es que, al parecer, sin estas conversaciones profundas, las PAS tienden a aburrirse en sus relaciones, cosa que puede suceder con mayor frecuencia si la otra persona es no-sensible. Lo bueno de todo esto es que no parece que las PAS permitan que tal cosa menoscabe su satisfacción general con la relación, quizás porque están habituadas a ella. Pero esto también sugiere que ambos miembros de una relación deberían pensar en cómo profundizar en sus conversaciones con el fin de darle una mayor riqueza a su vínculo.

Antiguas ideas nuevas sobre el amor, las PAS y la espiritualidad

En este libro se explora también el aspecto espiritual de las relaciones porque, según he observado, las PAS tienden a ser más espirituales que el resto de las personas, y esto afecta a sus relaciones de muchas maneras, inclusive en la de dirigir espiritualmente a los demás. Como he intentado dejar claro en este libro, toda relación estrecha o íntima puede convertirse potencialmente en un sendero espiritual. A este respecto, yo suelo sugerir dos libros que, aunque no los he incluido en el apartado de Recursos, podrían serte muy útiles, si bien su lectura no es sencilla. Uno es *Marriage Dead or Alive* (Matrimonio vivo o muerto) de Adolf Guggenbuhl-Craig, que sostiene que las personas que se casan (yo añadiría, que se comprometen en una relación) terminan decepcionadas si lo que buscan es, simplemente, la felicidad. Si una ve el matrimonio como una manera de desarrollar el carácter, de enriquecer el alma, a menudo a través de grandes esfuerzos, entonces el matrimonio está muy vivo. Yo creo que las PAS en particular son más proclives a valorar esa función de la relación, por ejemplo, cuando por término medio están decepcionadas con la profundidad de la conversación de su pareja y, sin embargo, parecen aceptar la relación y se muestran satisfechas.

Otro autor que vale la pena leer es Martin Buber. Hay quienes encuentran su clásico *Yo y tú,* muy difícil de leer, y prefieren las secciones relevantes, que son más fáciles, de *El conocimiento del hombre* o *Between Man and Man* (*Entre hombre y hombre*).[1] En cualquiera de estos libros encontrarás la profundidad de relación que las PAS buscan cuando Buber describe la relación Yo-Tú (frente a la relación Yo-Ello). Buber insiste en que estas profundidades se pueden alcanzar por momentos en casi todas las relaciones, incluso en las que son breves. Para Buber, no sólo pueden ocurrir con otras personas, sino con elementos de la naturaleza como un árbol o un animal, o con Dios. De hecho, Buber pensaba que con suficientes momentos Yo-Tú con los demás, hasta un ateo podría toparse con el Yo-Tú con Dios.

Últimamente vengo pensando que las PAS necesitan más que nadie de un sendero espiritual, así como de una práctica espiritual que les dirija a lo largo de ese sendero. Aunque quizás podríamos hablar de tres senderos. Los chamanes dividen el mundo en tres esferas: el mundo superior, este mundo «real» y el mundo inferior; y dicen que ellos deben estar familiarizados con cada uno de ellos para poder hacer su trabajo curativo y de servicio a los demás. Para mí, el sendero en el mundo inferior supone trabajar con los sueños y con el mundo arquetípico, inconsciente y sombrío de la psique, especialmente de mi propia psique. El sendero en el «mundo real» consiste, desde mi punto de vista, en profundizar en las relaciones más cercanas (y quizás en expresar lo que has encontrado en los otros dos mundos de una forma creativa). Posiblemente sean estos dos «mundos» los que más se trabajan en este libro.

En mi caso, la meditación es el sendero que yo utilizo en el mundo superior, pero podría ser la oración, sumergirme en la naturaleza o cualquier otra cosa. Llevo cuarenta y cinco años haciendo meditación (concretamente, meditación transcendental), y estoy convencida de

---

1. Los libros de Martin Buber en castellano se pueden encontrar en Caparrós Editores, Madrid. *(N. del T.)*

que esta técnica me resulta muy útil en todos los aspectos de la vida, incluidas las relaciones, aunque en última instancia esté diseñada para elevarnos. Pero, aunque los instructores y maestros de cada uno de estos tres senderos repudien frecuentemente a los otros dos, o incluso se burlen de ellos, estos tres senderos, a la luz de los chamanes, no entran en contradicción, sino que se complementan entre sí al formar parte de una realidad mayor.

En este libro se han hollado estos tres senderos, pero lo que me gustaría resaltar es que determinadas prácticas espirituales pueden llevarnos a algo maravilloso y sobrecogedor, algo que decididamente vale la pena, aunque eso precise de muchos años. Se nos dice que nunca es pronto para invertir nuestro dinero en la jubilación, pero también nos dicen que nunca es tarde para empezar. Por encima de todo, no deberíamos dejar de invertir, ni siquiera en tiempos difíciles. Pero ¿qué clase de jubilación sería ésa, al menos para las PAS, si no estuviéramos invirtiendo también en algo más profundo? Sea cual sea tu edad en estos momentos, no olvides que tú también estás madurando y envejeciendo. Pero, si maduramos y envejecemos de una forma más espiritual, el resultado final será mucho más que un cuerpo anciano y moribundo. Tengo la esperanza de que serás capaz de encontrar el camino hacia las profundidades últimas y más plenas del amor.

Nota:

En relación con la discusión de este libro de las PAS con independencia de las relaciones, los puntos tratados están bien sustentados por las investigaciones, todas las cuales se hallan citadas en alguna de las siguientes fuentes:

- E. N. Aron, *El don de la sensibilidad.* (Ediciones Obelisco, Barcelona, 2006).
- E. N. Aron y A. Aron, «Sensory-Processing Sensitivity and Its Relation to Introversion and Emotionality», *Journal of Personality and Social Psychology* 73 (1997): 345-368.
- E. N. Aron, «High Sensitivity as One Source of Fearfulness and Shyness: Preliminary Research and Clinical Implications», en *Extreme Fear, Shyness, and Social Phobia: Origins, Biological Mechanisms, and Clinical Outcomes,* eds. L. A. Schmidt y J. Schulkin (Nueva York: Oxford University Press, 1999), 251-272.
- E. N. Aron, «Counseling the Highly Sensitive Person», *Counseling and Human Development* 28 (1996): 1-7.

Las notas que figuran al pie de cada página son normalmente de estudios sobre relaciones o de hallazgos acerca de las PAS que no se encuentran en las fuentes que acabo de citar. Cuando me refiero a mis propias investigaciones, normalmente se han publicado en los títulos de arriba, salvo en lo relativo a relaciones o sexualidad en las PAS, cuyos resultados más recientes se están publicando por vez primera en este libro.

Si deseas información sobre nuevos hallazgos y desarrollos relacionados con las personas altamente sensibles, escribe a P. O. Box 460564, San Francisco, CA, 94146-0564 y pide que te enviemos Comfort Zone, el boletín de noticias de las PAS, o bien visita nuestra página web en www.hsperson.com.

Recursos relacionados con *El don de la sensibilidad*:

Web de Elaine Aron en inglés: www.hsperson.com
Web para Latinoamérica: www.paslatino.com
Web para España: www.asociacionpas.org
Existe un DVD sobre *El don de la sensibilidad* subtitulado en español en: www.hsperson.com

Introducción

Los efectos que puede tener en el amor el rasgo heredado de la alta sensibilidad no es un tema que me interese exclusivamente desde un punto de vista científico, puesto que lo he vivido y me ha enseñado muchas cosas; a veces a las buenas y otras a las malas. Así pues, en tanto que mi propio caso no ilustra más que una de las muchas maneras en que la sensibilidad puede afectar una relación, ofrece al mismo tiempo una imagen profunda de su poderosa aunque obviada influencia en el amor.

Aprendiendo a través de la diferencia

Mi marido, Art, que es psicólogo social, es un hombre muy inquieto. Si sale de casa a dar una vuelta, se lleva un Walkman. Sin embargo, prefiere pasear conmigo.

Por mi parte, yo prefiero pasear a solas, y soy capaz de conducir mi automóvil durante cinco horas sin poner en marcha la radio. Simplemente, me dedico a pensar.

Art es increíble cuando se halla bajo presión. En una situación de crisis, él sería la persona a la que yo elegiría para mi equipo. Se mete en todas partes y lo toca todo, pero es capaz de entrar en la misma habitación un centenar de veces y no percatarse de que sería mejor apagar las luces y estirar la alfombra. Sin embargo, para mí eso sería algo completamente natural.

Cuando vamos a algún congreso, Art está siempre por ahí, charlando con la gente, desde el desayuno hasta las dos de la madrugada, yendo de grupo en grupo. Yo voy a las sesiones, y quizás me reúno con él para cenar o para asistir a una fiesta, pero la mayor parte del tiempo lo paso en mi habitación, paseando por ahí o manteniendo una larga conversación con alguna otra alma solitaria.

Para Art, toda acción tiene algo de espiritual. La vida cotidiana es sagrada. Yo, sin embargo, siempre estoy queriendo apartarme, retirarme, sintiéndome dividida entre las exigencias externas y ese mundo rico y seductor del espíritu, que sólo encuentro cuando me vuelvo hacia mi interior.

Yo me burlo de él recordándole aquella vez que me preguntó de dónde había sacado aquel estampado «nuevo» y tan bonito de las cortinas de la cocina, cuando aquellas cortinas llevaban allí colgadas ya un año y medio. Sin embargo, él no se burla demasiado de mí, porque sabe que yo me lo tomo en serio.

Ambos podemos estar trabajando hasta dieciséis horas seguidas si es necesario. Eso es algo que yo detesto, aunque a él no parece afectarle. Después de una jornada así, cuando me voy a dormir, me resulta muy difícil conciliar el sueño, porque estoy demasiado sobreestimulada. Sin embargo, él se mete en la cama, a mi lado, y medio minuto después está hibernando como un oso.

Art no sueña tan a menudo como yo. Sus sueños son felices, o son sueños en los que organiza cosas. Mis sueños, sin embargo, son poderosos y, en ocasiones, perturbadores.

Así pues, durante muchos años, ambos estuvimos albergando la idea de que yo era extrañamente intensa, y que él «estaba en las nubes». Pero, claro está, yo también pensaba en todas *estas cosas* con más intensidad. No sabía si verme a mí misma como a una persona enferma y a él como a un milagro de la salud mental, o verme a mí como a un genio constreñido por un marido que resultaba frustrantemente superficial e inconsciente. Ante tal dilema, yo prefería ver el problema en mí misma. Yo deseaba amar a mi marido, pero a veces anhelaba haber tenido a un compañero más profundo, alguien que pudiera dirigirme hacia Dios, quizás. Mientras tanto, Art podría haber disfrutado de una compañera más espontánea y extrovertida, una mujer que charlara más y que buscara más los placeres de la vida. Sin embargo, él no parecía sentirse afectado por las diferencias existentes entre nosotros. Aunque yo sí.

Tampoco me sentía feliz conmigo misma. Ciertamente, pensaba que había algo en mí que no iba bien; aunque debo reconocer que Art nunca me reprochó eso. A él le gustaba mi intensidad, mi creatividad, mi intuición, mi preferencia por ideas y conversaciones profundas, mi conciencia de las sutilezas, mis emociones intensas. Yo veía todo eso como las manifestaciones superficiales y aceptables de un defecto terrible y oculto del cual había sido consciente toda mi vida. Desde mi perspectiva, era un milagro que Art me quisiera a pesar de todo.

Evidentemente, en otras cosas éramos totalmente contrapuestos. Pero este libro no trata sólo del amor entre una persona altamente sensible (PAS) y una no-PAS, pues una buena parte de él trata del amor de las PAS hacia sí mismas y hacia otras PAS. Por otra parte, Art no es altamente *no*-sensible. A él tampoco le gustan las multitudes, detesta las películas violentas y le encantan las artes. Es un hombre muy concienzudo, e intenta estar en armonía con los demás y con su vida interior. En el test para PAS que encontrarás en la página 42, Art obtuvo una puntuación de nueve, una puntuación media (las puntuaciones medias no son realmente las más habituales; la mayoría de las personas son PAS o no lo son). Y a Art también le encanta el amor, la intimidad, la cercanía. De hecho, nuestra área de investigación principal ha sido y sigue siendo el amor y las relaciones íntimas.

Sin embargo, hasta no hace muchos años, en lo más profundo de mi no estaba segura de si quería tener una relación íntima o podía tener una relación íntima con otra persona. En términos generales, me estuve limitando a controlar mi negatividad, otra parte de aquel aparente defecto, hasta que la crisis de la mediana edad lo puso todo patas arriba. Ese período fue muy duro para Art, dado que tuvo que soportar mi contundencia con todo aquello que no me satisfacía, pero también abrió una vía para solucionar nuestros problemas, la vía que me ha traído hasta este libro.

Entra en escena la persona altamente sensible

La brecha que me permitió acceder a una resolución se abrió casualmente cuando el psicoterapeuta al que acudí en aquel momento mencionó que yo era «altamente sensible». Entonces, se hizo la luz. ¿Sería ése mi aparente defecto, algo que en modo alguno se podría considerar como un defecto? Y así comenzaron mis investigaciones sobre las PAS.

Para aquellas personas que no haya oído hablar de este concepto, las PAS son ese entre 15 y 20 por 100 de la población humana que ha nacido con un sistema nervioso diseñado genéticamente para ser más sensible a los detalles sutiles. Son personas más proclives a reflexionar sobre sus experiencias interiores y, por tanto, e inevitablemente, se sienten abrumadas con mayor facilidad por los acontecimientos externos. En el capítulo 1 nos sumergiremos en los detalles de este rasgo, pero ahora me gustaría adelantar que el concepto de PAS no es sólo una idea mía, sino que otros muchos investigadores la han establecido también a través de sus indagaciones. Lo principal que convendría retener en esta Introducción es que no estoy hablando aquí de una pequeña rareza o peculiaridad, sino de una importante diferencia, una diferencia normal y *heredada* sobre cómo funciona el sistema nervioso en su integridad, afectando así todos los aspectos de la vida de la persona. Este rasgo se halla presente en alrededor de una quinta parte de la población y, hasta cierto punto, en un porcentaje mucho mayor; de ahí que, si emparejáramos a la gente de forma aleatoria, la posibilidad de que una relación se vea afectada por este rasgo es de, al menos, un 36 por 100.

Pero, evidentemente, imagino que lo que te estás preguntando en estos momentos es si tú y/o tu pareja sois PAS. Para ello, ve a las páginas 42-47, donde encontrarás dos test a los que puedes responder tú mismo, uno acerca de ti y otro acerca de tu pareja. En las páginas 51-56 encontrarás otro par de test relacionados con otro rasgo hereditario –la búsqueda de sensaciones– del que se habla también en el capítulo 1. Por cierto, nacen tantos hombres como mujeres altamente sensibles, aunque el estereotipo femenino las haga pasar por sensibles a las sutilezas y el masculino les haga pasar a ellos por tipos duros que no se percatan de los detalles. Los estereotipos acerca de los hombres, las mujeres y la sensibilidad se tratan en el capítulo 2.

Después de entrevistar, de hacer encuestas, de recopilar cuestionarios y de consultar con miles de personas, he descubierto que mi propia vida y mi relación de pareja tienen infinitamente más sentido para mí ahora. Con el transcurso del tiempo me doy cuenta de que incremento mi amor y mi respeto por mí misma y por mi marido, por muy diferentes que seamos. De hecho, ahora soy consciente de que, al afrontar nuestras arraigadas diferencias temperamentales, nos hemos educado, hemos desarrollado nuestro carácter y hemos incrementado la pasión y el placer en nuestra vida de una forma impensable por otros medios.

Este libro trata de mi potente experiencia personal, de que tanto las PAS como nuestras parejas, sean o no sean PAS, necesitamos ayuda para reflexionar sobre el significado de nuestra intensidad y nuestras diferencias. Sin tal ayuda, el amor y las relaciones íntimas pueden llevar a las PAS a una amarga decepción, infligiendo en el proceso un sufrimiento no deseado sobre otras personas. Pero, con esta ayuda, las PAS estamos perfectamente diseñadas para hacer una maravillosa aportación amorosa, tanto a nuestra familia como al mundo.

Entonces, ¿este libro dice que todo está en los genes?

Yo nunca diría que ser una PAS o no serlo determina la propia felicidad o el éxito en las relaciones. Ciertamente, Art y yo tuvimos que lidiar con otros muchos problemas, aparte de nuestras diferencias de sensibilidad. Pero puedo afirmar con toda confianza que el propio grado de sensibilidad, y el temperamento heredado en términos generales, es el factor que menos se ha tenido en cuenta a la hora de comprender el funcionamiento de las relaciones humanas.

Sin embargo, esta negligencia no tardará mucho en corregirse. Por ejemplo, aunque no se le ha dado demasiada difusión, los psicólogos Matt McGue y David Lykken, de la Universidad de Minnesota, descubrieron en 1992 que alrededor del 50 por 100 del riesgo de divorcio está genéticamente determinado.[1] Aunque dentro de unos instantes voy a debatir sobre el significado que deberíamos darle a esa cifra, ésta no deja de indicar que la influencia genética es sorprendentemente alta, y supongo que todos estos temas irán recibiendo cada vez una mayor

1. M. McGue y D. T. Lykken, «Personality and Divorce: A Genetic Analysis», *Journal of Personality and Social Psychology* 71 (1996): 288-299.

atención, habida cuenta del creciente interés que genera la genética en nuestra cultura.

Pero, ¿acaso los genes deciden si nuestras relaciones amorosas van a funcionar o no? Obviamente no, se suele decir. Las personas aprenden actitudes y valores a medida que crecen, y también pueden cambiarlos en un momento determinado; por ejemplo, siguiendo las directrices de un libro de autoayuda como éste. Pero el estudio de la genética del divorcio forma parte de una tendencia general que afirma que la mayor parte de tu actual situación psicológica –como cuán feliz eres con tu trabajo y en tu vida en el hogar– es el resultado de los genes, y no de tus experiencias o de cómo fuiste educado.

Yo creo que haremos bien en mostrarnos escépticos ante la idea de darle demasiada importancia a los genes. En primer lugar, el matrimonio y el divorcio tienen, obviamente, un carácter social. (Sin duda, los genes no son el motivo por el cual se divorcia más gente en California que en Minnesota). En segundo lugar, la idea de que el comportamiento está controlado por los genes puede llevar a otras ideas más sutiles e insidiosas: que intentar que una persona cambie de vida es absurdo o que no se la puede hacer responsable de sus comportamientos porque, pobrecilla, «nació así». A continuación vendrían las etiquetas para «eso» –neurótica, temerosa, pesimista, baja inteligencia, violenta, trastornos de déficit de atención, etc. Pero, ¿en qué sentido constituyen los genes un factor a tener en cuenta, y qué deberíamos aprender de todo ello? Y, por otra parte, ¿por qué en una pareja de gemelos idénticos, ambos con idénticos genes, uno de ellos no suele exhibir los problemas «hereditarios» del otro?

Bien, aunque es posible que yo esté recogiendo setas en los mismos bosques que los investigadores de temperamento que consideran que la mayor parte de nuestra psicología está determinada por los genes, voy a volver a casa con una cosecha ciertamente diferente. En primer lugar, creo que los problemas de las relaciones siguen siendo sociales, y no genéticos. La heredabilidad del divorcio sólo quiere decir que *algo* en la genética de las personas tiene cierto influjo en el divorcio. Sin embargo, creo que no es nuestro temperamento heredado el que causa el problema, sino el hecho de que no abordemos de la manera adecuada determinados temperamentos. En segundo lugar, cuanto más aprendo acerca del temperamento, más creo que *aprender* sobre el temperamento es la clave para que las personas cambien, para que se sientan menos estresadas y sean más tolerantes consigo mismas y con los demás. El temperamento no es una razón para desistir de la idea de que las personas pueden cambiar. No obstante, un 50 por 100 de tus posibilidades de divorcio tienen algo que ver con tus genes. Esto hace que el temperamento heredado sea un factor importantísimo en las relaciones, un factor que se ha estado pasando por alto.

Cómo utilizar este libro

Recuerda, las personas son complejas

Como cualquier otra persona que escriba acerca de la psicología humana, no tengo más remedio que hacer generalizaciones. Y, precisamente, las PAS se muestran especialmente suspicaces ante todo tipo de generalización, etiqueta y estereotipo, debido a que siempre están reflexionando sobre sus implicaciones y el resto de posibilidades. Quizás te estés diciendo ya a ti misma, «Yo creía que era una PAS, pero en realidad me parezco más a Art: duermo bien, soy extrovertida, inquieta y optimista». Lo cierto es que hay personas altamente sensibles con todas esas cualidades. Por ejemplo, el 30 por 100 de las PAS son socialmente extrovertidas. Todas somos personas únicas y singulares gracias a que hemos pasado por experiencias diferentes, a nuestras complejidades genéticas y, quizás también, a una pizca de destino personal. Y cada relación es también única. De modo que, por favor, lee este libro manteniendo ciertas reservas, tomando de él sólo lo que te resulte útil.

Quizás estés pensando también, «¡Pues no necesitábamos otra cosa en el mundo: otra justificación más para los prejuicios!». Y habrás hecho un magnífico juicio, pues ésa es la inevitable «sombra», lo malo de las generalidades: que se convierten en estereotipos y, posteriormente, en prejuicios. Podemos llegar a pensar que lo correcto es ser PAS y terminamos pensando que lo incorrecto es ser no-PAS.

Pero las PAS sabemos algo acerca de los prejuicios pues, cuando no se nos ha ignorado simplemente, se nos ha compadecido o se nos ha tachado de tímidas, vergonzosas o neuróticas (rasgos con los que estoy convencida de que no nace nadie). Evidentemente, necesitamos una infusión de orgullo compensadora, la sensación de que disponemos de algunos aspectos superiores desde nuestro punto de vista. Pero especialmente en este libro, en el que estamos intentando aprender a respetar las diferencias, tanto tú como yo tenemos que ser muy cuidadosos a la hora de valorarnos a nosotros mismos sin devaluar a los no-PAS. Así pues, utiliza este libro con sensatez, como confío que lo harás: abrevia los momentos (todos patinamos aquí) en que te reduzcas a ti mismo o a los demás a una simple puntuación en un test, y sobre todo aquellos momentos en que te sientas superior o inferior debido a ello.

Utiliza este libro tanto para el amor como para la amistad

Aunque esta obra se dirige principalmente a las relaciones románticas, todos queremos obviamente a nuestros amigos y a nuestra familia del mismo modo. Gran parte de lo que se comenta aquí se aplica igualmente a esas relaciones: conocer amigos, mantener la cercanía con los familiares, profundizar en las conexiones, o comunicarnos bien con las PAS y las no-PAS a las que queremos. Y personalmente creo que las relaciones románticas no podrían sobrevivir a largo plazo sin la existencia de todas esas otras relaciones íntimas que las realzan. No hay pareja que pueda serlo todo para otra persona ni disfrutar de todo respecto a la otra persona, y las PAS pueden tener unas personalidades particularmente ricas y complejas, y unos intereses de los que pueden tener necesidad de hablar con otros. Y, si tu pareja es no-PAS, necesitarás especialmente algunos amigos o amigas sensibles, del mismo modo que tu pareja necesitará a otros como ella. Si ambos sois PAS, también disfrutaréis del hecho de tener otros amigos no-PAS.

Adapta el libro en función de tu situación amorosa

El amor es uno de los temas más amplios y extensos que uno pueda elegir, y tus necesidades pueden variar enormemente en función de si te acabas de enamorar, de si vives felizmente con alguien, de si tienes problemas en una relación de muchos años o si no mantienes ninguna relación en absoluto y quizás la deseas, o quizás no. Así pues, y sin que sirva de precedente, me gustaría dirigirme a varios colectivos de personas por separado.

Si estás leyendo este libro con tu pareja (sea o no otra PAS)

Está muy bien que lo hayáis abordado de este modo. Quizás incluso os podéis leer uno a otro alguna sección o la totalidad del libro. Os sorprenderéis al ver cómo el hecho de pensar juntos acerca de vuestros temperamentos puede suavizar en gran medida vuestra relación.

Si tienes una pareja que, probablemente, no vaya a leer este libro

También está bien. Puedes compartir con tu pareja lo que aprendas aquí, y quizás puedes leerle en voz alta algunas secciones «jugosas»; pero no presiones a tu pareja para que se lea el libro entero. Si no muestra el más mínimo interés, no incomodes demasiado con el tema. Normalmente, la gente se resiste a alguna idea porque se siente de algún modo amenazada por ella, de manera que será mejor que te plantees qué puede temer tu pareja de la lectura de este libro. Entonces, quizás puedas ir ganándote su confianza. Si te enfadas o le muestras tu decepción, no vas a conseguir granjearte tal confianza.

Claro está que mostrar tal comprensión no es tarea fácil y, en ocasiones, quizás no sea aconsejable. Si te sientes profundamente decepcionado por la falta de interés de tu pareja, es muy probable que no puedas, ni debas, ocultar tus sentimientos. Pero recuerda, los intereses vienen y van, al igual que los miedos. Las personas se abren a nuevas ideas cuando se sienten relajadas y están seguras de que las aprecian, de modo que mantén una perspectiva amplia, céntrate en todo aquello que te encanta de tu pareja y mira a ver qué pasa.

Si no estáis enamorados justo en estos momentos

Por favor, no olvidéis que os he tenido muy en cuenta mientras escribía, porque conozco a muchas PAS que no mantienen relaciones íntimas, tanto si es por decisión propia como si no. Pero, sea cual sea el estado en el que te encuentres, deberás saber que las PAS nos vemos más afectadas por el amor que el resto de las personas. Solemos enamorarnos con más intensidad que los demás, de modo que siempre podemos beneficiarnos de una reflexión profunda sobre amores del pasado. Goethe es, supuestamente, el origen de un sentimiento que me gusta mucho y que viene a resumirse en «Te quiero, pero es algo que no tiene nada que ver contigo». En el título del libro he puesto la palabra «amor» y no «relaciones» precisamente por este motivo, porque el amor es un «tema PAS» bastante más rico, y más personal y subjetivo, que las relaciones. No creo que amantes introvertidas y deseosas de soledad como yo, o como muchas de vosotras, que no desean sacar sus reflexiones sobre el amor del ámbito privado, escriban demasiados libros sobre las relaciones. Pero pensaba que hacía falta un libro para nosotras, las personas sensibles, y supongo que todas vosotras, como colectivo, lo apreciaríais especialmente. Recuerda también que todos necesitamos de amigas y amigos íntimos, y que el amor es una potencia de la psicología humana que nunca desaparece. A lo largo de todo el día pensamos en alguien, aunque estemos solos, y aquellas personas en las cuales pensamos muy posiblemente nos sean queridas. Todo el mundo necesita ser amado, incluso tú, y espero que este libro te ayude a liberar en tu interior más amor por ti mismo y por los demás.

Si no eres una PAS

¡Qué bien que quieras saber más acerca de tu pareja y de tus amigas sensibles! Te pido disculpas por haber escrito este libro con las PAS en mente, pues no pretendía excluir a las no-PAS, pero estoy convencida de que lo comprenderás.

Este libro se basa en investigaciones científicas... y mucho más

Las PAS querrán saber que gran parte de este libro se basa en sólidas investigaciones, tanto mías como de investigadores punteros en los campos del temperamento en los adultos y las relaciones íntimas. Estos campos se han desarrollado enormemente en la última década, pero los resultados de muchas de estas investigaciones no han llegado hasta el gran público, que sigue recibiendo en cambio una corriente continua de opiniones no basadas en investigaciones sobre la personalidad, el género y «lo que hace que el amor perdure». Este libro te informará acerca de muchos de los hechos que se han revelado en el ámbito de la investigación, al tiempo que personalmente vinculo esos hechos con las PAS en sus relaciones.

Datos de todas partes

Yo comencé mis investigaciones para este libro entrevistando en profundidad a personas muy sensibles con respecto a sus relaciones. Posteriormente, diseñé diversos estudios y cuestionarios para explorar preguntas específicas. A uno de esos cuestionarios respondió un millar de personas, tanto PAS como no-PAS. En otro cuestionario, enviado a todos los suscriptores del boletín para PAS, *Comfort Zone,* no sólo se pedía información de ellas, sino también de personas no sensibles a las que pudieran conocer con el fin de obtener así respuestas de un grupo con el cual comparar. Asimismo, tuve la oportunidad de incluir medidas de sensibilidad en estudios a largo plazo de parejas realizados por otros investigadores, y de analizar tales resultados.

Mi objetivo ha sido el de proporcionar algunas respuestas auténticas, y no sólo mi opinión, a pregunta tales como: ¿Hasta qué punto es probable que las PAS se emparejen con otras PAS? Y, si es muy probable, ¿son más felices? ¿Qué puntos fuertes y débiles tienen las PAS en las relaciones? ¿De qué modo afecta el ser muy sensible a la propia vida sexual o a la probabilidad de zanjar una relación?

No obstante, al amor no le gusta ceder sus secretos a las personas que se dedican a rumiar números, y ése es el motivo por el cual este libro se fundamenta también en mi propia experiencia personal, tal como he revelado al comienzo de esta «Introducción», y en mis experiencias como psicoterapeuta. Por último, también se fundamenta en la psicología de las profundidades.

También datos de abajo

La psicología de las profundidades es esa parte de la psicología que se dedica al estudio de los aspectos de la vida que se han pasado por alto, se han reprimido o, incluso, se han menospreciado. Al igual que los marinos, que no pierden de vista los cambios climáticos sobre la superficie del mar, los psicólogos que se dedican a la investigación utilizan métodos mediante los cuales no pierden de vista los principios generales del comportamiento y el pensamiento consciente. Sin embargo, los psicólogos de las profundidades son los buceadores, los Jacques Cousteau, que intentan penetrar en la superficie para llegar al «resto de la historia» inconsciente. Ambos enfoques son valiosos, pero sabemos que contemplar sólo la superficie del mar nos da una visión parcial del océano, aun cuando a primera vista o para determinados propósitos pueda parecer suficiente.

Y resulta que yo soy una de esas raras psicólogas que utilizan tanto los enfoques de investigación como los de las profundidades. El estudio de la sensibilidad precisa de un abordaje de este tipo porque las personas sensibles son capaces de sintonizar inusualmente con el inconsciente, e incluso, en ocasiones, se pueden sentir abrumadas con él. Un ejemplo de ello son sus sueños más intensos.

La psicología de las profundidades es necesaria también para sondear el lecho marino del amor, los lugares oscuros donde mora todo aquello que asusta, que resulta extraño, que está prohibido, olvidado o, en ocasiones, que ha sido violentamente reprimido. De hecho, para los psicólogos de las profundidades, un amor profundo y repentino es, casi siempre, una erupción procedente de las profundidades. Volveremos sobre este tema en el capítulo 4.

Este libro, por tanto, contempla el amor y la sensibilidad desde la superficie, a través de números y datos, pero también desde las profundidades, desde el inconsciente y desde aquello que rara vez se expresa. Éste es, según mi opinión, el enfoque que mejor se adapta a las PAS. No somos personas que aceptemos respuestas fáciles, sobre todo en el tema del amor; y, cuanto más reflexionamos sobre ello, más rico, sutil y complejo se torna este tema.

Por ejemplo, las PAS sabemos bien que el amor, incluido el amor romántico, no trata principalmente de sexo, digan lo que digan los biólogos. Y esto es evidente por el hecho de que enamorarse no es algo que sea más probable a una edad que a otra, desde el jardín de infancia hasta la vejez. Además, si reflexionamos en profundidad, como solemos hacer, la mayoría de las PAS se mostrará en desacuerdo con la fácil respuesta de que el amor implica o debería implicar una relación o un matrimonio duradero, dado que muchos amores profundos se mantienen en secreto, no son correspondidos o refulgen brevemente para morir poco después.

Podemos estar de acuerdo con las personas que dicen que el amor transforma a la gente, pero sabemos que no siempre es así. Y *cuando* el amor transforma, nos gustaría poder decir que el cambio es para bien, pero sabemos que esto no siempre es cierto, como cuando la persona elegida traiciona o abusa de la persona que la ama.

Nos gustaría estar de acuerdo con los optimistas que dicen que, si mantenemos una relación amorosa durante el tiempo suficiente, terminaremos aprendiendo cosas muy importantes acerca de nosotros mismos. Sin embargo, ésa es la triste ironía, que hay muchas personas que mantienen una relación y que se ciegan cada vez más en su papel por muchos problemas que tengan, mientras su pareja no hace otra cosa que culparla de todo.

Después de reflexionar mucho sobre ello, esta PAS ha decidido que lo único que podemos dar por cierto acerca del amor es que constituye siempre una *oportunidad* para sumergirnos en nuestro interior y crecer en integridad e intuición. Quizás no aprovechemos esa oportunidad, pero sin duda es algo que se da en cada ocasión. Incluso, si la relación se prolonga, la oportunidad permanece, si deseas reflexionar conmigo. De modo que comencemos.

¿Eres altamente sensible?

Autoexamen[2]

Responde a cada pregunta en función de lo que tú sientas. Responde verdadero si es al menos en parte verdadero en tu caso. Responde falso si no es verdadero o no del todo cierto en tu caso.

V	F	Tengo la sensación de ser consciente de cosas muy sutiles en mi entorno.
V	F	Me afectan los estados de ánimo de los demás.
V	F	Suelo ser muy sensible al dolor.
V	F	En los días ajetreados, suelo tener la necesidad de retirarme, de echarme en la cama, de buscar una habitación en penumbra o cualquier otro lugar donde pueda encontrar algo de intimidad y alivio frente a la estimulación.
V	F	Soy particularmente sensible a los efectos de la cafeína.

2. De Elaine N. Aron, *The Highly Sensitive Person: How to Thrive When the World Overwhelms Yoiu.* © 1996 Elaine N. Aron. Publicado mediante acuerdo con Carol Publishing Group. Un libro Birch Lane Press.

V	F	Me abruman fácilmente cosas como las luces brillantes, los olores intensos, los tejidos bastos o las sirenas de policía o ambulancias.
V	F	Tengo una vida interior rica y compleja.
V	F	Los ruidos fuertes me hacen sentirme incómodo/a.
V	F	Me conmueven profundamente las artes o la música.
V	F	Soy muy concienzudo/a.
V	F	Me sobresalto con facilidad.
V	F	Me agobio cuando tengo muchas cosas que hacer en poco tiempo.
V	F	Cuando alguien se siente incómodo en un entorno físico, normalmente sé lo que hay que hacer para que se sienta mejor (como cambiar la luz o los asientos).
V	F	Me molesta que los demás intenten que haga demasiadas cosas a la vez.
V	F	Me esfuerzo mucho por no cometer errores u olvidarme de algo.
V	F	Suelo evitar las películas y los programas de televisión violentos.
V	F	Me siento mal con la excitación que me provoca el ajetreo a mi alrededor.
V	F	Los cambios en la vida me afectan mucho.

V F Suelo percibir y disfrutar de las buenas fragancias, sabores, sonidos y obras de arte.

V F Para mí es importante disponer mi vida de tal modo que pueda evitar situaciones perturbadoras o abrumadoras.

V F Cuando tengo que competir o soy observado mientras ejecuto una tarea, me pongo tan nervioso/a e inseguro/a que termino haciéndolo peor de lo que soy capaz de hacerlo.

V F Cuando era niño/a, mis padres o mis profesores me solían ver como una persona sensible o tímida.

Para establecer la puntuación, mira el cuadro de texto que hay a continuación del examen para tu pareja.

¿Es tu pareja altamente sensible?

El mismo autoexamen, para que lo responda tu pareja

(Si no mantienes una relación, o bien tu pareja no desea responder a este examen, puedes rellenarlo tú misma, respondiendo a las preguntas del mismo modo que imaginas que respondería tu pareja, o bien como alguien con quien mantuviste una relación íntima en el pasado y valoras aquella relación mientras lees este libro).

Responde a cada pregunta en función de lo que tú sientas. Responde verdadero si es al menos en parte verdadero en tu caso. Responde falso si no es verdadero o no del todo cierto en tu caso.

V F Tengo la sensación de ser consciente de cosas muy sutiles en mi entorno.

V F Me afectan los estados de ánimo de los demás.

V F Suelo ser muy sensible al dolor.

V F En los días ajetreados, suelo tener la necesidad de retirarme, de echarme en la cama, de buscar una habitación en penumbra o cualquier otro lugar donde pueda encontrar algo de intimidad y alivio frente a la estimulación.

V F Soy particularmente sensible a los efectos de la cafeína.

V F Me abruman fácilmente cosas como las luces brillantes, los olores intensos, los tejidos bastos o las sirenas de policía o ambulancias.

V F Tengo una vida interior rica y compleja.

V F Los ruidos fuertes me hacen sentirme incómodo/a.

V F Me conmueven profundamente las artes o la música.

V F Soy muy concienzudo/a.

V F Me sobresalto con facilidad.

V F Me agobio cuando tengo muchas cosas que hacer en poco tiempo.

V F Cuando alguien se siente incómodo en un entorno físico, normalmente sé lo que hay que hacer para que se sienta mejor (como cambiar la luz o los asientos).

V F Me molesta que los demás intenten que haga demasiadas cosas a la vez.

V F Me esfuerzo mucho por no cometer errores u olvidarme de algo.

V F Suelo evitar las películas y los programas de televisión violentos.

V F Me siento mal con la excitación que me provoca el ajetreo a mi alrededor.

V F Los cambios en la vida me afectan mucho.

V F Suelo percibir y disfrutar de las buenas fragancias, sabores, sonidos y obras de arte.

V F Para mí es importante disponer mi vida de tal modo que pueda evitar situaciones perturbadoras o abrumadoras.

V F Cuando tengo que competir o soy observado mientras ejecuto una tarea, me pongo tan nervioso/a e inseguro/a que termino haciéndolo peor de lo que soy capaz de hacerlo.

V F Cuando era niño/a, mis padres o mis profesores me solían ver como una persona sensible o tímida.

Puntuación:

Si has respondido verdadero a doce o más de las preguntas, probablemente eres una persona altamente sensible. Sin embargo, ninguna prueba psicológica es tan precisa como para que debas basar tu vida en ella. Sólo con que una o dos preguntas sean verdaderas para ti, pero lo sean en grado sumo, quizás esté justificado decir que eres una persona altamente sensible.

CAPÍTULO I

¿Eres una PAS?

Temperamento, amor y sensibilidad

«Me enamoro perdidamente».

«A veces me siento como una extraterrestre. Todo el mundo tiene pareja, pero a mí no me atrae eso a lo que ellos llaman amor».

«Inversiones, automóviles, deportes, salir adelante en el trabajo... No suelo comentarlo, pero no tengo ningún interés en todas esas cosas cuando las comparo con el amor que siento por mi mujer».

Cuando las PAS expresan sus confidencias acerca del amor, la profundidad y la intensidad adquieren un notable realce. Son personas que se enamoran intensamente y que se esfuerzan en sus relaciones íntimas. Sí, en ocasiones las no-PAS parecen sentirse igualmente cautivadas y confundidas con el amor pero, en términos generales, las PAS tienen unas experiencias subyacentes capaces de conmoverles en lo más profundo del alma.

Sin embargo, esto no debería sorprendernos. Como ya dije en la «Introducción», las PAS son ése entre 15 y 20 por 100 de la población nacidas con un sistema nervioso que capta todo tipo de sutilezas, que reflexionan en profundidad y que, por tanto, se sienten fácilmente abrumadas. Así pues, y obviamente, una PAS percibirá en el amor hasta el más mínimo matiz, reflexionará en profundidad sobre los encantos de la otra persona y se sentirá abrumada con la experiencia en su integridad.

Pero, aunque no sea sorprendente que las PAS tengan estas reacciones, qué poquito se ha dicho sobre ello. Ahora la gente está leyendo más cosas de psicología que nunca en la historia; de hecho, creo que estamos tomando conciencia de que nuestra felicidad y nuestra supervivencia como especie dependen de un conocimiento más profundo de la psique y del amor en particular. Y el rasgo básico de la sensibilidad, junto con el olvidado tema del temperamento heredado, es absolutamente esencial para obtener tal conocimiento profundo. Sin embargo, este tema se ignora en gran medida, como si fuera poco democrático decir que nacemos diferentes. En este capítulo exploraremos con detalle la sensibilidad, así como otro importante rasgo heredado, la búsqueda de sensaciones. Al final, volveremos contigo como PAS y con lo que tú necesitas antes de ocuparnos del resto del libro, tus relaciones con los demás.

¿Qué temperamento tienes? Llegó el momento de averiguarlo

Si aún no lo has hecho, responde al autoexamen para PAS de la página 42 y obtén la puntuación. Después haz el autoexamen del Buscador de Sensaciones, que tienes a continuación, y obtén también la puntuación. A lo largo del capítulo iré explicando qué es lo que se mide aquí. (El hecho de responder a estas pruebas antes de que sigas leyendo hará que los resultados sean más fiables, en la medida en que te dejarás influir menos por lo que aquí se explica). Por cierto, las PAS *pueden* puntuar alto en ambas pruebas.

Si mantienes una relación y tu pareja está dispuesta a responder a las mismas pruebas, éste sería un buen momento para que lo hiciera. Para eso dupliqué las pruebas, como ya habrás observado.

Si tu pareja no desea responder a los cuestionarios por algún motivo, tú puedes hacerlo en su lugar, contestando a las preguntas tal como crees que tu pareja respondería.

Si no tienes pareja, puedes responder imaginando cómo lo habría hecho una pareja tuya del pasado, alguien con quien tuviste una gran intimidad, si es que te apetece analizar aquella relación mientras lees este libro.

¿Eres un buscador de sensaciones?

Autoexamen[1]

Responde a cada pregunta en función de lo que tú sientas. Responde verdadero si es al menos en parte verdadero en tu caso. Responde falso si no es verdadero o no del todo cierto en tu caso.

V	F	Si fuera algo seguro, me gustaría probar una droga que me permitiera tener nuevas y extrañas experiencias.
V	F	En algunas conversaciones, el aburrimiento se me puede hacer casi insoportable.
V	F	Preferiría ir a un sitio nuevo que quizás no me guste antes que volver de nuevo a un sitio que sé que me gusta.
V	F	Me gustaría probar algún deporte que generase cierta excitación física, como el esquí, la escalada o el surf.
V	F	Me invade la inquietud si estoy en casa demasiado tiempo.

1. De Elaine N. Aron, *The Highly Sensitive Person: How to Thrive When the World Overwhelms Yoiu.* © 1996 Elaine N. Aron. Publicado mediante acuerdo con Carol Publishing Group. Un libro Birch Lane Press. *(N. del T.)*

V F No me gusta esperar si no tengo nada que hacer.

V F Rara vez veo una película más de una vez.

V F Disfruto de las cosas que no me resultan familiares.

V F Si veo algo inusual, dejo lo que estoy haciendo para observarlo mejor.

V F Me aburro pasando el rato con la misma gente todos los días.

V F Mis amigos/as dicen que les resulta difícil predecir lo que voy a querer hacer.

V F Me gusta explorar una nueva área.

V F Evito tener rutinas diarias.

V F Siento atracción por el arte que me proporciona experiencias intensas.

V F Me gustan las sustancias que dan un «subidón».

V F Prefiero aquellos/as amigos/as que son impredecibles.

V F Tengo ganas de estar en un sitio nuevo y extraño para mí.

V F Para mí, si me tengo que gastar el dinero en un viaje, cuanto más extraño sea el país, tanto mejor.

V F Me gustaría ser explorador/a.

V F Me lo paso muy bien cuando alguien hace algún comentario o alguna broma inesperada acerca del sexo y todos los demás se ríen nerviosos.

Puntuación:

Para establecer la puntuación, mira el cuadro de texto que hay a continuación del examen para tu pareja.

¿Es tu pareja un buscador de sensaciones?

Autoexamen para que lo responda tu pareja

(Si no mantienes una relación, o bien tu pareja no desea responder a este examen, puedes rellenarlo tú mismo, respondiendo a las preguntas del mismo modo que imaginas que respondería tu pareja, o bien como alguien con quien mantuviste una relación íntima en el pasado y analizas aquella relación mientras lees este libro).

Responde a cada pregunta en función de lo que tú sientas. Responde verdadero si es al menos en parte verdadero en tu caso. Responde falso si no es verdadero o no del todo cierto en tu caso.

V	F	Si fuera algo seguro, me gustaría probar una droga que me permitiera tener nuevas y extrañas experiencias.
V	F	En algunas conversaciones, el aburrimiento se me puede hacer casi insoportable.
V	F	Preferiría ir a un sitio nuevo que quizás no me guste antes que volver de nuevo a un sitio que sé que me gusta.
V	F	Me gustaría probar algún deporte que generase cierta excitación física, como el esquí, la escalada o el surf.

V F Me invade la inquietud si estoy en casa demasiado tiempo.

V F No me gusta esperar si no tengo nada que hacer.

V F Rara vez veo una película más de una vez.

V F Disfruto de las cosas que no me resultan familiares.

V F Si veo algo inusual, dejo lo que estoy haciendo para observarlo mejor.

V F Me aburro pasando el rato con la misma gente todos los días.

V F Mis amigos/as dicen que les resulta difícil predecir lo que voy a querer hacer.

V F Me gusta explorar una nueva área.

V F Evito tener rutinas diarias.

V F Siento atracción por el arte que me proporciona experiencias intensas.

V F Me gustan las sustancias que dan un «subidón».

V F Prefiero aquellos/as amigos/as que son impredecibles.

V F Tengo ganas de estar en un sitio nuevo y extraño para mí.

V F Para mí, si me tengo que gastar el dinero en un viaje, cuanto más extraño sea el país, tanto mejor.

V F Me gustaría ser explorador/a.

V F Me lo paso muy bien cuando alguien hace algún comentario o alguna broma inesperada acerca del sexo y todos los demás se ríen nerviosos.

Puntuación:

En el caso de las mujeres, si has respondido verdadero a 11 o más de los elementos de la prueba, probablemente eres una buscadora de sensaciones. Si has respondido verdadero a 7 o menos, probablemente no seas una buscadora de sensaciones. Si has respondido verdadero a 8, 9 o 10, es posible que te encuentres en un punto intermedio.

En el caso de los hombres, si has respondido verdadero a 13 o más de las preguntas, probablemente eres un buscador de sensaciones. Si has respondido verdadero a 9 o menos, es posible que no seas un buscador de sensaciones. Si has respondido verdadero a 10, 11 o 12, debes estar en un punto intermedio.

Sí, se puede ser una PAS y puntuar alto también en búsqueda de sensaciones.

¡Socorro! «Mi pareja y yo somos polos opuestos», o «Somos como hermanos gemelos»

¿Y qué pasa si tu pareja y tú puntuáis de forma totalmente contraria en estos rasgos?

No pasa nada. Relájate, pues no hay motivos para pensar que no puedas llevar una maravillosa relación con tu pareja. De hecho, vuestras diferencias pueden hacer que vuestra relación sea más sólida y más feliz que la mayoría de las demás. Por otra parte, este libro no se ocupa del tema de la compatibilidad de temperamentos.

¿Y qué pasa si, en cambio, sois muy parecidos? También está bien, aunque quizás os sorprenda y tengáis que ajustar algunas de esas viejas ideas que tenéis el uno del otro.

De acuerdo, seré sincera. Las investigaciones indican que entre los seres humanos existe una ligera tendencia a elegir a personas con personalidades similares;[2] por personalidad me refiero al resultado de la combinación de temperamento heredado más experiencias vitales. Y existe una ligera tendencia también a que las personas con personalidades similares sean más felices juntas.[3] Sin embargo, por «ligera tendencia» me refiero a que hay un solapamiento considerable, como cuando decimos que los hombres tienden a ser más altos que las mujeres, pero siendo conscientes de que muchas mujeres son más altas que muchos hombres. Ésa es la razón por la cual todos podríamos citar notables excepciones a esa tendencia; es decir, personas que tienen temperamentos muy diferentes entre sí y que, sin embargo, son evidentemente felices juntas. Y, sin duda, tiene que ser divertido ser la excepción a la regla. En concreto, la diferencia de personalidad es un factor ciertamente pobre a la hora de predecir el éxito o fracaso de una relación.

Lo que sí determina decididamente el éxito de una relación (su duración o la felicidad que aporta a la pareja) es la personalidad de cada uno de los miembros de la pareja, si se compaginan o no.[4] Concretamente, sólo con que uno de los dos miembros de una pareja sea amable, razonable, optimista, etc. (rasgos que no se miden con autoexámenes), esa pareja tendrá muchas probabilidades de resolver bien sus diferencias. Y, lo más importante, tendréis que comprender de qué modo operan juntos vuestros temperamentos, que es de lo que tratan los capítulos 5 y 6.

La mayoría de las parejas son sólo moderadamente diferentes; quizás sean diferentes en un rasgo pero no en ambos, y esa situación puede ser la mejor de todas.

Debo aclarar una vez más que este libro no pretende decir que haya personas que tengan que estar juntas y personas que tengan que evitarse entre sí. Lo que pretende recalcar es que muchos de los problemas que tienen las parejas, tanto si emparejan bien como si no, se deben al hecho de no saber cómo convivir con el temperamento de la otra persona. Veamos algunos ejemplos de tales problemas y de sus soluciones.

---

2. D. M. Buss, «Human Mate Selection», *American Scientist* 47 (1985): 47-51.
3. R. J. H. Russell y P. Wells, «Personality, Similarity and Quality of Marriage», *Personality and Individual Differences* 12 (1991): 407-412.
4. R. B. Kosek, «The Quest for a Perfect Spouse: Spousal Ratings and Marital Satisfaction», *Psychological Reports* 79 (1996): 731-735.

DEENA, DANIEL, BLAKE Y LOS DEMÁS

Deena desea amar de todo su corazón a Daniel, su marido, que es divertido, amable, responsable y maravilloso con los niños. Pero también es aburrido, y muy despistado. Según ella, Daniel la interrumpe en el momento más inoportuno y dice las cosas más absurdas. Si ella le comenta estos «defectos», Daniel se muestra comprensiblemente herido y sorprendido. Por otra parte, después de indagar discretamente, Deena ha podido saber que, para sus amigos, Daniel no pasa por ser aburrido ni despistado. Pero ella también se ha sentido decepcionada más de una vez con ellos, por lo que al final piensa que el problema debe de ser de ella. Quizás no sea capaz de amar a nadie. Pero, en realidad, el problema aquí no estriba en si ama o no ama a Daniel. Ella le quiere, al menos eso es lo que piensa; pero no lo respeta. Para ella, los intereses de Daniel son superficiales, demasiado prácticos, y esto hace que Deena se sienta culpable, porque sabe que ella se beneficia del sentido práctico de él, y que él la quiere y la respeta.

Pero, para complicar aún más las cosas, Deena ha conocido recientemente, en un retiro de yoga, «al hombre con el cual me tendría que haber casado», una persona tranquila y profundamente espiritual que habla muy poco, pero que todo lo que dice es profundo. Ella sabe que nunca será capaz de dejar a Daniel, pero vive como una maldición el hecho de tener que vivir con el hombre equivocado, y el no poder hablar de esto con ninguno de ellos; de hecho, con nadie.

Y luego está Blake, un padre sin pareja y sin relación alguna en estos momentos. Tampoco espera tener una relación pronto, si es que la vuelve a tener. Blake se siente incómodo con todo lo que tenga que ver con una cita. Incluso quedar con una mujer a través del ordenador se le antoja extraño, algo así como poner su yo más privado en el mercado y esperar a que alguien se interese o le «compre» entre tantas descripciones insípidas. El problema estriba en que Blake no quiere compañía. Es consciente de que se asustó con su última relación, sabe que tiene que ponerse ahí fuera, a la vista, pero no puede. Y de ahí que piense que debe haber algo mal en él. De todos modos, ¿quién va a querer estar con él? Los sueños de Blake están llenos de citas y de bodas que salen mal, o bien son pesadillas sobre maremotos, inundaciones o atracadores.

¿Y qué pasa con Terry y Jess? Deberían de ser felices como perdices. Para ellos fue una delicia encontrarse. A ambos les gustan las noches tranquilas en casa, y el mundo les resulta estresante, incluso un tanto alarmante. A ambos les gusta reflexionar sobre cosas como la muerte o el significado de la vida. Pero, con el transcurso de los años, Terry ha intentado tirar de Jess para salir un poco más de casa, intentando aportar un poco más de excitación a sus vidas. Pero, normalmente, Terry termina saliendo sola, con las bendiciones de Jess, porque éste está muy cansado. Mientras tanto, Terry ha conocido a alguien ciertamente fascinante: extrovertido, aventurero, optimista. De repente, Terry se da cuenta de que se ha pasado la vida desempeñando el papel de una espectadora, sin participar de la vida, y se está planteando dejar a Jess, aunque tiene miedo de que él no sea capaz de sobrevivir a la ruptura.

También está David, que ama a Jill hasta el punto de pensar que quizás la ama demasiado. Es una mujer tan profunda, tan interesante. El problema estriba en que David no se siente en un plano de igualdad con Jill. Ésta tiene la extraña habilidad de saberlo todo acerca de todo, tanto del tiempo que hará mañana como del significado de una película o cuál es la situación por la que están pasando sus amigos. Y, lo que es peor, también sabe qué es lo que le pasa a él antes de que él lo sepa, de tal modo que David se siente estúpido. Al final, ha llegado a temer que Jill piense lo mismo de él; de hecho, las críticas que ella le dedica de cuando en cuando dan siempre en el blanco. Se pregunta si su autoestima sobreviviría a una relación como ésa, por maravillosa que sea.

Por último, Jordan y Chris. Jordan ha tenido tres empleos en diferentes estados de los Estados Unidos en los últimos seis años, mientras Chris aceptaba los traslados de una ciudad a otra no sin cierta reluctancia. Las mudanzas son traumáticas para Chris, que ha comenzado a pensar que Jordan tiene un problema a la hora de comprometerse, de echar raíces, incapaz de sentirse satisfecho. Incluso se pregunta si Jordan no tendrá un trastorno de déficit de atención, habida cuenta de su impulsividad en torno al trabajo y al lugar en el que vive. Esta semana, Jordan le ha estado hablando de un posible traslado en su empleo a la sucursal de Londres, y Chris le ha amenazado con no acompañarle, insistiendo en que deberían ir a la consulta de un terapeuta de parejas (con la esperanza de que alguien haga un diagnóstico del trastorno subyacente de Jordan).

¡Qué relación de casos más dolorosos! Y lo cierto es que podrían multiplicarse por millones.

El misterio de los conflictos irresolubles

He aquí un misterio: el psicólogo John Gottman descubrió en sus investigaciones que el 69 por 100 de los conflictos que tienen las parejas terminan siendo perpetuos e irresolubles, y que tanto las parejas felices como las infelices tienen el mismo porcentaje de conflictos irresolubles.[5] Esto va en contra de la teoría de que las parejas felices tienen menos problemas de larga duración porque resuelven mejor sus problemas. Al parecer, tienen la misma cantidad de problemas y están tan atascados en ellos como el resto de las parejas.

Este misterio se ha resuelto sólo en parte merced a los datos recogidos hasta la fecha, y es que las parejas cuya relación funciona mejor comprenden de una forma diferente sus problemas perpetuos: dialogan *acerca* de ellos en lugar de pelearse *por* ellos. Pero ¿qué tipo de conflictos son los que se muestran irresolubles, incluso en las parejas felices? Una respuesta plausible sería la de que son los problemas que surgen de las diferencias innatas de temperamento, como la de que a uno le guste tener una activa vida social o vivir en la ciudad, mientras que al otro le guste el «sólo nosotros dos» o la vida en el campo. Quizás las parejas más felices han encontrado la forma de dialogar y han aprendido a aceptar los conflictos permanentes relacionados con el temperamento.

Deena, Daniel, Terry, Jess y los demás, de los que hemos hablado antes, todavía no han averiguado la causa de sus irresolubles conflictos. Siguen intentando culparse unos a otros por no cambiar, o simplemente están perdiéndose en silencio el respeto entre sí o a sí mismos. Desde cualquier perspectiva que tomemos para evaluar las relaciones desdi-

5. J. M. Gottman y N. Silver, *Siete reglas de oro para vivir en pareja* (Barcelona: Debolsillo, 2010).

chadas, todos ellos se encuentran en graves aprietos. Pero sus problemas no tienen que ver con la comunicación o con sus propias neurosis. Conozco sus historiales lo suficiente como para decir que ninguno de ellos tuvo una infancia verdaderamente traumática o una vida adulta problemática, en el sentido de ser incapaces de trabajar, de hacer amigos o de valorarse a sí mismos fuera de las relaciones.

¿Qué es lo que les ocurre entonces? Lo que les ocurre es que están padeciendo los resultados de un conflicto relacionado con el temperamento. Quieren que los otros sean diferentes, que cambien; y, en algunos casos, ellos mismos quieren ser diferentes, quieren cambiar. Pero los cambios que están pidiendo a los demás o pidiéndose a sí mismos son tan absurdos como pedir que cambien el color de los ojos o la dominancia de una mano sobre la otra. Si verdaderamente comprendieran esto, tanto ellos como cualquier orientador de parejas con quien pudieran consultar abordarían la situación de un modo muy diferente. Pero el temperamento innato es uno de los temas más olvidados del mundo de la psicología. El temperamento está siendo apreciado, por fin, entre las personas que trabajan con niños, pero rara vez se tiene en cuenta entre los que trabajan con adultos, y nunca ha sido abordado entre los que tratan los problemas en las relaciones.

Como consecuencia de ello, Deena y los demás pueden terminar en una terapia individual o de parejas centrada en aspectos de la relación que no se enfocan en lo verdaderamente importante.

¿En que deberían centrarse? En el temperamento, y en la alta sensibilidad en concreto.

Haciendo un diagnóstico de Deena y compañía

Deena, la mujer que se debatía entre el amor por su «aburrido» marido, Daniel, y la atracción por el hombre silencioso que había conocido en un curso de yoga, es una PAS con una reacción normal ante un encantador y perfectamente normal marido no-PAS. Deena ama a Daniel por las virtudes que, para una PAS, tienen las no-PAS. Pero le desagrada por aquellos aspectos de no-PAS que no les resultan agradables a las

PAS como ella. Le da vueltas en su cabeza a la situación una y otra vez, tal como suelen hacer las PAS, sabiendo que no le va a dejar, sabiendo que no le va a traicionar, pero sin respetar de verdad tal diferencia en Daniel. En el capítulo 5 consideraremos con detalle situaciones como la de Deena.

Pero, antes de seguir, me gustaría decir algo acerca del aburrimiento. Tanto en las investigaciones como en mi propia práctica terapéutica he visto que el aburrimiento con la otra persona o, simplemente, el aburrimiento de la relación, es uno de los problemas más frecuentes con los que se encuentran las parejas, y es un problema que suele guardar relación con el temperamento. Muchas parejas vienen buscando ayuda cuando el aburrimiento les ha llevado ya a discutir, a faltarse al respeto o a tener una aventura amorosa, por lo que no se enfrentan a él directamente en ningún momento. Sin embargo, en este libro lo vamos a confrontar.

Volviendo a Blake, el hombre sensible que no tenía pareja y que sigue esperando poder comportarse algún día como un no-PAS, tal como hacían sus anteriores parejas. La solución a sus problemas pasaría por valorarse más, pero eso es algo especialmente difícil en el caso de los hombres sensibles. En el capítulo 2 ofreceré algunas sugerencias que pueden ser de gran ayuda. Pero para que Blake se valore a sí mismo hace falta otra cosa: tiene que trabajar su relación con su propia psique. Esta relación debe ser buena para que las relaciones externas funcionen, y tiene que sustentar a la persona sensible con independencia de si está sola o de cuán bien o mal vayan las relaciones exteriores. En el capítulo 9 nos centraremos más en esta relación.

Terry y Jess, tan felices hasta que Terry se volvió inquieta, son dos PAS que cometieron el clásico error de dejar que su relación se convirtiera en algo parecido a un puerto seguro, sin suficiente excitación como para equilibrarla; es decir, una vez más, el problema del aburrimiento. Además, una norma no escrita de ese «puerto seguro» de las parejas sensibles es que ninguno de los dos angustie al otro, de manera que Terry ni siquiera puede hablar de ello. Sin embargo, esta pareja sólo se puede salvar si ambos exploran a fondo los resentimientos que puedan albergar, aunque eso es algo que temen profundamente. Por otra parte, el temor a que Jess «no sobreviva» supone una falta de respeto al rasgo que ambos poseen. El capítulo 6 está escrito para parejas de este tipo.

David, el marido que se siente inferior a su mujer, es un no-PAS que forcejea por convivir con una PAS. David está demasiado impresionado con las virtudes de Jill y se está olvidando de sus propias virtudes. Desde la perspectiva de la psicología de las profundidades, podríamos decir que David está proyectando su propia amante interior, la parte anímica de sí mismo, sobre Jill. Pero con esto comete un doble error porque, debido a esta proyección, sobrevalora, casi adora, las misteriosas capacidades de Jill –su intuición, su expresividad emocional y artística, su compenetración con los niños y los animales, y su capacidad para tomarse tiempo con el fin de simplemente ser–. Por otra parte, David lamenta la ausencia de estas capacidades en su propia vida, cuando en realidad están ahí, en forma seminal, como potencialidades, dentro de él. De hecho, si tenemos en cuenta las características de nuestra cultura, un hombre puede sentirse mucho más seguro admirando esas capacidades en el exterior que arriesgándose a desarrollarlas por sí mismo.

Por último, Chris, que cree que Jordan está trastornado porque está planteándose un nuevo cambio de residencia, es otra PAS que no comprende a su pareja no-PAS, dándole un carácter patológico a lo que no es más que una diferencia de temperamento, y justificando su temor ante algo que para ella es tan difícil como fácil es para Jordan: mudarse. Volveremos sobre ellos cuando hablemos de la búsqueda de sensaciones, en este mismo capítulo, más adelante.

El caso que nos ocupa: la alta sensibilidad

La alta sensibilidad es una tendencia heredada que lleva a las PAS a procesar lo que les llega desde los sentidos de una manera muy profunda y sutil. No es que veamos ni oigamos mejor que los demás, sino que lo analizamos todo de una forma más concienzuda. Nos gusta inspeccionar, reflexionar y ponderar, pero tal procesamiento no siempre es consciente. Podemos ser conscientes de estar reflexionando (o «rumiando», o «preocupándonos», dependiendo del estado de ánimo en el que nos encontremos y del tema que estemos procesando), pero lo más habitual es que todo esto lo hagamos sin percatarnos plenamente de ello. De ahí que seamos personas muy intuitivas, lo cual significa que solemos saber por qué las cosas son como son y hacia dónde se dirigen los acontecimientos, pero sin saber cómo sabemos todo eso.

Además, el análisis de pistas sutiles nos permite a las PAS averiguar qué les pasa a los seres que no se pueden comunicar con palabras –animales, plantas, bebés, partes inconscientes de las personas, aquellas que están enfermas (los cuerpos no utilizan palabras), extranjeros que intentan comunicarse con nosotras, personajes históricos fallecidos tiempo ha (a partir de la lectura de sus biografías), etc.

Las PAS poseemos también una estrecha conexión con nuestro propio inconsciente, cosa que se evidencia en los intensos sueños que tenemos. La atención a nuestros sueños y a nuestros estados corporales nos lleva no sólo a respetar todo lo relacionado con lo inconsciente, sino a desarrollar también una cierta humildad con respecto a las motivaciones de las personas, pues sabemos hasta qué punto los impulsos inconscientes determinan lo que la gente hace.

Asimismo, nuestra tendencia a reflexionar nos hace más concienzudas, más proclives a pensar en «¿qué pasaría si no consigo esto?» o «¿qué pasaría si todo el mundo hiciera eso?». Mis investigaciones demuestran que, comparadas con otras personas menos sensibles, las PAS nos preocupamos más por la justicia social y las amenazas al medio ambiente (aunque probablemente seamos menos proclives a la lucha en la primera línea de la política, exigiendo cambios). También disfrutamos mucho de las artes y de nuestra propia vida interior, y solemos considerarnos personas espirituales, de tal modo que, por ejemplo, acostumbramos a estar más dispuestas que las no-PAS a confortar a una persona moribunda junto a su lecho de muerte, incluso a personas extrañas (ésta es una de las preguntas que yo hacía en una de mis encuestas).

Lo malo de nuestras peculiaridades es que, desde el momento en que captamos todas las sutilezas que existen a nuestro alrededor, también nos vamos a sentir abrumadas ante tan altos niveles de estímulos complejos y persistentes. Es decir, va todo en el lote y, por ello, nos estresamos fácilmente en el mundo actual.

También somos más sensibles a las críticas, dado que procesamos en profundidad toda información que llega, inclusive la que tiene que ver con nuestros defectos. De ahí que nos deprimamos o nos pongamos ansiosas con más facilidad debido a que procesamos también profundamente los traumas. Como consecuencia de ello, podemos sentirnos menos esperanzadas y más inseguras que las personas que no reflexionan sobre sus experiencias con tanta profundidad.

Por último, nuestra sensibilidad va de alguna manera más allá de ese procesamiento profundo de la información en el cerebro en tanto en cuanto solemos ser más sensibles, por ejemplo, al alcohol, la cafeína, el calor, el frío, los tejidos que pican u otros irritantes, los cambios de luminosidad, los medicamentos y los alérgenos que afectan a la piel y a los senos faciales.

La importancia de mantener un nivel óptimo de excitación

Nadie funciona bien ni se siente bien cuando está sobrexcitado o poco excitado (no me refiero aquí a la excitación sexual, sino a la excitación general del sistema nervioso), y esto ocurre en todos los animales desde el mismo momento en que nacen. Los bebés lloran cuando se sienten sobrexcitados a causa del dolor, el hambre, el ruido o, simplemente, el cansancio de un día muy largo; y también lloran cuando se aburren y están poco estimulados. A los adultos tampoco les gusta estar sobrexcitados, sea por el ruido, el caos, el dolor, las fechas límite, la presión social, el miedo, la ira, el pesar o incluso un exceso de placer, como cuando la gente, estando de vacaciones, ya no puede soportar ver más paisajes, tiendas o museos. La sobrexcitación, además de ser física y psicológicamente molesta, puede fomentar la expectativa en la persona de que va a hacer las cosas mal, ya sea responder mal a un examen, cometer un error o tener un accidente. Todos tememos la sobrexcitación, pero también tememos la poca excitación, es decir, el aburrimiento, la inquietud, la obligación de esperar sin tener nada que hacer.

Todo organismo vivo intenta mantener un nivel óptimo de excitación, y los seres humanos hacemos ajustes durante todo el día para mantener ese nivel; ponemos la radio para incrementar la excitación, dormimos la siesta para reducirla, llamamos a una amiga para incrementarla, apagamos la televisión para mitigarla, etc. Pero también lo hacemos sobre intervalos de tiempo más prolongados como, por ejemplo, cambiando de empleo para incrementar la excitación, evitando el divorcio para reducirla, viajando al extranjero para potenciarla, yéndonos a vivir al campo para mitigarla, etc.

La única diferencia en el caso de las PAS es que nosotras nos sobrexcitamos un poco antes que el resto de la gente. Esto significa que una situación que proporcione un nivel de excitación óptimo para las demás personas puede ser excesivo para nosotras. Y lo que es óptimo para nosotras puede ser aburrido para un no-PAS. Por ejemplo, deseamos apagar la radio cuando nuestra pareja no-PAS quiere escucharla, o preferimos quedarnos en la habitación del hotel tras un largo día de visitas, cuando nuestro amigo no-PAS quiere conocer la vida nocturna de la ciudad. Imagino que te darás cuenta del potencial de conflicto que todo esto trae consigo.

¿Es lo mismo sensibilidad que introversión? Sí y no

El psiquiatra Carl Jung definió la introversión como la tendencia a volverse hacia dentro, a alejarse del mundo y preferir los dominios subjetivos, a reflexionar en profundidad.[6] Según Jung, para la persona introvertida, el mundo interior es tan real o más que el mundo exterior, y éste es uno de los aspectos fundamentales de lo que yo llamo sensibilidad: la preferencia por reflexionar en profundidad acerca de las experiencias, de tal modo que tal reflexión, ofreciendo tan ricos significados, se valora casi más que el objeto de experiencia en sí.

Sin embargo, cuando la mayoría de la gente habla de introversión están haciendo referencia a la introversión social, a esa reluctancia a relacionarse con personas extrañas o en grandes grupos. Incluso los test tipológicos junguianos tienden a entenderlo de este modo. Pero,

6. C. G. Jung, *Tipos psicológicos*, ed. Sánchez Pascual, A. (Barcelona, Edhasa, 2008).

si utilizamos esta definición (la de introversión *social),* y los test correspondientes, veremos que un 30 por 100 de las personas sensibles no son introvertidas, sino extrovertidas. Así pues, me voy a aferrar a la idea de que el rasgo fundamental, tal como lo definen la mayoría de los expertos, no es introversión sino sensibilidad. De ese modo, ese elevado número de PAS que son socialmente extrovertidas no se verán rechazadas por una confusión en los términos.

Pero ¿por qué la introversión social *casi* define, aunque no del todo, la sensibilidad? Yo creo que el 70 por 100 de las PAS son socialmente introvertidas porque ésta es una buena estrategia para reducir la estimulación y dedicar nuestro tiempo a aquello que mejor hacemos: procesarlo todo en profundidad, solos o con un amigo cercano. Esto es algo que, normalmente, no vas a poder hacer con personas extrañas o en grupos grandes. Sin embargo, si las PAS se crían en un entorno donde los grupos y los extraños son habituales, terminan por familiarizarse y calmarse, dando lugar así a PAS extrovertidas. De forma similar, si una PAS se cría en un entorno de castigos por ser introvertida o de grandes elogios por ser extrovertida, la extroversión se convertirá en una preferencia, en un estilo de comportamiento con el que la persona estará familiarizada y que le generará menos ansiedad. Así pues, la introversión y la extroversión social no son, de por sí, hereditarias.

¿Es la sensibilidad lo mismo que la timidez? No

Que yo sepa, no existe evidencia alguna de persona o animal que haya nacido tímido; es decir, con temor a ser juzgado o rechazado socialmente. Al igual que la introversión, la timidez se desarrolla como una de las adaptaciones posibles a determinadas situaciones de la vida, y no define al rasgo heredado en sí. Cierto es que las PAS se convierten con más facilidad que las no-PAS en personas tímidas y temerosas, pero esto sólo ocurre en determinadas circunstancias. En verdad, el rasgo básico es la sensibilidad, que lo único que hace es que la persona se detenga para comprobar atentamente toda situación novedosa, tomando nota de todas las sutilezas y considerando todas sus implicaciones.

Otros confunden esta detención, esta pausa, con el miedo, si bien la pausa puede convertirse en miedo si, tras procesar la información, la situación parece amenazadora.

En realidad es bastante fácil ver la diferencia entre un animal o un niño que nace con el rasgo de la sensibilidad y otro que deviene tímido o asustadizo debido a alguna mala experiencia. El sensible no desea otra cosa que observar con atención y reflexionar sobre la situación novedosa antes de seguir adelante. Si eres un extraño, el niño o el animal te observará y pondrá todos los sentidos en ti. A continuación, si no percibe nada amenazador en ti y no te pareces a nadie que le haya causado problemas en el pasado, avanzará y se relacionará contigo, y hasta podréis ser amigos de por vida.

Sin embargo, el animal o el niño temeroso crónico se sentirá ciertamente abrumado con tu presencia; no exhibirá un estado de alerta curiosa, sino que estará en guardia, inquieto y ansioso, sin percatarse de demasiadas sutilezas acerca de ti. Y, si en algún momento se anima a dar el paso adelante, repetirá la totalidad del proceso en la próxima ocasión. Casi nadie será un amigo de por vida.

Obviamente, la persona sensible que también es temerosa debido a alguna experiencia del pasado será también tímida. En concreto, en mis investigaciones he encontrado una y otra vez que el hecho de tener una relación turbulenta con alguno de los progenitores en la infancia lleva a una mayor timidez en las PAS que en las no-PAS. Sin embargo, una vez más, la timidez es el resultado de una experiencia, y no es un rasgo básico heredado. De hecho, en algunos de mis estudios, las PAS con una buena infancia resultaron ser *menos* tímidas que las no-PAS.

Por qué la sensibilidad es tan importante

Este libro se centra en el temperamento, pero a través de las lentes de una PAS. Las lentes de la sensibilidad se utilizan por tres motivos: porque la sensibilidad es quizás el más básico de los rasgos hereditarios, porque su presencia afecta especialmente a las relaciones, y porque valorar este rasgo es crucial para la supervivencia del ser humano. Veamos estas tres razones de una en una.

La sensibilidad es básica

Alta sensibilidad es el nombre que se le da actualmente a la diferencia hereditaria de personalidad que más se ha investigado (conocida en el pasado como introversión-extraversión, timidez-audacia, etc.), tanto en los seres humanos como en los animales superiores. Este tema tiene una larga historia de investigaciones debido a que destaca las diferencias en el «cableado» básico del sistema nervioso. Incluso el nuevo nombre de este rasgo no es, en última instancia, tan nuevo. El psiquiatra Carl Jung habló acerca de la sensibilidad en las primeras fases de su trabajo,[7] en tanto que el psicólogo Albert Mehrabian dio a conocer una idea similar a la de la sensibilidad en la década de 1970,[8] con lo que denominó «baja detección».[9] En 1988, el psiquiatra Burton Appleford publicó *Sensitivity: Agony or Ecstasy?* (Sensibilidad: ¿Agonía o éxtasis?) (pero no busques este libro, porque el editor plegó velas y el libro no llegó a distribuirse). Appleford apreció con detalle las ventajas de este rasgo, considerándolo tan importante y tan variable como el cociente intelectual. Los psiquiatras infantiles Alexander Thomas y Stella Chess describieron la sensibilidad infantil en la década de los cincuenta como uno de los nueve rasgos fundamentales,[10] y Janet Poland publicó un libro titulado *The Sensitive Child* (El niño sensible)[11] en el mismo mes del año 1996 en que se publicó mi libro *El don de la sensibilidad.*[12].Pero la sensibilidad no sólo ha sido reconocida por estos autores. Ha sido observada bajo nombres equívocos, como timidez, temor, inhibición o introversión (como en «es un perrito tímido» o «mi hijo es muy retraído»). Sin embargo, sea cual sea el término que se utilice para desig-

7. C. G. Jung, *Freud y el psicoanálisis,* vol. 4, *Obra completa de C. G. Jung* (Madrid: Editorial Trotta, 2000).
8. A. Mehrabian y E. O'Reilly, «Analysis of Personality Measures in Terms of Basic Dimensions of Temperament», *Journal of Personality and Social Psychology* 38 (1980): 492-503.
9. *Low screening* en el original inglés. *(N. del T.)*
10. A. Thomas y S. Chess, «Temperament and Cognition: Relations Between Temperament and Mental Test Scores», en *Temperament in Childhood,* eds. Kohnstamm, G. A.; Bates, J. E. y Rothbart, M. K. (Washington, D.C.: American Psychological Association, 1994), 377-387.
11. J. Poland, *The Sensitive Child* (Nueva York: St. Martin's, 1996).
12. Publicado en español por Ediciones Obelisco, Barcelona. *(N. del T.)*

narla, la sensibilidad es, después del género y la edad, la distinción más habitual que se esgrime entre los individuos, humanos o animales, en todas las culturas.

Las PAS son importantes para las relaciones

El segundo motivo para centrarnos en la alta sensibilidad es que, cuando en una relación se halla presente una PAS, tal relación puede ser excepcionalmente buena o notoriamente mala. Y, aunque representamos en torno al 20 por 100 de la población, las posibilidades de que una relación incluya a una PAS (si damos por hecho que la gente se empareja de forma aleatoria) es de alrededor del 36 por 100. Si incluimos a las personas moderadamente sensibles, el porcentaje sería más alto. Si añadimos amistades, además de relaciones románticas, es probable que cada persona no-sensible esté intentando amar a alguna persona sensible, y en verdad cada PAS está intentando amar al menos a una persona no-sensible. También podemos añadir que el conocimiento acerca de las diferencias en la sensibilidad es relevante en toda pareja, en tanto en cuanto uno de sus miembros será siempre más sensible que el otro.

Los motivos por los que las PAS son valiosas en las relaciones son bastante obvios. Por ejemplo, las personas sensibles somos concienzudas, intuitivas, conscientes de los estados de ánimo ajenos y siempre estamos dispuestas a pensar en profundidad qué es lo que está sucediendo.

Las PAS también pueden ser pésimas parejas por muchos motivos, ninguno de los cuales es incurable; pero todos ellos se han tratado en este libro. Por ejemplo, dado que las PAS nos sobrecargamos antes que el resto de las personas, podemos intentar ignorarlo, lo cual es fatídico para nosotras y nos llevará a acumular resentimientos, o podemos desbaratar algunos de los deseos de nuestra pareja, con lo cual será ella quien acumule resentimientos. Además, por algunos motivos que exploraré en el capítulo 3, las PAS pueden ser inusualmente temerosas en lo relativo a la intimidad y los conflictos. De hecho, en diversas investigaciones cuidadosamente diseñadas, he descubierto que las PAS que se han criado en familias desdichadas y sometidas a tensión tienen más probabilidades que las no-PAS de desarrollar las características que, según otras investigaciones, resultan ser más perjudiciales en las relaciones, como el pesimismo, la baja autoestima, la depresión, la ansiedad y un estilo de apego inseguro. Sin embargo, las PAS que no han sufrido estos estresores no muestran más posibilidades de desarrollar estas características que el resto de la gente. Si separamos del temperamento los efectos de la historia personal, podremos abordar mejor ambos asuntos, haciéndolos menos acuciantes.

La sensibilidad es crucial para la supervivencia humana

La necesidad de las dos variedades de seres humanos

Los biólogos dieron por hecho en otro tiempo que la evolución significaba que cada especie evolucionaba hacia una única forma ideal, perfectamente adaptada a su entorno. Si el entorno cambiaba, el ideal cambiaba asimismo, o bien la especie se extinguía. Pero, a pesar de la teoría, resulta que la mayoría de las especies desarrollaron un plan de supervivencia mejor: desarrollar dos (o más) formas ideales, dos formas de supervivencia. Si una «variedad» de la especie no era capaz de enfrentarse a los cambios del entorno, la otra quizás pudiera hacerlo.

Se cree que los temperamentos a los que yo denomino sensibilidad y no-sensibilidad sirven exactamente a este ingenioso plan de supervivencia. Los individuos sensibles procesan más información antes de actuar, comprobándolo todo concienzudamente y tomando menos riesgos, no siendo impulsivos, en tanto que los individuos sin este rasgo asumen más riesgos. Las PAS viven según los lemas de «mira antes de saltar» y «una puntada a tiempo ahorra nueve». Las no-PAS se inspiran en los lemas de «el que duda pierde la ocasión» y «las oportunidades sólo se presentan una vez». Ambos enfoques vitales funcionan, si bien uno será más adecuado en unas situaciones y el otro, más en otras.

Esta diferencia de estrategias se ha encontrado en multitud de especies –en primates, perros, cabras, ratas y alces, por nombrar unas cuantas–, si bien es probable que se encuentre en todas las especies superiores. Un ejemplo de ello lo tenemos en la perca sol (*Lepomis gibbosus*), algunos de cuyos especímenes entran en las trampas que se les ponen en las pozas, en tanto que otros no. Ambos tipos de percas difieren no sólo en este comportamiento, sino también en sus comportamientos de apareamiento, búsqueda de alimentos y evitación de depredadores. Incluso sufren los ataques de parásitos diferentes. Por otra parte, cuando los expertos del California Fish and Game (Caza y Pesca de California) hacen un censo de ciervos situando cámaras estratégicamente, que se disparan cuando los animales tropiezan con el cable, añaden automáticamente un 20 por 100 más de individuos al número total, pues ése es el porcentaje de ciervos que, según sus observaciones, evita tropezar con los cables. Para mí, sin duda, ése es el 20 por 100 de ciervos altamente sensibles.

Cada cultura favorece a una variedad o a la otra

Tiene sentido que los animales sociales, como los seres humanos, tengan un determinado porcentaje de individuos cuidadosos que se mantienen alerta ante los detalles más sutiles. Éstos son los que primero sienten que hay leones entre los arbustos para que, a continuación, los individuos no-sensibles se precipiten ansiosamente sobre los leones para enfrentarlos. Pero la mayoría de las culturas tiende a favorecer a una variedad sobre la otra. Las culturas nómadas, o aquellas que optan por un enfoque agresivo, o que lo necesitan para sobrevivir, suelen favorecer a los que asumen riesgos. Por otra parte, las culturas que viven más cerca de la tierra valoran más a sus sensibles herbalistas, rastreadores y chamanes, al igual que muchas culturas antiguas, estables y muy civilizadas, que valoran a sus más sensibles jueces, sacerdotes, historiadores, sanadores, visionarios, artistas, científicos, eruditos y consejeros.

En una cultura agresiva, las no-PAS son las favorecidas, y ese hecho se nos hará obvio en todas partes. Incluso en el estudio de la perca sol descrito más arriba, los biólogos norteamericanos que escribieron el artículo hablaban de la perca que se introducía en las trampas como del pez «audaz», el que se comportaba normalmente; en tanto que las otras percas eran las «tímidas».[10] Pero, ¿los peces que no cayeron en la trampa eran realmente tímidos? ¿Por qué no engreídos? Al fin y al cabo, igualmente podríamos haberlas descrito como las percas listas, en tanto que las otras podrían haber sido las percas estúpidas. Nadie sabe lo que puede sentir una perca, pero los biólogos las calificaron de «audaces» y de «tímidas» simplemente porque su cultura les había enseñado a hacerlo así. Aquellas que dudaban eran temerosas; las que no dudaban eran normales. (La ciencia siempre sucumbe al filtro de la cultura; la imagen verdadera no se pierde, pero se distorsiona).

He aquí un buen estudio que vale la pena recordar, una investigación en la que se comparó a niños de primaria de Shanghái con niños de Canadá. En ella se descubrió que los niños sensibles y callados de China se hallaban entre los más respetados por sus padres, en tanto que los de Canadá se encontraban entre los menos respetados.[13] Las PAS que crecen en culturas en las que no son respetadas *tienen* que verse necesariamente afectadas por esta falta de respeto.

Nuestra importancia es aún mayor en las culturas agresivas

Aunque las culturas favorecen de forma natural uno de los rasgos por encima del otro, esto puede resultar peligroso si se lleva demasiado lejos, como ocurre en gran parte de la cultura occidental, que sigue pagando un precio muy alto por sobrevalorar la agresividad impulsiva. Uno de los motivos históricos para tal sobrevaloración es que todas las culturas occidentales (y algunas orientales) se han desarrollado a partir de un pequeño grupo de aguerridos nómadas que tuvieron su origen en las estepas que se extienden entre Europa y Asia. Eran personas que vivían de sus conquistas, arrebatando sus rebaños a otros pueblos y conquistando con el tiempo grandes territorios, estableciendo los cimientos de culturas como la griega, la romana, o las de las tribus galas o germánicas, así como las de las castas superiores de la India, entre otras (de ahí que se las llame tribus indoeuropeas).

Los antropólogos han observado que la cultura indoeuropea y todas las culturas que salieron de las estepas después, y las culturas más agresivas en general (como la de los aztecas), tienen *dos* clases dirigentes: los reyes guerreros y los consejeros sacerdotales. Los reyes guerreros son los líderes impulsivos que encabezan las incursiones militares y que

13. X. Chen, K. Rubin y Y. Sun, «Social Reputation and Peer Relationships in Chinese and Canadian Children: A Cross-Cultural Study», *Child Development* 63 (1992): 1336-1343.

construyen imperios. Los equivalentes en nuestros días son los grandes líderes empresariales, políticos y militares de nuestro tiempo. Los consejeros sacerdotales –normalmente PAS, en mi opinión– son, una vez más, los maestros, sanadores, jueces, historiadores, artistas, etc. Ellos son los que aconsejan a los reyes guerreros. Una PAS puede incluso llegar a ser presidente de una nación; como, por ejemplo, Lincoln, una PAS que compensaba a la perfección a sus reyes-guerreros, los generales de la Guerra Civil.

La función del consejero sacerdotal es la de conseguir que los reyes guerreros reflexionen un poco sobre las consecuencias de sus acciones; como, por ejemplo, iniciar una guerra que no pueden ganar o que provocará más daños que ventajas. Cuando el poder entre estos dos grupos está en equilibrio (como entre el poder ejecutivo y el judicial en un estado), todo va bien. Pero, para que se dé este equilibrio, los consejeros sacerdotales (normalmente nosotras, las PAS) tienen que reafirmarse. Para ello, debemos valorarnos y valorar nuestro tipo de poder y de influencia.

Recuperar el equilibrio, y cómo pueden ayudar las relaciones

No obstante, en los últimos cincuenta años, en lugar de reafirmarnos hemos estado perdiendo influencia. Y no por culpa de una conspiración sino, simplemente, porque nuestros campos tradicionales parecen haber cambiado, y ahora demandan ese tipo de personas capaces de funcionar bajo elevados niveles de estimulación y estrés. De hecho, estos campos están necesitando más que nunca personas altamente sensibles, pues cualquiera puede ver las consecuencias negativas del hecho de que haya tan pocos médicos, enfermeros, abogados, maestros y artistas sensibles.

También en el ámbito empresarial y en el de la política, todo el mundo sufre cuando líderes con sistemas nerviosos poco proclives a la reflexión toman decisiones impulsivas y agresivas en nuestro nombre. Y, en verdad, estas decisiones pueden afectar gravemente a nuestra supervivencia. Por ejemplo, estoy convencida de que las PAS se preocupan mucho más por el calentamiento global que las no-PAS. En resumen, una especie que no saca provecho de sus dos «variedades» evolutivas no hace otra cosa que ponerse en peligro.

A medida que vayas avanzando en la lectura de este libro, reflexionando sobre tus relaciones amorosas, no sólo te estarás ayudando a ti misma y a todas aquellas personas que se encuentran a tu alrededor. Tus relaciones te ayudarán también a cumplir con tu decisivo papel en el mundo. En primer lugar, tú ejerces un influjo directo sobre aquellas personas a las que amas, y ellas a su vez transmiten tus puntos de vista a otras personas. Pero es aún más importante el hecho de que las personas que quieres te pueden dar la confianza, el apoyo y la práctica que necesitas para transmitir tus ideas a un círculo más amplio de personas. Por último, aunque esto quizás no se te aplique personalmente, cuantas más PAS se involucren en una relación íntima, más PAS tendrán hijas e hijos, o más PAS criarán o ejercerán su influjo en los hijos de otros.

La búsqueda de sensaciones

Si los consejeros sacerdotales son, por regla general, altamente sensibles, tendrá pleno sentido que los reyes guerreros tengan una baja sensibilidad, y quizás incluso puede que tengan otro rasgo bastante pronunciado. (Y aquellas personas que tengan un elevado grado en ambos rasgos puede que sean las más adecuadas para mediar entre ambos colectivos). Volvamos de nuevo sobre las Pruebas del Buscador de Sensaciones (págs.51-53) para ver si tú o tu pareja puntuasteis alto en ellas, porque éstas son las medidas del rasgo del que hablaremos ahora.

¿Te acuerdas de Chris, que se disgustaba tanto con Jordan por querer cambiar de empleo una vez más? Chris podría haber tenido razón al decir que Jordan tenía miedo a comprometerse, o que incluso padecía un trastorno de déficit de atención. Sin embargo, como conozco bien a Jordan, yo diría que lo que ocurría era el resultado de una variación normal de temperamento. Jordan había nacido con un sistema nervioso que le llevaba a aburrirse con facilidad, y de ahí que estuviera dispuesto a asumir más riesgos que Chris con el fin de salir adelante o de tener experiencias novedosas.

Los BSI quieren cambios

Marvin Zuckerman, que es quien más ha investigado en este otro rasgo, lo denomina búsqueda de sensaciones intensas.[14] Según Zuckerman, los buscadores de sensaciones intensas (BSI) buscan «sensaciones y experiencias variadas, novedosas, complejas e *intensas*» y están dispuestos «a asumir riesgos físicos, sociales, *legales* y *económicos* para conseguir tales experiencias».[15]

En las investigaciones genéticas se ha descubierto que este rasgo está tan determinado por los genes como la estatura de una persona. Es decir, está muy determinado por los genes. Y estas diferencias físicas se pueden observar en los primeros días de vida en la forma de altos niveles de actividad en aquellos bebés que se convertirán en BSI. ¿Es más habitual este rasgo en niños y en hombres? Puede ser, pero .es difícil confeccionar un test de búsqueda de sensaciones que no tenga algún sesgo de género, dado que los hombres obtienen puntuaciones superiores debido a que suelen responder de la manera en que «los hombres de verdad» se supone que tienen que responder.

Un BSI, que se aburre con facilidad y que, por tanto, está anhelando asumir riesgos con el fin de probar cosas nuevas, da la impresión de ser todo lo opuesto a una persona altamente sensible. Pero no es así. Estos dos rasgos son completamente independientes entre sí. Puedes tener una puntuación alta en uno, alta en el otro, alta en ambos o baja en ambos; y hay personas que tienen niveles moderados de uno o de otro, aunque la moderación parece ser más habitual en el caso de la búsqueda de sensaciones que en el caso de la sensibilidad. No obstante, el resultado más sorprendente es, una vez más, que una persona pueda ser *a la vez* PAS y BSI.

Para las personas que posean ambos rasgos, hablaremos dentro de unos instantes de las implicaciones que todo esto tiene. Pero, primero, intentaremos explicar mejor lo que es la búsqueda de sensaciones.

---

14. *High sensation seeking*, en el original inglés. *(N. del T.)*

15. M. Zuckerman, *Behavioral Expressions and Biosocial Bases of Sensation Seeking* (Nueva York: Cambridge University Press, 1994), 27.

Dos sistemas en el cerebro

Aunque nadie tenga la absoluta certeza de lo que pueda haber en el cerebro para que una persona sea una PAS o un BSI, lo más probable es que existan dos sistemas cerebrales independientes, cada uno de los cuales variará en potencia o eficiencia. El sistema que decide el grado de sensibilidad es lo que algunos investigadores denominan «sistema de inhibición comportamental», pero que yo creo que sería mejor llamar «sistema de pausa para comprobar». Este sistema te ayuda a internalizar la situación actual y a ver si se parece a alguna situación del pasado antes de decidir lo que vas a hacer. El hecho de tener un potente sistema de pausa para comprobar, como se dice que tienen las PAS, exige que se hagan discriminaciones sumamente sutiles entre situaciones, lo cual da como resultado un procesamiento de la información largo y profundo, que es lo que parece que las PAS hacen.

El otro sistema, el sistema de activación comportamental, nos lleva a comportarnos con curiosidad, al anhelo por explorar y a cierta excitación respecto a las recompensas. Las zonas del cerebro y el principal neurotransmisor (la dopamina) implicados en este sistema no guardan demasiada relación con las zonas cerebrales de pausa para comprobar y su principal neurotransmisor (la serotonina). Cuando este sistema es altamente eficiente, tú eres un BSI.

Pero, aunque Zuckerman vincula la asunción de riesgos con el hecho de ser un BSI, yo creo que está más vinculado con el hecho de no ser una PAS; es decir, tener un sistema de pausa para comprobar de bajo nivel. El hecho de ser un BSI guarda relación con el gusto por las experiencias novedosas. Los BSI pueden parecer más dispuestos a asumir riesgos que las PAS porque, si de verdad quieres algo –una experiencia novedosa en el caso de un BSI–, asumirás más riesgos para conseguirlo. Pero asumirás más riesgos aún en el caso de que seas una PAS; aunque, normalmente, una PAS/BSI optará por disfrutar de lo novedoso de una manera segura. Si tú fueras un BSI pero no una PAS, asumirías muchos más riesgos, porque la pausa para comprobar sería mucho menos probable.

La búsqueda de sensaciones y el amor

Zuckerman ha descubierto que las relaciones amorosas de los BSI suelen ser «informales y hedonistas, carentes de un sólido compromiso, lo que da lugar a un historial de muchas relaciones».[16] Sin embargo, Zuckerman se sorprendió al descubrir que los buscadores de sensaciones se casan (normalmente con otros BSI), lo cual parece contradecir su supuesta informalidad. Sin embargo, esto se podría explicar por el hecho de que los BSI también pueden ser PAS. Quizás los BSI casados reflexionaron y llegaron a un compromiso; quizás, su parte BSI, tras muchas aventuras románticas informales, se dejó convencer por su parte PAS para llegar a la conclusión de que necesitaban una relación más duradera basada en un amor profundo. A lo largo de este libro, volveremos sobre los BSI en tanto en cuanto constituye otra forma de utilizar la valoración del temperamento para mejorar las relaciones.

Ahora ya tenemos cuatro tipos

Ahora ya tenemos cuatro tipos de personas:

1. *PAS/no-BSI.* Son normalmente reflexivas y suelen ser felices llevando una vida tranquila. No son impulsivas, ni ven demasiadas razones para asumir riesgos.
2. *BSI/no-PAS.* Son normalmente curiosas, impacientes, impulsivas, raudas para asumir riesgos, y se aburren con facilidad. No son muy conscientes de las sutilezas en una situación; incluso, ni siquiera se interesan por ellas.
3. *No-PAS/no-BSI.* No son personas demasiado curiosas, ni suelen reflexionar en profundidad, viven su vida de una forma sencilla y natural.

16. M. Zuckerman, «Impulsive Unsocialized Sensation Seeking: The Biological Foundations of a Basic Dimension of Personality», en *Temperament: Individual Differences at the Interface of Biology and Behavior;* eds. Bates, J. E. y Wachs, T. D. (Washington, D.C.: American Psychological Association, 1994), 224.

4. *PAS/BSI.* Son ciertamente versátiles, con una combinación de la visión de las PAS y el impulso de los BSI, pero su nivel óptimo de excitación tiene muy pocos márgenes, debido a que se abruman con facilidad y también se aburren fácilmente. Suelen entrar en conflicto en su interior en tanto en cuanto anhelan nuevas experiencias, pero no quieren sentirse sobrepasados por ellas ni asumir grandes riesgos. Tal como lo expresó una PAS/BSI, «Es como si te pasaras la vida con un pie en el acelerador y el otro en el freno».

Estos cuatro tipos de personas ofrecen dieciséis posibles combinaciones en una relación: una pareja de PAS/no-BSI con un PAS/BSI, una de PAS/no-BSI con un no-PAS/BSI, y así sucesivamente. Si añadimos algunos rasgos importantes más, como el nivel de inteligencia o los estilos de pensamiento analítico frente al artístico, la exploración de todas las posibles relaciones llevaría a este libro a rivalizar en extensión con la *Enciclopedia Británica.*

No obstante, descubrirás la importancia de valorar el rasgo de la búsqueda de sensaciones para poder trabajar con el rasgo de la sensibilidad. Obviamente, una pareja compuesta por una PAS/no-BSI y una no-PAS/BSI tendrá muchas más diferencias que trabajar que una pareja de PAS/BSI y no-PAS/BSI. Otro motivo importante para introducir aquí la búsqueda de sensaciones es que las personas que son tanto PAS como BSI necesitan de alguna atención extra, tanto a nivel individual como en sus relaciones (atención que comenzaré a darles en la última sección de este capítulo, en lo relacionado con el cuidado de uno mismo).

Por ejemplo, Terry y Jess son dos PAS muy claras, pero Terry tiene algo de BSI también. En una pareja en la que ambos son PAS no es difícil que cada uno de ellos consienta en que el otro manifieste su parte sensible, y esto aminora el conflicto interior de las PAS/BSI. Así, es Jess, el PAS «puro», el que representa el «freno» en la relación. De este modo, Terry tiene la posibilidad de culpar a Jess y de rebelarse contra él en vez de tener que aceptar su conflicto interior. Así, aunque Jess no la incordiara, Terry se quedaría de todas formas en casa tanto tiempo como se queda con la excusa de no tener problemas con Jess. Si Terry se percatara de esto, culparía menos a Jess por el hecho de desear una vida tranquila.

Dando sentido a todos estos términos

Quizás sea ya el momento para ofrecerte un modelo. En este libro se utilizan multitud de conceptos generales, como temperamento, personalidad y género, además de rasgos específicos como sensibilidad, búsqueda de sensaciones, introversión, extroversión y timidez; y algunos más que aparecerán en breve, como miedo a la intimidad, estilo de apego, depresión, ansiedad y preferencias en el comportamiento sexual, por nombrar unos cuantos. ¿Cómo encajan entre sí todos estos conceptos?

A mí me gusta pensar que nuestra personalidad es como un edificio de tres plantas. En la planta baja encontramos lo que yo denomino «temperamento hereditario», el «cableado» básico. La sensibilidad y la búsqueda de sensaciones son los grandes ejemplos, junto con el nivel de energía, la inteligencia general y, quizás, algunos talentos concretos. Los rasgos temperamentales de la planta baja impregnan el sistema nervioso e influyen en todo, desde tu propensión a los sobresaltos hasta tu nivel de malestar ante las injusticias sociales.

En el primer piso nos encontramos con los rasgos de personalidad. La personalidad es aquella parte de ti que perdura, dando color o sabor a la mayoría de tus comportamientos. La personalidad emerge de la interacción del temperamento (la planta baja) con las influencias sociales y la historia personal; es el modo en que tu temperamento (lo heredado) te ha conformado de una manera única a través de las experiencias sociales y personales por las que has pasado. Entre los rasgos de personalidad se encuentran la introversión, la extroversión, el optimismo, el pesimismo, el estilo de apego, el deseo o el miedo a la intimidad, la timidez, etc. Como veremos, las PAS suelen ser introvertidas debido a que su experiencia personal les dice que la introversión las protege de la sobreestimulación. Pero las PAS se vuelven tímidas sólo si han sufrido experiencias sociales angustiosas. Las culturas también influyen en la personalidad, al hacer que idealicemos determinados rasgos o bien que nos resulten más cómodos que otros. Por ejemplo, la extroversión es un rasgo que se favorece en Estados Unidos, Australia e Israel, pero que no es tan importante en Japón, Suecia o el Tíbet. La creatividad se valora enormemente en Estados Unidos, pero no es tan decisiva en la India.

Por último, en el segundo piso se hallan los comportamientos visibles, los hábitos y las preferencias que persisten durante algún tiempo, aunque no tanto como los rasgos de personalidad. Ejemplos de ellos son hacer ejercicio regularmente, irse de fiesta cada fin de semana, el posponer las cosas, la promiscuidad sexual, beber café todas las mañanas o ser generoso haciendo donaciones a las ONG. Estos comportamientos cambian con más facilidad y frecuencia, pero no siempre, dado que cada uno de ellos es el resultado de los pisos que hay por debajo.

Los rasgos hereditarios básicos de la planta baja ejercen un influjo mayor y menor que los del primer y segundo pisos; mayor porque constituyen el «cableado» básico; menor porque no son más que el trasfondo de la experiencia social y personal. Todo el mundo tiende a subestimar la experiencia social, y en particular la cultural, porque todo el mundo en una cultura concreta la experimenta de un modo más o menos similar. Al igual que ocurre con el aire que respiramos, no nos damos cuenta de nuestra propia sociedad a menos que tengamos la fortuna de conocer bien otra cultura, como la zulú o la inuit.

Espero que este modelo te haya servido.

Lo que necesitan las PAS

Ahora ya sabes en qué consiste ese rasgo tuyo de la sensibilidad, y también ese otro rasgo que tú o tu pareja podéis tener, la búsqueda de sensaciones. Pero detengámonos unos instantes para reflexionar sólo en ti, una PAS. ¿Qué necesitas tú? Aunque éste es el tema central de mis libros *El don de la sensibilidad* y *The Highly Sensitive Person's Workbook,* no estará de más un breve recordatorio, porque las PAS felices hacen felices a sus parejas.

1. *Tú necesitas información acerca de tu rasgo.* De hecho, necesitas una corriente continua de información al respecto. Debería ser información acerca de tu rasgo que vaya de lo neutro a lo positivo, para compensar los puntos de vista negativos que puedan expresar las personas que no lo comprenden. De otro modo, dado que no es

un rasgo ideal en nuestra cultura, no tardarás en dar marcha atrás para comportarte como los demás y criticarte a ti mismo cuando no puedas comportarte como ellos esperan que hagas. Tu diferencia es real, verdadera; otras personas la tienen, la mayoría de las especies animales la tienen, y está científicamente validada.

2. *Necesitas replantearte tu pasado a la luz de tu sensibilidad,* especialmente en los acontecimientos que te produjeron una merma en la confianza en ti misma. Esto significa que tienes que recordar esos acontecimientos y replantearte si lo que sucedió se pudo deber a tu sensibilidad. Por ejemplo, quizás te encontrabas en un estado de sobreexcitación, o bien estabas intentando evitarlo, por lo que lo sucedido, fuera lo que fuera, no fue culpa tuya, sino simplemente algo que va con el lote que te ha tocado.
3. *Necesitas sanar los efectos de una infancia difícil o de una familia disfuncional* (y también de los traumas padecidos posteriormente). Cuando éramos niños, no sólo éramos más vulnerables a los sucesos negativos. Ten en cuenta que, si nuestra familia estuvo sometida a algún tipo de tensión, quizás no pudieron o supieron gestionar la delicada tarea que supone dar apoyo a un niño sensible para que se sienta seguro en el mundo. Y, por muy bien que lo hicieran en nuestra familia, todavía tendríamos que sanar los efectos de los prejuicios sutiles de la sociedad, del hecho de que no nos vieran como un ideal. Hace falta tiempo para sanar, pero podemos disponer de mucha ayuda. Y si todo esto te pone ansioso o depresivo, convendrá que busques tratamiento también para esos síntomas, del modo en que lo haría una no-PAS, leyendo libros fundamentados científicamente y recibiendo psicoterapia (breve o prolongada), medicamentos u otros tratamientos físicos complementarios. O quizás te puedas beneficiar de una combinación de todo esto. Pero no aceptes ningún tratamiento para el rasgo de la sensibilidad en sí misma, porque la sensibilidad no es un problema.
4. *Necesitas ayuda para aprender a gestionar la sobreexcitación.* Esto significa aprender a evitarla siempre que sea posible, a sobrevivir a ella cuando esté ocurriendo y a recobrarte cuando haya terminado. La sobreexcitación es el mayor problema de las PAS y, aunque se ha escrito mucho sobre la gestión del estrés, poco se ha publicado con

la mente puesta en las personas sensibles. Necesitamos algo más que un puñado de técnicas nuevas. Necesitamos todo un estilo de vida que se adapte a nuestro rasgo, además de la firme sensación de que hacer lo que tenemos que hacer está justificado.

5. *Necesitas ayuda para estar ahí fuera, en el mundo,* mientras conservas tu nivel óptimo de excitación. Las PAS tienen que estar ahí afuera, inmersas en el mundo, triunfando en él. Y eso es algo que podemos hacer, pero tenemos que hacerlo de un modo equilibrado: ni sobreprotegiéndonos ni conduciéndonos de forma brutal con nosotras mismas. Nuestras vocaciones profesionales deben satisfacer los requisitos de la calma y los tiempos muertos, deben depararnos el respeto que nos merecemos, y hacer el más adecuado uso de nuestro rasgo. Normalmente, las PAS tienen que probar con distintos empleos, o incluso con toda una carrera profesional, para poder encontrar su nicho adecuado, por lo que frecuentemente deben optar por el autoempleo o por volver a estudiar. Todos estos temas tienen que considerarse como relacionados con el temperamento.
6. *Necesitas desconectar parte de tu sensibilidad ante las necesidades de los demás sin sentirte culpable.* Esto no es egoísmo pues, en definitiva, puede que con ello hagas más feliz a tu pareja. Si intentas comportarte como una no-PAS y ayudar a alguien que sientes que lo necesita, te arriesgas a sucumbir a la sobreexcitación. Esto te llevará a padecer insomnio y ansiedad debido a los altos niveles de cortisol, la hormona del estrés; y, ¡bingo!, terminarás sumido en el caos –ansioso, depresivo, irritable– y no serás una ayuda para nadie. Tu bondad y tu compasión se desvanecerán. De modo que elige a quién te vas a dar y ahorra energías para esas personas. Y, si no puedes hacer esto, pregúntate por qué.
7. *Las PAS que son también BSI necesitan ayuda, especialmente, para encontrar su nivel de excitación óptimo.* Te aburres con facilidad *y* te abrumas con facilidad, y sueles estar en conflicto pensando si sales o te quedas en casa, si haces más o menos, y no es que quieras ser como las no-PAS que hay a tu alrededor. Es un conflicto interior que procede de tu «cableado» básico, y que puede ser intenso. Por ejemplo, quizás tengas un esquema de negocios que te encanta y del cual estás convencida de que funcionará, pero también sabes que

poner en marcha cualquier negocio nuevo supone mucho estrés, y te sientes ya sobrecargada. ¿Qué hacer?

Sugerencias especiales para PAS/BSI

En primer lugar, deja ya de culparte por tus tendencias «neuróticas» o «autodestructivas» cuando sales disparado en múltiples direcciones, aun a sabiendas de que va a ser demasiado estimulante. Sí, quizás te estés conduciendo de forma autodestructiva pero, si en tu pasado no ves honestamente motivos para pensar que eres autodestructivo, plantearte las cosas en los términos de que tienes un temperamento PAS/BSI puede abrirte todo un abanico de soluciones. Quizás puedas dar satisfacción a tu parte BSI haciendo un viaje, y no proyectando un nuevo trabajo. También puedes contratar a una persona para que te ayude en tu parte PAS, con el fin de reducir las molestias de la sobreestimulación, y dejar que tu parte BSI siga adelante y se involucre en más proyectos. Pero, por encima de todo, aprende a forjar grandes acuerdos, no compromisos a mitad de camino entre tus dos rasgos.

Por ejemplo, en vez de poner en marcha un negocio, invita a tu casa a la encantadora vecina de al lado a quien tu BSI quería conocer, mientras la parte PAS se lo pensaba y titubeaba.

Una última reflexión

Ahora conoces mejor tu sensibilidad, pero precisarás de más tiempo para arraigar en tu psique todos estos conocimientos. Por ejemplo, incluso después de escribir *El don de la sensibilidad,* aún tuve que trabajarme el desagrado que sentía ante el hecho de ser una persona sensible.

Posteriormente, a medida que me iba aceptando como era y veía sus puntos fuertes, tuve que enfrentarme al problema de que no siempre me gustara que mi pareja fuera no-sensible. Transformar estas actitudes precisa de tiempo para reflexionar, en soledad, así como para compartir tus nuevos puntos de vista con las personas a las que quieres, incluso para discutir y pelearte con ellas por esto. Pero sé paciente también. Mantente en el proceso.

Cambiar tus prejuicios temperamentales (¿temperamentalismo? ¿sensofobia?) precisa también de tiempo para reconocer las injerencias de las fuerzas externas, que socavan el respeto que puedas sentir por ti mismo y por los demás. Por ejemplo, aquellos rasgos que no son precisamente ideales en una cultura agresiva no tardan en adquirir el carácter de patologías. Nos dicen que aquel hombre tiene una fobia social, que ella es obsesivo-compulsiva, que él es dependiente, y que ella tiene una personalidad depresiva. Cuando todo es una cuestión de graduación, ¿no?

En realidad, las diferencias que no se valoran culturalmente se suelen convertir en problemas por el mero hecho de que las personas que las tienen padecerán un mayor rechazo social.

Pero, desde una perspectiva temperamental, estas supuestas patologías puede que no sean más que el resultado de una variación normal, que nos lleva a algunas personas a retirarnos para reducir la estimulación, a ser ordenados, a considerar las consecuencias, a ser sensibles ante las necesidades de los demás o a sentir las tragedias de la condición humana.

Si no comprendemos las variaciones normales de temperamento, y por tanto no las respetamos, terminamos por esperar de nosotros mismos o de nuestras parejas un cambio que nos lleve a ser más «normales» (o, lo que es lo mismo, a estar más en línea con el ideal de nuestra cultura).

La gente «normal» (ideal) en nuestra cultura son personas alegres, extrovertidas, relajadas, orientadas al éxito e independientes, y creemos que estamos en nuestro derecho de ser así, o de tener un amigo o una pareja que sea así; cuando, de hecho, las variaciones sobre el ideal son más comunes que el ideal, y están perfectamente bien en un sentido u otro.

Después están las diferencias que no se consideran ideales para un género en particular, que es el tema del siguiente capítulo. Se supone que los hombres han de ser decididos, estoicos, lógicos y no demasiado sensibles. Y se supone que las mujeres han de ser gregarias, buenas con los niños, hábiles en la expresión de los sentimientos y profundamente sensibles. Y se entiende que si no tienes un «verdadero hombre» o una «mujer femenina» por pareja es que te han timado. Ya va siendo hora de trabajar estas cosas; la sensibilidad se ha estado confundiendo con el género durante demasiado tiempo.

CAPÍTULO 2

Timidez de género y sensibilidad: cómo encontrar tu yo olvidándote de los estereotipos

En este capítulo intentaremos salvar y proteger tu amor –la persona a la que amas y tus sentimientos de amor en general– de los efectos que tienen sobre él los estereotipos de género. Los rígidos estereotipos y prejuicios de género nos causan problemas a todos, pero causan más problemas aún a las PAS, porque encajamos menos en los estereotipos y sufrimos más los efectos de los prejuicios. Como consecuencia de ello, nos puede resultar especialmente difícil relacionarnos con el otro género debido a cosas tales como la desconfianza, el miedo al rechazo o los malentendidos. A todos ellos tendremos que enfrentarnos antes de ir más allá en este libro.

Por motivos obvios, este capítulo se centra principalmente en las relaciones íntimas entre hombres y mujeres, pues es aquí donde las dificultades de género elevan sus más sutiles y feas cabezas para la mayoría de las personas. Sin embargo, las relaciones con el mismo sexo, de todo tipo, que quizás sean tus principales relaciones íntimas, se hallan igualmente arraigadas en un mundo donde el género es la «gran división». Así pues, todo lo que se diga aquí puede ser igualmente útil para las relaciones con el mismo sexo, aunque quizás haya que hacer algún pequeño ajuste.

Por qué las PAS se sienten especialmente incómodas con el otro género

El mundo animal se divide en machos y hembras, y los seres humanos se dividen en hombres y mujeres... ¡y qué maraña de problemas genera esto! ¡Y cuánto deleite también! Cada uno desea al otro, sueña con el otro; ambos por motivos biológicos y por el placer, la seguridad y la excitación que supone una relación prolongada. Sin embargo, hay una cosa que suele interponerse en el camino de esa relación: el sexismo.

Los motivos culturales

Para analizar este irritante problema, tendremos que comenzar diciendo que, en nuestra cultura, las mujeres sufren una gran presión para resultar físicamente atractivas a los hombres. Obviamente, también se les dice que se respeten a sí mismas y que busquen sus propios objetivos, pero atraer a los hombres sigue siendo una prioridad muy sutil. Cuando todo va bien, la mujer tiene éxito en este aspecto y los dos disfrutan del atractivo de ella, y también de sus otros logros, y aceptan los cambios de aspecto que sufre ella a medida que envejece. Pero a veces hay mujeres jóvenes para las cuales su propia belleza se les antoja insuficiente, atrayendo una atención equivocada; y, así, su belleza se convierte en su única moneda en el mundo, o «se desvanece». Mientras tanto, a los hombres se les valora principalmente por sus logros, y pueden encontrar mujer a lo largo de toda la vida. Por todo ello, las mujeres se sienten injustamente tratadas, o bien se niegan –estridentemente– a ser víctimas, o se vuelven indiferentes, o «masculinas». Con todo ello, las mujeres terminan desarrollando cierta desconfianza, consciente o inconsciente, hacia los hombres.

Mientras tanto, el joven varón crece intentando responsabilizarse para convertirse en un «hombre de verdad», al tiempo que espera, pacientemente, con tacto, intentando comprender en las mujeres lo que parecen ser las sutiles, indirectas e incomprensibles expresiones de sus necesidades. ¡Qué contradicción en lo que se espera de él! Se siente injustamente culpabilizado por los efectos de un patriarcado que él no creó, así como por el flagrante sexismo y la violencia de unos cuantos hombres. Las dificultades por las que pasa cada género se intensifican en el caso de las PAS, en parte porque somos bastante más conscientes de las sutilezas que existen tras las historias.

La «extrañeza» biológica

Según la analista junguiana Polly Young-Eisendrath, las raíces de la desconfianza mutua entre los géneros se remontan a nuestras diferencias básicas, al hecho de que los hombres nunca podrán ser mujeres y las mujeres nunca podrán ser hombres. Así, cada una, cada uno es siempre un extraño, un «género extraño», para el otro. En la infancia aprendemos que los dos sexos son clubes exclusivos, y comienzan a difundirse rumores en nuestro propio club acerca de lo que pasa en el otro; rumores que se acrecientan, cómo no, en nuestra sexista cultura. A medida que maduramos, desarrollamos nuestra propia y particular imagen de los Otros a quienes hemos llegado a temer y a desear. Tal como dice Young-Eisendrath,

> Pueden ser ángeles o demonios, seductores o célibes, pero disponen de un enorme poder debido a su imaginada diferencia. En tanto que adultos, proyectamos una o varias [de esas imágenes] sobre las personas del sexo opuesto por diversas razones –para defendernos, para enamorarnos, para culpar al otro [...] Estas [imágenes] merodean en nuestras noches y nos pillan desprevenidos durante el día. Las evocan los otros del sexo opuesto que están a nuestro alrededor, pero no portan conocimiento real alguno acerca de esos otros.[1]

La cuestión es que las diferencias no son ni mucho menos tan grandes como se imagina cada sexo, pero afrontémoslo: la «extrañeza» será más intensa para las personas sensibles, debido a nuestra tendencia a procesarlo todo en profundidad, a imaginar vívidamente y a sentir las emociones de los demás, en este caso incluyendo la ira y el sufrimiento del otro género. Con todos estos motivos para la tensión, la desconfianza y la excitación, las PAS nos podemos llegar a sentir bastante

1. P. Young-Eisendrath, *You're Not What I Expected: Love After the Romance Has Ended* (Nueva York: Fromm International Publishing Corporation, 1997), 24.

incómodas con lo que puede ocurrir cuando nos quedamos a solas con el otro género.

Cuando no te sientes como el «ideal» de masculinidad o femineidad

Nuestra tensión en torno al otro género se puede ver también profundamente afectada por el hecho de no sentirse como el hombre o la mujer «ideal». Importa poco que haya tantos chicos como chicas que nacen sensibles; si eres hombre, se supone que no has de ser sensible. Sí, ahora parece que interesan más los «hombres sensibles», pero creo que interesan principalmente como objeto de bromas.

Si eres mujer, puedes ser sensible, sobre todo ante las necesidades y los deseos de los demás. De hecho, se supone que tienes que haber nacido sensible en este sentido, que tienes que estar básicamente interesada en estar con la gente y en perfeccionar tu atractivo, aunque seas profundamente introvertida o te encante trabajar más que socializar o criar niños. Además, no deberías de ser tan sensible como para necesitar tiempos muertos. «Soy una *mujer;* soy *fuerte*». En resumen, en esta cultura, las mujeres tienen que ser extrovertidas, flexibles y fuertes, pero al estilo no-sensible; por lo que, en realidad, al igual que en el caso de los hombres, la sensibilidad no casa tampoco con el ideal de mujer en nuestra cultura.

Esta sensación de no ser el ideal de masculinidad o de femineidad tiene su origen en la infancia. Según algunas investigaciones, las madres suelen identificar a la hija que es tímida –normalmente, un calificativo inapropiado para las PAS– como a su hija favorita. Pero tal favoritismo tiene un precio, pues a estas chicas se las suele sobreproteger hasta el punto de sentirse diferentes del resto de chicas, y de sentirse también menos competentes que ellas. Por otra parte, las madres suelen identificar al hijo que es tímido como su menos favorito, al punto que, literalmente, los quieren menos. Eso duele. Estas madres no pretenden tener prejuicio alguno contra sus propios hijos, pero nuestra cultura las conforma de manera muy sutil para que vean a su hijo sensible como poco ideal.

Cuando las madres sobreprotegen a sus hijas sensibles, éstas crecen son la sensación de que siempre necesitarán tal sobreprotección –con el tiempo buscarán la protección masculina–, cediendo encantadas su autoridad a quien les ofrezca tal amparo. Los chicos sensibles, menos queridos por sus madres, crecerán con la expectativa de que van a ser menos queridos que los demás, a menos que oculten de un modo u otro su sensibilidad. En resumen, las PAS de ambos géneros pueden crecer con una falta de confianza básica, dudando de sí mismas como mujeres y hombres, socavando así sus capacidades para ser auténticas con el otro sexo.

Para finalizar: ¿cuán diferentes somos?

Después de analizar los resultados de varias encuestas diferentes que he realizado, he descubierto que no existen diferencias consistentes entre las mujeres altamente sensibles y las no-sensibles, ni entre los hombres altamente sensibles y los no-sensibles, en lo relativo al éxito o la satisfacción en sus relaciones. Así pues, los problemas concretos potenciales que voy a discutir a continuación no tienen por qué implicar que tengamos más problemas en términos generales que las personas no-sensibles de nuestro propio género. Sin embargo, sí que creo que los problemas que tenemos son diferentes.

Afortunadamente, una de las pocas ventajas que tienen las PAS de vivir en esta cultura de alta presión es que cada vez se anima más a hombres y mujeres a hacer lo que hacen mejor; lo que importa es que el trabajo se haga bien, no que se conserven los tradicionales roles de género. Esto debería darnos a las PAS una mayor libertad para expresar nuestras singulares personalidades. No obstante, y dado que a los seres humanos nos encanta hacer generalizaciones –como la de que los hombres son mejores en esto y las mujeres son mejores en aquello–, yo sugiero, medio en broma, la solución de que tengamos cuatro géneros: MAS, HAS, no-MAS y no-HAS. (Añádele BSI a la mezcla y obtendrás ocho.) ¡Esta disposición nos haría completamente diferentes! Cuatro géneros nos darían el doble de formas de ser socialmente constreñidas, y el doble de libertad y flexibilidad.

Ahora en serio, comenzaré por considerar los problemas a los que se enfrentan las MAS y los HAS por separado, pero sugiero encarecidamente que te leas también lo relativo al otro sexo, pues las MAS y los HAS son increíblemente parecidos. Y antes de terminar con este capítulo discutiremos el modo de sanar los efectos de los prejuicios de género, tanto en las MAS como en los HAS.

Cómo los prejuicios de género dañan las relaciones en las mujeres altamente sensibles

La huida hacia el matrimonio de Diane

Cuando la entrevisté durante mi investigación, Diane tenía cuarenta y seis años, y era plenamente consciente de cómo su sensibilidad había determinado sus decisiones, sobre todo teniendo en cuenta el modo en que fue criada. La infancia de Diane fue dolorosa; su madre era depresiva y no le gustaban los niños; y su padre, un oficial de la marina, solía estar ausente. Y, cuando estaba en casa, se ponía de parte de la madre de Diane en todo, sin explorar lo que pudiera haber ocurrido. Así pues, no es de sorprender que, en la escuela, Diane estuviera siempre buscando algo más sólido, enamorándose siempre de alguien, pero en todo momento desde la distancia. No salió con ningún chico en el instituto, en parte porque pensaba que no podría llevar a nadie a casa –su depresiva madre no le habría dejado entrar–, pero también porque Diane no podía dejar acercarse a nadie. Se dedicaba a vender chocolatinas en los bailes del instituto, para luego volver a casa sola.

Diane conoció a Ron durante su primera semana en la universidad. Quizás hubiera hablado con otros chicos en clase, pero el hecho de que Ron estuviera ahí le permitió no tener que pasar por el duro trago de las citas. Diane dudó desde un principio que Ron fuera el hombre adecuado para ella, pero se casaron en cuanto terminaron la carrera. «No tenía ningún otro sitio adónde ir. No podía volver a casa con mi madre».

Tras la boda, se trasladaron al pueblo natal de Ron. «Al cabo de una semana tuve la sensación de que llevábamos veinticinco años casados –me contó–. Él trabajaba catorce horas diarias, y se pasaba los fines de semana con sus colegas del instituto. No teníamos intimidad. De hecho, supongo que se podría decir que Ron abusaba verbalmente de mí. Supongo que me odiaba. Y yo lo único que intentaba era apaciguarlo».

Sin embargo, debido a su sensibilidad, cualquier alternativa que pudiera plantearse se le antojaba inalcanzable, sobre todo después del nacimiento de sus dos hijos. «Sabía que me resultaría imposible salir adelante yo sola con mis hijos –comentó, y admitió también–. Continué casada porque aquello me proporcionaba cierta libertad. Podía hacer mis propios planes».

Pero nunca fue feliz, hasta que finalmente dejó a Ron, después de veinticuatro años de matrimonio. Durante cuatro o cinco años, no se citó con hombre alguno, hasta que un día conoció a su actual novio, Stan, un HAS, en un taller de crecimiento personal. Un año más tarde se encontraron de nuevo en un curso de meditación. Desde entonces se han estado viendo con regularidad, pero siguen viviendo por separado.

Los daños del sexismo sobre las mujeres perjudican el amor

La historia de Diane es una muestra de la tragedia habitual de las MAS cuya madre no les dio ejemplo, y cuyo padre no las preparó para sobrevivir en este mundo. Por todo ello, Diane aceptó la solución tradicional que en nuestra cultura se les da a las mujeres: casarse, para su desdicha si es necesario, con el fin de que un hombre las proteja y las sustente. Fue una claudicación que, durante veinticuatro años, le trajo muy pocas alegrías, y qué duda cabe que también fue perjudicial para Ron.

Sensibles o no, las mujeres lo tienen más difícil en la vida; las investigaciones indican que se ven más afectadas por una infancia complicada, que tienen una menor autoestima, que les resulta difícil levantar la voz en clase y ejercer su influencia,[2] que subestiman sus capacidades,[3] que se les paga menos por el mismo trabajo, que es más probable que vivan en la pobreza durante su vejez, etc.[4] Los motivos son obvios. Sí, los cambios terminan llegando, y las cicatrices se curan lentamente,

---

2. L. L. Carli, «Gender, Interpersonal Power, and Social Influence», *Journal of Social Issues* 55 (1999): 81-99.
3. R. C. Barnett y G. K. Baruch, *The Competent Woman: Perspectives on Development* (Nueva York: Irvington Publishers, 1978).
4. S. Faludi, *Reacción: La guerra no declarada contra la mujer moderna* (Barcelona: Editorial Anagrama, 1993).

generación tras generación. Pero la madre de Diane quedó profundamente dañada, en parte por el sexismo, y, en su caso, no pudo impedir hacerle daño también a Diane.

La subcultura feminista se esfuerza por corregir todas estas tragedias y por animar a las mujeres a no hacer lo que hizo Diane. Una mujer menos sensible, con algunas ideas feministas, posiblemente habría iniciado su propia vida, sola, después de la universidad, o bien al cabo de pocos años de aquella especie de matrimonio, y habría aprendido a salir adelante por sí sola mediante ensayo y error. Pero, para una MAS, la independencia repentina, sin ningún tipo de apoyos, se le puede hacer abrumadora. Además, toda la independencia, el activismo, la ira y las actividades de grupo a las que el feminismo exhorta pueden parecerle personalmente arriesgadas. Como PAS que es, tenderá a detenerse para reflexionar sobre los peligros antes de asumir riesgos, sobre todo si carece del apoyo de su familia.

Es probable que el sexismo te haya afectado más también a ti porque, como MAS, eres proclive a absorber y procesar con más profundidad todos los mensajes negativos que te llegan acerca de las mujeres, sea en el lenguaje sexista, en el uso del cuerpo de la mujer para vender productos, en el tratamiento diferencial en la escuela o en el trabajo, o en todo lo que se nos dice para que seamos precavidas, no nos vayan a violar o no vaya a parecer que estamos pidiendo que nos violen. Si también aprendiste a sentirte mal contigo misma por tu otra diferencia, la sensibilidad, entonces tienes dos motivos profundos para no sentirte demasiado bien, y para amar, u odiar, al primer hombre que se te acerque. Por decirlo de un modo obvio, el sexismo perjudica nuestra capacidad de amar.

¿Dónde está papá?: los padres ausentes o displicentes

Todas las PAS, seamos mujeres u hombres, nos vemos especialmente afectadas por la actitud de nuestros padres en cuanto a su implicación durante nuestros años de crecimiento. Esto tiene sentido en tanto en cuanto, correcta o incorrectamente, se ha vinculado tradicionalmente a los padres con el modo con que, después, los hijos se enfrentan al mundo. De ahí que se les tenga por aquellos que nos enseñan las habilidades necesarias para triunfar en la vida. ¡Y tres hurras por los padres que lo hacen!

Sin embargo, los padres tienden a enseñar menos estas habilidades a las hijas, en este sentido es un buen ejemplo de ello el padre ausente y displicente de Diane, que no sólo no le enseñó a enfrentarse al mundo, sino que contribuyó con su severidad a que Diane orientara su vida a complacer y apaciguar a su marido; algo que las PAS realizan a la perfección, como casi todo. Mientras tanto, el modelo de roles de su madre, transmitiéndole la idea de que las mujeres no tienen elección, salvo depender de hombres dominantes como su padre y como Ron, arraigó asimismo en ella. No obstante, hasta los padres mejor intencionados suelen equivocarse al dejar que sus hijas sensibles no se enfrenten a sus desafíos. Quizás sustentan la perspectiva convencional (patriarcal) de que a las chicas hay que protegerlas, que se han de dedicar principalmente a criar niños, que han de ser más delicadas, sensibles y dependientes de los demás, y que hay que desalentarlas ante la posibilidad de que salgan al mundo y que alguien «se aproveche de ellas» sexualmente. De ahí que, para muchos padres, una hija sensible sea la candidata perfecta para depender de un hombre toda su vida, como si estuviera destinada a ello. Cuando yo era niña, mi padre me solía decir que era preferible que no me inscribiera en los cursos de matemáticas en los que se inscribía mi hermano, para que no me hiciera demasiado inteligente, no fuera que ningún hombre quisiera estar conmigo. Sin embargo, mi padre no insistió tanto en esto con mi hermana, quizás porque mi hermana no era tan sensible. Y, evidentemente, como yo era una PAS, procesaba profundamente tanto el consejo como el mensaje subyacente de mi padre acerca de las mujeres sensibles.

Además de tu actitud ante la idea de enfrentarte sola al mundo, tus sentimientos acerca de los hombres en general y de lo que pudieran sentir por ti también estuvieron en gran medida determinados por tu padre. Si tu padre estuvo ausente, se mostró displicente o no se interesó por enseñarte habilidades, quizás asumiste inconscientemente que no eras atractiva, o bien que le aburrías. Una vez más, si tú ya te sentías poco eficaz por el hecho de ser sensible, te verías aún más afectada, de modo que generarías la expectativa de no ser una mujer interesante ni atractiva para los hombres. Ante tal expectativa de rechazo, quizás te sentías torpe y sobreexcitada en presencia de los hombres. Y, aun en el caso de que establecieras alguna relación, quizás seguiste dudando de tu atractivo, o de la valía de tu pareja (por el hecho de que él se hubiera fijado en ti, cuando tú no te valoras).

Otro problema que puede surgir con los padres es que un exceso de atención sexual del tipo inadecuado puede convencer a cualquier mujer, especialmente si es una MAS, de que lo único que puede ofrecer al mundo es su sexualidad, y que quizás no tenga más elección que entregarla.

La victimización sexual

Violación, incesto, acoso sexual... Hemos leído tanto acerca de estas situaciones que hemos llegado al hartazgo, pero con eso no haces que desaparezcan los efectos que tienen en tu psique, ni tampoco mejoran en modo alguno tus sentimientos respecto a los hombres. Una vez más, las MAS son, por naturaleza, más precavidas ante los potenciales peligros (y aún más si hemos pasado por una experiencia de verdadero riesgo) y es más probable que se fíen menos del mundo. Así, nuestra existencia puede verse ensombrecida por la imagen del macho intruso y violento, o al menos con la del macho potencialmente violento, en cada hombre con el que nos encontramos; haciendo referencia con ello a esa parte del hombre que quizás llegue a creerse que tiene algún derecho sobre el cuerpo de una mujer, o que las mujeres «en realidad desean eso, y cuando dicen que no lo que están queriendo decir es que sí». Añade a esto los efectos de algún abuso sexual real, que literalmente destrozan el alma, y te encontrarás con MAS para quienes las relaciones sexuales gozosas y desde la confianza con los hombres les resultarán poco menos que imposibles, a menos que lleven a cabo un profundo trabajo sanador.

A vueltas con los hombres

Como MAS que eres, creciste sabiendo que los hombres habían interiorizado también ese sexismo y que, sin duda, se habían estado beneficiando de esa posición de superioridad que les había tocado en suerte. Una solución era ganarse a los hombres, para convencerles de que compartieran su poder o su riqueza, que te dejaran ser su sirviente o su compinche. Por otra parte, probablemente comenzaste a rebelarte cuando te diste cuenta de que te habías vendido por una pequeña porción de poder que deberían haber compartido contigo desde un principio. Ya no querías confiar en hombre alguno, y quizás incluso comentaste en algún momento tus ideas acerca de la superioridad de las mujeres. Pero seguías sintiendo simpatía por los hombres en tanto seres humanos; al fin y al cabo no era culpa de ellos. A vueltas con los hombres, ¿cómo sentirse respecto a ellos? Cualquier cosa que decidas te parecerá un error, y siempre habrá mujeres que harán todo lo contrario de lo que tú decidas, lo cual te llevará a rechazar a las mujeres tanto como a los hombres.

Al no sentirte segura de cómo comportarte, ni siquiera de cómo te comportarás llegado el momento, y mucho menos de cómo se comportará él, cada vez te sientes más excitada (y no en un sentido sexual) con el tema de los hombres, y cada vez tienes las ideas menos claras. Y, como eres una PAS, toda esa tensión y toda esa excitación pueden llevarte a evitar por completo a los hombres. Pero evitarles les convierte aún más en ese «género extraño» y aparentemente peligroso para tu bienestar, y cada vez te sientes más torpe y más sobreexcitada cuando un hombre atractivo está cerca. Mientras tanto, al otro lado del abismo...

Cómo los prejuicios de género dañan las relaciones en los hombres altamente sensibles

Los HAS son más difíciles de estudiar que las MAS. Hay tantos hombres como mujeres que nacen con el rasgo de la alta sensibilidad, pero las mujeres adultas puntúan más alto en el test de las PAS, con independencia de lo que yo me haya esforzado por evitar elementos sexualmente sesgados en la prueba. En una cultura como la nuestra, estoy segura de que no existe forma humana de confeccionar un test de sensibilidad en el que los hombres puedan responder sin la interferencia del temor consciente o inconsciente de que se les tache de afeminados.

Así pues, ahora sé que escribo principalmente para los hombres con tan pocas cicatrices como para aceptar su sensibilidad sin adoptar una actitud defensiva, o bien para los hombres tan sumamente sensibles que no pueden ignorarlo. Como consecuencia de ello, la mayoría de vosotros no os estaréis viendo como los «típicos machos»; algo que, por otro lado, es potencialmente bueno para vuestras relaciones. Pero asimismo es una fuente de problemas para vosotros, tanto con el otro género como con el vuestro.

Sintiéndose como un hombre fracasado

«Es un hombre de verdad»... De un modo u otro, tendrás que demostrar que tú eres eso, o de lo contrario tendrás problemas. Ésa es la carga de los hombres en esta cultura, y gran parte de los temores que evoca y de la necesidad de demostrarlo tienen lugar durante la adolescencia, cuando el sexismo define de la manera más opresiva el comportamiento que debe tener el hombre ideal. A esa edad, un «hombre de verdad» debe ser duro y frío; es decir, no ha de tener pensamientos profundos que no se correspondan con lo que dicen las masas. Debe ser espontáneo, incluso temerariamente impulsivo, en lugar de reflexivo. Debe ser ferozmente competitivo, y además tener éxito en ello, sobre todo en los deportes de equipo. Debe ser extrovertido, pero sin necesitar a nadie ni mostrar vulnerabilidad alguna; es decir, sin intimar de verdad. No debe llorar nunca y rara vez puede mostrar una emoción; sobre todo, no debe mostrar temor, vergüenza o remordimiento. En resumen, no puede ser altamente sensible. Y, según esta lógica, un hombre altamente sensible no es un «hombre de verdad».

William Pollack, psicólogo de Harvard y autor de *Comprender y ayudar a los chicos de hoy*,[5] ha dedicado veinte años al estudio de los adolescentes en nuestra cultura, y señala que, al nacer, los bebés varones parecen realmente más expresivos emocionalmente que las niñas. Pero, para cuando llegan a primaria, esa tendencia ha desaparecido en su mayor parte, gracias a la camisa de fuerza que le imponen por su género, a lo que Pollack llama el «código masculino». Según el código,

5. Publicado en castellano por Amat Editorial. Barcelona, 2002. *(N. del T.)*

ni chicos ni hombres deben, para nada, expresar sus sentimientos. Esta norma no sólo constriñe a los chicos, «sino a todo el mundo, reduciéndonos a todos como seres humanos, y convirtiéndonos con el tiempo en extraños para nosotros mismos y para los demás».[6]

Spencer Koffman, un psicoterapeuta de San Francisco, un HAS que escribe para el boletín de las PAS, *Comfort Zone,* describió su propia experiencia con el código masculino de la siguiente manera:

> A los chicos se les alista a una edad muy temprana en el «campo de entrenamiento de género», donde se les enseña a ser buenos Guerreros/Reyes. Uno de mis primeros recuerdos acerca de tal adoctrinamiento es de cuando yo estaba en primer grado. Me caí de uno de esos columpios a los que trepan los niños en el patio de la escuela y, aunque en realidad no me hice demasiado daño, me puse a llorar debido a la impresión de la caída. La reacción unánime de todos los niños y del profesor no fue precisamente la de consolarme, sino la de apuntar que los niños no lloran. Ésa fue la primera y la última vez que lloré en la escuela. Me estaba entrenando para convertirme en «un pequeño soldado.[7]

No pretendo decir con esto que sólo los HAS sufren en sus carnes el código masculino, pero sí que digo que los HAS lo pasan bastante peor que los demás chicos hasta que aprenden a vivir con eso. Tú te ves especialmente afectado en tus relaciones con las mujeres, que traen sus prejuicios culturales de casa en formas especialmente dolorosas de las que ni siquiera son conscientes, como cuando se confían a ti como amigo, pero sin considerarte sexualmente interesante. Como consecuencia de ello, puedes terminar mostrándote tan tímido con el otro género como ellas se muestran ante ti, pero tu «timidez amorosa» tiene consecuencias más graves.

---

6. W. Pollack, *Real Boys: Rescuing Our Sons from the Myths of Boyhood* (Nueva York: Henry Holt and Company, 1998), 6.
7. S. Koffman, «Sensitive men –Their Special Task», *Comfort Zone: The HSP Newsletter* 1 (1) (1996): 14.

La timidez amorosa

«Timidez amorosa» es un término acuñado por el sociólogo Brian Gilmartin,[8] que se ha dedicado al estudio de ese pequeño pero problemático colectivo de hombres heterosexuales que han caído en una timidez tal que no pueden iniciar una relación romántica sexual, y mucho menos casarse, aunque lo busquen desesperadamente. Si tú eres un tímido amoroso, simplemente vas por el mundo con la expectativa de que, en cuestiones amorosas, serás rechazado una y otra vez, principalmente debido a tu sensibilidad. Aunque la mayoría de los HAS no son tímidos amorosos según esta definición, la mayor parte de los tímidos amorosos sí que son HAS. Y yo creo que la timidez amorosa nos ofrece una imagen extrema de lo que la mayoría de los HAS temen, o quizás llegan incluso a sufrir, aunque en un grado menor.

Evidentemente, el término se puede aplicar también a muchas MAS, que desean y temen a un mismo tiempo las atenciones de los hombres con tanta desesperación como los hombres tímidos amorosos desean el amor de las mujeres. En ambos géneros, la timidez amorosa es la consecuencia directa del sexismo, que opera de una forma especialmente tóxica en las PAS, que tenemos razones de más para temer la etiqueta de no ser un «hombre de verdad» o una «mujer de verdad». Sin embargo, la timidez amorosa constituye un problema devastador en el caso de los HAS porque, en cuestión de amores, nuestra cultura determina tradicionalmente que los hombres son los que tienen que dar el primer paso.

En la actualidad se acepta más que las mujeres muestren su interés primero, pero se sigue alimentando la expectativa de que, si tú eres el hombre, tienes que responder decisivamente y hacerte cargo de la situación. Una mujer puede atascarse y puede «ponerlo difícil», pero al hombre no se le da esa libertad de acción. Así pues, ¿qué ocurre con tu potente preferencia innata, como HAS que eres, de hacer una pausa para comprobar antes de actuar, para ver si te va a gustar la persona a la que te estás acercando y si tú le vas a gustar a ella? El hecho de tener que dar el salto antes de hacer las comprobaciones necesarias con el

---

8. B. G. Gilmartin, *Shyness and Love: Causes, Consequences, and Treatment* (Lanham, MD: University Press of America, 1987).

fin de parecer varonil significa que tienes que pasar por encima de tu propio temperamento. Y, si no puedes, es muy probable que te quedes sin pareja.

Gilmartin entrevistó a 300 hombres tímidos amorosos con edades comprendidas entre los 19 y los 50 años, y comparó también a los hombres más jóvenes con los más maduros –aún vírgenes después de los 35 años–. Los hombres tímidos amorosos habían tenido una infancia mucho más desdichada que los no-tímidos amorosos, y los casos más maduros superaban en complicaciones de infancia a los más jóvenes. Pero la mayoría de los tímidos amorosos dieron cuenta también de numerosas sensibilidades físicas que serían de todo punto normales en las PAS –alergias, una rápida respuesta refleja en la rodilla y las inusuales molestias ante los tejidos de lana, las picaduras de insectos, el frío o el calor extremos, la brevedad de los días en invierno, el resplandor de la luz diurna, el dolor, y los ruidos repentinos o molestos, como el de la tiza chirriando en la pizarra–. La combinación de una infancia desdichada con la sensibilidad estaba generando la intensa timidez amorosa de estos hombres.

¿Dónde está papá?: volvamos sobre los padres ausentes o displicentes

Los adolescentes varones sensibles sufren decididamente por la ausencia o indiferencia de su padre bastante más que los no-HAS. El padre no sólo le enseña al chico cómo enfrentarse al mundo, sino también cómo gestionar adecuadamente los sentimientos en tanto en cuanto hombres en nuestra cultura. Así, un chico que haya crecido sólo con su madre puede perderse tal aprendizaje.

Se ha escrito mucho acerca de los perjuicios que la falta de implicación del padre puede generar en los adolescentes varones; y también sobre la falta aún mayor de mentores varones, que en cambio compiten con los jóvenes e intentan bajarles los humos.[9] A los hombres mayores se les ve como a traidores de los jóvenes cuando, por ejemplo, los envían a las guerras que ellos no podrían luchar por sí mismos, y ni

9. Por ejemplo, R. Bly, *Iron John: Una nueva visión de la masculinidad* (Móstoles: Gaia Ediciones).

siquiera cuidan de que, a su regreso, tales jóvenes sean honrados y sanados de las heridas físicas y psicológicas de la guerra. Como HAS, puede incluso que creas que no te mereces la atención de los hombres maduros, cuando ni siquiera has podido adherirte al Código Masculino. Quizás creas que ni siquiera formas parte del exclusivo club masculino que todo el mundo admira.

Las complejidades que genera la simpatía de un chico sensible por su madre

Viendo los daños que los hombres causan a las mujeres, incluso puede que habiendo visto a tu padre tratar mal a tu madre, cabe la posibilidad de que te sientas profundamente dividido en tus lealtades y te compadezcas de tu madre en particular. Quizás hayas generalizado esta compasión a todas las mujeres, al ver cómo los «chicos duros» las acosan, al igual que te han acosado a ti. Pero esta simpatía puede distanciarte de tu propio género, haciendo que te sientas de algún modo como un traidor en la guerra de los géneros, no siendo admirado finalmente por ninguno de los bandos. Este sentimiento se puede hacer más perentorio si has captado alguna señal sutil de que tu madre pueda apreciarte como confidente o compañero; pero, también aquí, no como un «hombre de verdad» (recuerda la investigación sobre los hijos «tímidos», que no eran precisamente los favoritos de sus madres).

Por último, si has tenido una conexión potente con tu madre como la que se describe aquí, es muy posible que en nuestra cultura se te vea como a un «niño de mamá», lo cual significa tener rasgos femeninos, que en nuestra cultura equivale a ser débil o inferior. No sería difícil que llegaras a odiar, aunque sea inconscientemente, tanto al género «débil, de segunda fila» al que se te ha relegado como a tu propio género, por sus agresiones contra ti y contra las mujeres. De este modo, te quedas literalmente en tierra de nadie y, ¿en quién vas a confiar ahora, a quién le vas a confiar tus sentimientos más profundos? ¿A los hombres? ¿A las mujeres? ¿O a nadie?

Ahondando en el miedo a ser débil o afeminado

Un día en que fui a comer a un restaurante con un HAS, el camarero nos trajo las cartas del menú y dijo, «¿Quieren las señoras que les traiga algo para beber?». Evidentemente, me sentí fatal por mi amigo, entre otras cosas porque, aunque es de complexión delgada, para mí tiene el aspecto de un hombre y se comporta totalmente como un hombre. Pero, al cabo de un rato, lo que me sentía era furiosa. Poco después, otro HAS expresaría mejor que yo lo que sentí ante aquel incidente:

> Mira, el *código* masculino se convierte en el *código del* hombre, un código muy sutil que parece estar siempre agazapado para quitarte el suelo de debajo de los pies en cuanto bajas la guardia. ¿Por qué el camarero lo vio en femenino? Porque los HAS se comportan como seres humanos, no como robots de entrañas metálicas, y el verdadero nombre del ser humano en esta cultura es «femenino». ¿Qué tiene de malo ser femenino/humano? Nada. Pero lo cierto es que, en nuestra cultura, ser como una mujer es poco menos que un insulto. Así, cualquier hombre, sea HAS o no, si no quiere que se le margine, tiene que aceptar las reglas del juego y aprender a sentirse bien con ese papel de robot (o bien encontrar rincones de nuestra sociedad donde no se le dé tanta importancia a esto). Pero yo creo que los HAS sabemos en lo más profundo que somos la vanguardia de un nuevo mundo, un mundo donde el patriarcado ya no tiene nada que hacer.

Además de por el hecho de tener una complexión delgada y ligera, como mi amigo (ni siquiera un rasgo PAS), supongo que a un HAS se le puede percibir como femenino por mostrar, como les ocurre a las mujeres, un sutil y comprensible estado de alerta ante la posibilidad de sufrir un ataque físico, esa vigilancia acrecentada que tienen todas las PAS debido a su extrema sensibilidad ante el dolor. Como dice Gilmartin, la sensibilidad al dolor «puede tener un efecto extremadamente negativo sobre el chico en las relaciones con su grupo de pares del mismo sexo. Estos temores pueden hacer que un niño varón termine siendo altamente vulnerable al acoso persistente»;[10] es decir, le convierte en alguien tan fácil de acosar como una chica, especialmente una chica sensible.

También puede ser que los HAS parezcan femeninos porque no pretenden controlar ni dominar sutilmente a los demás, o porque tienen el aspecto de una persona que exhibe sus sentimientos, algo que no hacen los que tienen que mantener el control en todo momento. O porque parecen más tristes o ansiosos que el resto de los hombres. Como ya he dicho, mis investigaciones indican que las PAS con una infancia turbulenta exhiben mayores niveles de depresión y de ansiedad. Esto se debe principalmente al hecho de que los no-HAS parecen no sentirse afectados por los problemas de infancia. Las mujeres y los HAS con una infancia difícil exhiben los sentimientos resultantes.

Puede ser que los no-HAS gestionen mejor una infancia turbulenta porque la vida es más fácil para ellos. Sin embargo, son muchos los que no gestionan demasiado bien el dolor, pues lo único que hacen es amontonar sus sentimientos en algún lugar donde no sean visibles. La actitud de «estoy bien, no necesito a nadie» para encubrir una profunda sensación de inadecuación –lo que llamamos defensa narcisista– la utilizan bastante más los hombres que las mujeres, y mucho más los no-HAS que los HAS. También aquí, los HAS y todas las mujeres (sean PAS o no) con un pasado turbulento *reaccionan* normalmente ante sus problemas. Están perturbados, pero esto se interpreta como algo femenino.

Lo problemático de una defensa narcisista, sea en un hombre o en una mujer, es que, cuando se acallan los sentimientos de temor o necesidad, uno tiene que asegurarse de que tales sentimientos permanecen en el olvido, aunque para ello haya que acallar también la conciencia del temor o la necesidad en cualquier otra persona. Como consecuencia de ello, el narcisista puede utilizar a las personas sin ver aparentemente el efecto que provoca sobre ellas –precisamente el tipo de persona que nadie quiere tener en una relación íntima–. Es casi como si a los hombres con una infancia complicada se les diera a elegir entre un narcisismo rígido o que no se les vea como «hombres de verdad». Personalmente,

10. Gilmartin, *Shyness and Love*, 400.

me gusta menos el narcisismo, que es por lo que la mayoría de los HAS optan. Prefiero mil veces vivir en un mundo donde las personas no nieguen sus sentimientos humanos básicos, aunque sean sentimientos de miedo o de tristeza.

Perjuicios adicionales, tanto para las MAS como para los HAS

Las cuestiones de género pueden generar problemas de algunas formas más, tanto en las MAS como en los HAS, de manera que vamos a ver otros perjuicios adicionales dirigiéndonos al mismo tiempo a los dos géneros.

Opciones para hipotecar la propia vida

Todas las PAS que no tuvieron el suficiente apoyo de sus progenitores en la infancia y que no consiguieron desarrollar la confianza en sí mismas cuando se hicieron adultas tienen la tendencia a ser bastante cautas, al punto de dejar pasar buenas oportunidades debido a un temor excesivo. Las MAS suelen buscar refugio en la primera carrera profesional con la que se tropiezan, o bien en un movimiento religioso para el que no están preparadas; o también, con mucha frecuencia, en un matrimonio precipitado, como hizo Diane. Una vez dentro de tales puertos seguros, se quedan allí durante mucho tiempo, aunque la situación no les satisfaga. Las MAS suelen casarse más jóvenes que otras mujeres, a pesar del hecho de que en el instituto o en la universidad se mostraban inusualmente independientes y creativas. Mientras tanto, los HAS se casan y alcanzan sus objetivos profesionales más tarde que la media del resto de hombres, con lo que reflejan en parte la carencia de dirección o tutoría en lo relativo a cómo salir adelante en el mundo siendo una PAS.

Baja autoestima

Si Diane hubiera tenido más confianza en sí misma quizás no hubiera sentido la necesidad de casarse con Ron; o bien, si lo hubiera hecho de todos modos, ciertamente que no se habría pasado la vida intentando apaciguarlo. Reivindicándose a sí misma y reivindicando sus necesidades matrimoniales, Diane podría haber hecho que Ron fuera más atento con ella, porque las investigaciones indican que las esposas tienen que enseñarles a sus maridos habilidades de relación, y que los maridos que aceptan tal influencia disfrutan de matrimonios más felices. Pero para ejercer algún tipo de influencia has de tener confianza en ti misma, así como en los derechos y las virtudes de tu género, cosas de las que Diane carecía.

Para los HAS, esta misma falta de confianza en sí mismos parece emerger del hecho de no haber podido satisfacer el código masculino. Quizás no lo respetaste por ser demasiado creativo y «diferente», por llorar o sonrojarte con facilidad, por incomodarte con cosas que no les afectan a los «tipos duros», como el calor, el frío, el agua en los ojos o la ropa que pica.

Además, tanto a las MAS como a los HAS les resulta complicado ser «guays», *cools*, ese extraño ideal cultural. Nos sobreexcitamos fácilmente con la estimulación, de manera que, en vez de parecer *cools*, parecemos más bien nerviosos, y nos desempeñamos mal en situaciones competitivas o de elevada presión, incluida la situación de cortejo con una posible pareja romántica. Como consecuencia de tanta presión y tan baja autoestima, podemos desarrollar problemas de ansiedad –«nervios en el estómago», erupciones, fobias, tartamudeo, timidez... Y con esto sufre aún más la confianza en nosotras mismas, y se nos hunde la exigua creencia de que podamos resultar atractivos.

Si no pones límites

Todas las personas sensibles, sean hombres o mujeres, son más conscientes de lo que sienten el resto de las personas, de lo que quieren y necesitan. Gracias a nuestro procesamiento profundo espontáneo, podemos intuir también lo que puede suceder después si esas personas no consiguen lo que necesitan, sea que sufran, que fracasen en lo que pretenden conseguir, que se enfaden o que se sientan decepcionadas con nosotras. Por otra parte, el mero hecho de que seamos más sensibles nos lleva a sentirnos bastante mal si esas personas se disgustan, de ahí que tengamos la tendencia a dar a cada uno lo que quiere, por nuestro propio bien y por el suyo.

Además, en nuestra cultura, a las mujeres (sobre todo si son sensibles) se les enseña también a cuidar de los demás, como madres, hermanas, esposas, amigas, etc. Salvo que, de repente, las reglas han cambiado, y a las mujeres consideradas se las llama «co-dependientes». Y así, en la medida en que eres una MAS, quizás te encuentres con otro motivo más para sentirte avergonzada por tus inclinaciones naturales.

Por otro lado, para los HAS el problema estriba en que de «los hombres de verdad» se espera que tengan unos límites nítidos y rígidos; es decir, que presten poca atención a las necesidades de los demás, sobre todo a sus necesidades emocionales. Al mismo tiempo, se espera que los hombres satisfagan las necesidades de las mujeres en particular, sobre todo su necesidad de sentirse protegidas. Una vez más, nos encontramos con una contradicción imposible. Por muy abrumado que se sienta un hombre, tiene que desempeñarse a la perfección. Pero, ¿cómo? ¿En qué dirección? Y así nos encontramos con otro caso en el que, por el mero hecho de ser un HAS que intenta ser genuino consigo mismo, se te puede acusar no sólo de ser co-dependiente, sino también de ser femenino, si es que se te pasa por la cabeza atender a las necesidades emocionales de los demás. O bien se te puede acusar de permitir que una mujer te controle, si lo que estás atendiendo son las necesidades emocionales de una mujer. O bien se te puede ver como «no apto» para satisfacer *plenamente todas* las necesidades de una mujer, siempre y en todo momento. Y si, debido a la sobreexcitación y el conflicto, te cierras en banda y te bloqueas, ¡entonces te van a tomar por insensible!

Ser altamente sensible a las necesidades emocionales de los demás, incluida tu pareja, no es co-dependencia, pues la co-dependencia surge cuando respondes de una manera equivocada a las necesidades de los demás. Nunca se te debería calificar de «co-dependiente», sobre todo en el sentido original de la palabra, por reconocer que tu amigo es alcohólico y necesita ayuda, sino solamente por no enfrentarte a él.

Sin embargo, para algunos de vosotros, la etiqueta de co-dependiente tiene algo de verdad, porque ser altamente sensible exige decididamente que pongas límites; unos límites claros que dejen pasar lo que sea útil y mantengan a distancia lo que no sea útil. Entre lo que no es útil habría que incluir la exigencia de la otra persona para que respondas tal como ella quiere, en vez de responder de una manera que sea buena para ambos.

Sin embargo, a menos que te animen a ello y te hayan enseñado a poner unos buenos límites, lo que vas a tener es cualquier cosa menos eso. Te va a sobrar el trabajo. Se van a aprovechar de tu diligencia y buena voluntad. Vas a estar diciendo que sí constantemente, para lamentarte después. O bien te vas a ir al otro extremo –de vez en cuando o casi siempre– poniendo límites que no podrá atravesar nadie ni nada. Finalmente, permitirás que los demás te digan que eres débil, que no eres asertivo y que eres co-dependiente –o bien que eres insensible, rígido y arrogante–, en vez de decidir por ti mismo qué tipo de persona eres o qué límites quieres poner. En resumen, al intentar ser un hombre o una mujer «de verdad», muchos de vosotros vais a utilizar vuestra sensibilidad para complacer a los demás en exceso, o bien para iros al otro extremo y aceptar la idea de que sois débiles –a menos que desconectéis por completo vuestra sensibilidad.

La superpersona altamente sensible... en peligro

Demasiadas veces he visto a personas sensibles intentando compensar el hecho de no ser el hombre o la mujer «ideal» mediante su conversión en Superman o Superwoman. Evidentemente, las organizaciones para las cuales trabajan están encantadas de ello.

Tomemos en consideración en primer lugar a las «SuperMAS». Todos sabemos que, en nuestros tiempos, la mujer «ideal» tiene que exhibir una verdadera iniciativa. (¡Y qué bien le viene esto a todos los que la rodean!). Muy pocas mujeres están dispuestas a trabajar durante horas y horas, a viajar por negocios, a disfrutar con la competencia, a gestionar el estrés como guerreras y llevar al mismo tiempo una vida familiar. Para las mujeres no-sensibles que sean además buscadoras de sensaciones intensas esto puede funcionar, pues probablemente piensen que ha llegado el momento de sentirse libres para manifestar plenamente su temperamento. Se acabaron las faldas largas y hacer calceta.

Sin embargo, muchas MAS están intentando satisfacer estas mismas demandas. Es posible que tengas la crianza, la confianza en ti misma, la formación y el talento necesarios para ello. Hasta puede que puntúes alto en búsqueda de sensaciones intensas; es decir, que te aburras con facilidad y que tengas un montón de ideas. Y así, siendo también una PAS, es muy posible que seas la brillante visionaria de tu organización, ascendiendo por méritos hasta la cima: la estrella. Hasta puede parecer que tienes la sensibilidad y la dureza que ellos buscan. Pero, al intentar encajar con este nuevo estereotipo de género, el de Superwoman, no haces otra cosa que violentar tu propia naturaleza y poner en peligro tu salud.

Los HAS pueden ponerse aún más en peligro si intentan ser «Super-HAS» porque, en las profesiones de primera línea, a los hombres aún se les respeta menos que a las mujeres si manifiestan la más mínima necesidad de un tiempo muerto, de inactividad, o piden un período ininterrumpido con su pareja o con su familia. También es más probable que te empujen para que demuestres tu virilidad y superes tu «secreto defecto» de la sensibilidad demostrando que puedes trabajar en círculos alrededor de los demás. Y, con tu intuición y tu creatividad, sin duda que puedes formular nuevos proyectos.

Pero, ¿acaso tú eres así? Probablemente, tanto si eres una MAS como un HAS, yo sé más acerca de ti y de tus relaciones. Seguro que no te queda energía para nada, salvo para trabajar y quejarte en privado de que la vida es un infierno y que no vale la pena vivir. También resulta bastante infernal para tu pareja, si es que te ha quedado tiempo para conseguir pareja. O bien tienes una pareja que funciona según los mismos esquemas, en cuyo caso es probable que no haya demasiada relación. Sin embargo, admitir que estás exhausto sería confesar tu vulnerabilidad y tu escaso impulso, cosa que no tardaría en volverse contra ti, costándote probablemente el empleo y, posiblemente, el respeto de tu pareja, tu familia o amigos; o, al menos, eso es lo que piensas. Por lo que he podido observar, tu propia salud te parará los pies en torno a los 40 años. Y es que adherirse a unos ideales de género rígidos puede ser mortal.

Buenos progenitores que se creen progenitores deficientes

Cuando comencé mi búsqueda en la literatura psicológica sobre artículos relacionados con «sensible» o «sensibilidad», sólo me encontré con tres referencias, y dos de ellas sostenían que sensible era la única manera de describir a aquellas personas que se desenvuelven muy bien cuidando de bebés. Sin embargo, esta habilidad tiene poco que ver con el hecho de que uno o una sea padre o madre, aunque tiene todo que ver con la capacidad para captar las pistas sutiles que puede darnos un bebé, junto con la valoración de la perspectiva e indefensión de un bebé. No debería sorprender por tanto que, una vez las MAS y los HAS se recobran del nacimiento de sus hijos (he visto a unas y otros reaccionar intensamente), por lo general se convierten en progenitores con una gran capacidad de respuesta. Puede que algunos no sean conscientes de esta capacidad, pero la mayoría, al sintonizar sutilmente también con otros progenitores, probablemente lo sepan.

Sin embargo, al mismo tiempo, las PAS pueden tener la intensa sensación de que son unos progenitores terribles. Si eres una madre o un padre altamente sensible sabrás a lo que me refiero. Con frecuencia te sientes irritado, deprimido, carente de energía, deseando irte muy lejos, anhelando expresar el resto de tus talentos, o pensando en secreto que tu vida sería mucho mejor sin hijos. La maternidad, la paternidad, es una enorme responsabilidad, además de una fuente de estímulos. Ser sensible durante el embarazo y el parto es una experiencia indescriptiblemente intensa para ambos progenitores, en el mejor y en el peor de los sentidos, sobre todo la primera vez. Tu cuerpo y tu vida interior se trastocan por completo, y todo esto se multiplica después del parto, cuando tu bebé te necesita constantemente y casi no duermes. Te preguntas incluso si serás capaz de sobrevivir, y quizás también te preguntes si tomaste la decisión correcta cuando decidiste tener un hijo. Ciertamente, dudas de si serás siempre, o siquiera algún día, una Buena Madre o un Buen Padre.

Asimismo, el padre sensible suele sentirse un tanto desplazado en las primeras fases, además de avergonzado y preocupado por ello, al tiempo que profundamente conmovido. Y la paternidad conlleva una carga extra: que no sólo te esforzarás por ser aquel que proporciona todo el sustento y por ser un brillante psicólogo infantil, sino que es probable que te tomes muy en serio la responsabilidad de proteger a tus hijos y de proveer por ellos económicamente, con independencia de lo mucho que tu pareja pueda ayudar en este sentido. Mientras tanto, ¿qué ocurre con tu necesidad de tiempo en soledad, para ti, y de tiempo a solas con ella, con la madre de tus hijos?

Una vez más, los estereotipos de género tradicionales, aún vivos en todos nosotros, socavan las relaciones de las PAS, en esta ocasión como progenitores. Esta vez, los estereotipos son los de la madre o el padre ideal, un ideal que nadie puede satisfacer, especialmente las PAS. En el caso de las no-PAS, los sentimientos de inadecuación pueden aparecer sólo en los sueños típicos de los padres o madres primerizos, pero en las PAS estos sentimientos tienden a estar más cerca de la conciencia y a ser más angustiosos. Me angustia enormemente pensar en tantas generaciones de PAS que se han sentido culpables en lo más íntimo viendo merodear en su interior al Buen Progenitor y al Progenitor Terrible.

¿Y dónde encaja aquí la búsqueda de sensaciones?

Antes de que nos centremos en las soluciones a estos problemas, nos detendremos por un momento en los efectos que tienen los prejuicios de género en las PAS que puntúan alto también en búsqueda de sensaciones. La búsqueda de sensaciones intensas forma obviamente parte del ideal de personalidad en nuestra cultura. Si eres un buscador de sensaciones intensas (BSI) y, por tanto, te pareces más al ideal de hombre o de mujer, dispondrás de un poquito más de confianza en ti mismo. Esto será especialmente cierto en el caso de los hombres, que se supone que deben estar anhelando aventuras. Ser un BSI también será muy útil para un HAS que padezca de timidez amorosa, pues le impulsará a dar el primer paso y a tener la variada experiencia sexual que se supone que han de tener los hombres antes de sentar la cabeza.

La desventaja estriba, claro está, en que la BSI/PAS a intentará ser Superman o Superwoman, sintiéndose impulsada tanto por las fuerzas externas como por sus contrapuestos rasgos internos de temperamento. El lado sensible recibe poco apoyo, hasta que el organismo se destapa con una enfermedad. Una precaución importante: como BSI/PAS, no existen menos probabilidades de que sufras una sobreexcitación y que termines exhausto. No te dejes seducir por la idea de satisfacer un estereotipo de género que no te encaja, con independencia de cuán cerca puedas llegar en un sentido limitado por el hecho de ser un BSI.

Cómo trabajar los problemas de género

Te he traído hasta aquí a través de algunos paisajes oscuros, pero vamos a centrarnos ahora en cómo podemos traer un poco de luz. Del mismo modo que los efectos del sexismo son muy parecidos en las MAS y en los HAS, las soluciones también son muy parecidas, a pesar de lo mucho que le gusten a nuestra cultura generalizaciones tales como «Cuando las mujeres se sienten mal, quieren hablar de su problema. Pero, cuando los hombres se sienten mal, lo que quieren es meterse en su cueva y trabajar en sus proyectos». O bien, «Cuando las mujeres tienen problemas, lo único que quieren es que se les escuche, pero los hombres prefieren dar y que les den soluciones». Lo cierto es que la pasada generación quizás se comportó de esta manera, aunque ni siquiera esto está claro; pero, en general, las diferencias de género han ido disminuyendo con el transcurso de las generaciones.

Todos necesitamos expresar nuestros sentimientos *y* encontrar soluciones a nuestros problemas, inclusive a los problemas relacionados con el género. Sin embargo, seguimos cayendo en la trampa de las generalidades, dándoles así todavía un poquito de vida. En cualquier caso, te será útil conocer los hechos, para que así puedas corregir las generalizaciones toda vez que lo desees. Por ejemplo, las investigaciones demuestran de un modo perfectamente consistente que las personas que mantienen una relación son más felices cuando tanto las mujeres como los hombres se comportan de un modo que en tiempos pasados se consideraba un comportamiento tradicionalmente «femenino»;[11] es decir, cuando se comportan de forma cálida, cariñosa, emocionalmente expresiva y dispuesta en todo momento a hablar de la relación. Como mi anónima amiga dice, lo que llamamos «femenino» es simplemente «humano normal». Afortunadamente, la mayoría de los hombres se

11. L. K. Lamke, D. L. Sollie, R. G. Durbin y J. A. Fitzpatrick, «Masculinity, Femininity and Relationship Satisfaction: The Mediating Role of Interpersonal Competence», *Journal of Social and Personal Relationships* 11 (1994): 535-554.

comportan así también, en contra de los estereotipos. En unas investigaciones recientes sobre vídeos realizados con recién casados se descubrió que al menos estos hombres y mujeres no diferían en absoluto en cuanto a lo mucho que buscaban o se daban apoyo el uno al otro. Ni siquiera diferían en el tipo de apoyo que se daban tanto los hombres como las mujeres: simpatía y ánimos en lugar de sugerencias.[12] Esto en cuanto a tal estereotipo.

Las PAS, que se amoldan muy poco a estas generalizaciones, se encuentran en una posición aún mejor para desestimarlas. De este modo, facilitamos el cambio de comportamiento en todas aquellas personas que se siguen conduciendo a la antigua. Es decir, somos líderes, en tanto en cuanto estamos propiciando un cambio social sumamente necesario. Las investigaciones indican que las personas que se aferran a los roles tradicionales de los hombres y las mujeres tienen por término medio matrimonios menos felices,[13] y no responden con facilidad a la terapia marital.[14] Gran parte de esta problemática tradición se basa en la idea de que «el hombre es el que lleva la batuta». Sin embargo, existen potentes evidencias de que tales matrimonios son menos satisfactorios tanto para el hombre como para la mujer, y tienen más probabilidades de acabar en divorcio.[15]

Otra peculiaridad de la «supremacía masculina» en la relación es que el hombre suele ignorar las peticiones de su mujer para que cambie. ¿De qué modo afecta a la relación este «patrón de petición/retirada»? La retirada hace referencia al comportamiento de uno de los miembros de la pareja, que se niega a hablar, se da la vuelta físicamente o se desconecta emocionalmente cuando su pareja intenta hablar de forma sincera e íntima, quizás para expresar una petición de cambio. Y lo

12. L. A. Pasch, T. N. Bradbury y J. Dávila, «Gender, Negative Affectivity, and Observed Social Support Behavior in Marital Interactions», *Personal Relationships* 4 (1997): 361-78.

13. W. Ickes, «Traditional Gender rRoles: Do They Make, and Then Break our Relationships?», *Journal of Social Issues* 49 (1993): 71-85.

14. N. S. Jacobson, W. C. Follette y M. Pagel, «Predicting who will benefit from behavioral marital therapy», *Journal of Consulting and Clinical Psychology* 54 (1986): 518-522.

15. R. B. Stuart, Helping Couples Change: A Social Learning Approach to Marital Therapy (Nueva York: The Guilford Press, 1980), 264.

cierto es que, aunque esto lo hacen ambos géneros, las relaciones se ven muy perturbadas normalmente cuando es la mujer la que plantea la petición y el hombre el que realiza la retirada, pues esto suele dar lugar a una polarización de la relación y, en muchos casos, a su conclusión.[16]

Para explorar el patrón de petición/retirada, Christopher Heavey, Christopher Layne y Andrew Christensen, de la Universidad de California en Los Ángeles, realizaron una serie de grabaciones de vídeo de parejas casadas en dos tipos de discusiones: una acerca de algo que la mujer quería que su marido hiciera de otro modo, y la otra acerca de algo que el hombre quería que su esposa hiciera de otro modo. Los problemas típicos eran «que salgas más conmigo» o «dame más tiempo para mí». Los investigadores descubrieron que, cuando la discusión trataba del cambio que el marido esperaba en la mujer, no aparecía el patrón de petición/retirada durante la discusión. Sin embargo, los hombres sí que se retiraban en las discusiones en las que las mujeres les pedían que cambiaran; es decir, los hombres se negaban a cambiar.[17] (Sin embargo, personalmente, dudo que esto ocurriera con la mayoría de los HAS).

Lo que convendría resaltar en estos dos ejemplos es que las relaciones que se demuestra que funcionan no tienen nada que ver con las relaciones tradicionales de dominación masculina. Así pues, los HAS, que son incapaces de ignorar los sentimientos de las personas que les rodean, no pueden hallarse en otro lugar que en el camino correcto. En última instancia, el único molde en el que cualquier persona debería intentar encajar, sea cual sea su sexo, es aquel que hace que sus relaciones sean más satisfactorias e íntimas.

Así pues, ¿qué puedes hacer para sanar los daños que provocan el sexismo y los estereotipos de género? En realidad, puedes hacer bastante. En un solo capítulo no voy a poder dar demasiadas soluciones ni detalles, pero sí que puedo proporcionarte algunas sugerencias:

---

16. L. J. Roberts y L. J. Krokoff, «A Time-Series Analysis of Withdrawal, Hostility, and Displeasure in Satisfied and Dissastisfied Marriages», *Journal of Marriage and the Family* 52 (1990): 95-105.

17. C. L. Heavey, C. Layne y A. Christensen, «Gender and Conflict Structure in Marital Interaction: A Replication and Extension», *Journal of Consulting and Clinical Psychology* 61 (1993): 16-27.

1. *Trabájate tu baja autoestima.* Replantéate esa sensación de ser inferior por el hecho de ser mujer y ser además una PAS, o por no ser «un hombre de verdad» debido a que eres un HAS. En el capítulo 1 se habla brevemente de esto, y tanto en *El don de la sensibilidad* como en *The Highly Sensitive Person's Workbook* se trabaja también la autoestima.
2. *Mejora tus límites.* Los buenos límites son flexibles; no acceden a toda petición externa, pero tampoco excluyen a nadie por el hecho de que no puedas confiar en esa persona o no resulte «guay» ocuparse de eso. Aquí, la clave se halla en el discernimiento: cada persona que se te acerca es única; no es simplemente un hombre o una mujer, ni siquiera una PAS o una no-PAS, sino una persona que se acerca a ti en un momento determinado del tiempo en el cual tú puedes ser o no capaz de responder.
3. *Reemplaza los estereotipos con conocimientos de hombres y mujeres reales.* La única manera de reducir la extrañeza que sentimos ante el otro género es escuchar a los miembros de ese exclusivo club y ver cuál es su verdadero aspecto. Si escuchas sus dificultades es muy posible que empatices y cambies tu perspectiva, pasando de la desconfianza a la comprensión. Hasta puede que seas capaz de ayudar. Por ejemplo, los HAS pueden salirse de su camino habitual para generar confianza en las MAS y hacerles ver que pueden sentirse bien en el mundo, y las MAS pueden estar vigilantes ante sus propios prejuicios acerca de los «hombres ideales» y negarse a tolerar puntos de vista tradicionales, como el que dice que un hombre que llora de vez en cuando o que es lento a la hora de tomar decisiones no es un hombre atractivo.
4. *Trabájate la timidez amorosa comprometiéndote, por ejemplo, a conocer a alguien cada semana.* Éste es un trabajo de relación, no un trabajo interior, por lo que tendrás que salir al mundo y *hacerlo.* Pero ten paciencia contigo mismo durante el proceso. Como ya hemos visto, tanto los HAS como las MAS tienen motivos suficientes como para generar la expectativa de rechazo.

En primer lugar, piensa en si no te habrás protegido inconscientemente del rechazo mediante la adopción de un aspecto o de un comportamiento que te descarte por completo a ojos de los demás, llevándote a pasar del todo desapercibido como posible compromiso. Algo así como «El que no arriesga, no pierde». He visto a muchas PAS que hacen esto.

En segundo lugar, convendrá que prepares las cosas un poco, que tengas pensado de antemano qué dirás cuando conozcas a alguien y qué dirás a continuación si la otra persona se muestra positiva, negativa o difícil de interpretar. Las PAS parecemos más espontáneas si ensayamos las cosas un poco, pues eliminamos así los chirridos en la voz y el temblor de manos. También tendrás que prepararte para los inevitables rechazos, y para el dolor que supone romper relaciones que han resultado ser un error.

5. *Enfréntate a tus ideas acerca de los HAS y de la homosexualidad.* En nuestra cultura se confunden mucho las cosas: se puede ser «femenino» y no por ello ser gay. Entre un 5 y un 10 por 100 de los hombres son homosexuales; pero, aunque no tengo datos acerca de esto, estoy casi segura de que no existe ninguna relación con el hecho de ser un HAS. En un capítulo del libro *Comprender y ayudar a los chicos de hoy,* Pollack dice que muchos chicos «duros» resultan ser homosexuales, y que muchos chicos sensibles, que prefieren actividades tranquilas en lugar de juegos bruscos o deportes de contacto, resultan ser heterosexuales. Y debo decir personalmente que muchos gays me han hecho la misma observación; la comunidad gay está tan llena de hombres «machos» como de hombres sensibles, por lo que es decididamente un error generar la expectativa de que los HAS tienen que ser gays. Si ves que alguien da por hecha esta suposición y da a entender algo negativo, combátelo con todas tus fuerzas. «¿Gay? Casi hubiera preferido serlo, pues me caen muy bien los hombres». O bien, «Ésa es una idea extraña. Me pregunto cómo se te habrá ocurrido».
6. *Para evitar ser un Superman, una Superwoman, superpadre o supermadre, identifica lo que te lleva a buscar la perfección.* ¿Estás intentando compensar tus «defectos»? ¿Estás intentando complacer a todo el mundo a la vez? ¿Te niegas a admitir que tienes límites? ¿Sientes un exceso de excitación ante tantas oportunidades que no quieres renunciar a ninguna de ellas? En cuanto hayas reconocido el origen del problema descubrirás que te resulta más fácil recha-

zar un estilo de vida que es demasiado estresante para ti. Tu nueva actitud puede precisar que desarrolles nuevas vocaciones o nuevas formas de liderazgo, basadas en la búsqueda de la máxima calidad del trabajo o de la crianza, no en la cantidad de tiempo invertido. Tu nuevo enfoque encontrará el equilibrio entre el cuidado de ti mismo y el cuidado de los demás, de tal manera que los optimizará a ambos. (A través del modelado, de dar ejemplo, puedes hacer más por la sociedad de lo que haces con tu trabajo real).

Una buena manera de lograr el equilibrio es mediante la meditación. Yo aprendí a meditar (en mi caso, meditación transcendental) cuando mi hijo estaba a punto de cumplir un año. Tan sólo veinte minutos en lo más profundo de mi interior, sobre todo por la noche, supuso para mí una inmensa diferencia. La hora de la cena pasó de ser una experiencia que me destrozaba los nervios –una madre y un hijo sensibles superándose mutuamente en su sobreexcitación– a convertirse en un momento de dichosa tranquilidad. Pero la meditación también es inconmensurablemente útil en el trabajo. A todos nos ha pasado el haber encontrado soluciones a nuestros problemas al cabo de un rato de habernos distanciado de ellos. Te sorprendería ver hasta qué punto te predispone la meditación para ser productivo o cariñoso después de pasarte un tiempo sintiendo que no eres nada.

7. *Busca a un mentor sensible de tu género.* William Pollack y otros educadores insisten mucho en las bondades de la mentorización en el caso de los adolescentes. Los chicos varones pueden obtener grandes beneficios por el mero hecho de estar con otros hombres, además de con sus padres, hombres que tengan los mismo intereses que ellos, que les enseñen más acerca de cómo moverse en el mundo. Así, un chico sensible que, por ejemplo, prefiera leer a jugar al fútbol puede tener por mentor a un escritor o a un profesor de lengua que le introduzca en los gozos de ser un hombre de letras, y que podría compartir con él sus aflicciones de deportista poco entusiasta. Pero la mentorización puede beneficiar a todo el mundo, especialmente a las PAS, de modo que busca a un hombre o una mujer sensible en tu profesión, o a alguien que le haya hecho frente a una situación como la tuya actual, y pregún-

tale si os podéis ver para compartir experiencias y hacerle algunas preguntas. (Sin embargo, para que una PAS acepte, tendrás que demostrarle que no vas a pedirle demasiado; simplemente, pídele sólo un encuentro para comenzar. Si un mentor potencial te dice que no, prueba con otro).

8. *Protégete de quienes no te respetan.* He llegado a pensar que en el mundo existen ámbitos donde los prejuicios de género y temperamento son densos y poderosos, como los que pueden darse en el ámbito militar. Por otra parte, hay otros ámbitos donde casi no existen tales prejuicios, como ocurre con mi marido, a quien le gusta cómo somos las mujeres y sobre todo el tipo de mujer que yo represento para él, una MAS. Ante tales diferencias, he llegado a la conclusión de que para una PAS es absolutamente esencial protegerse todo lo posible de los ámbitos densos.

   Pero los prejuicios pueden ser difíciles de detectar, dado que en nuestros tiempos no resulta socialmente aceptable la exhibición directa de éstos. De modo que familiarízate con suficientes hombres y mujeres como para que puedas distinguirlos, porque muchos de ellos hacen esfuerzos heroicos para evitar el sexismo, aunque a veces cometan errores. Al fin y al cabo, si realmente desean vencer sus propios prejuicios, ¿qué más les puedes pedir? Esas personas no eligieron nacer en un mundo sexista más de lo que lo elegiste tú.

9. *Acuérdate de los cuatro géneros, y luego olvídalos.* Al principio de este capítulo sugerí que, si nos creábamos imágenes de los cuatro géneros, en vez de dos, quedaría más espacio para que las MAS y los HAS pudieran ser quienes son en realidad. Tal como dije en el capítulo 1, da la impresión de que en todas las especies nos encontramos con dos variedades o razas: los sensibles y los no-sensibles; y tu variedad debería de importarte tanto como tu género. Tómate un minuto para reflexionar sobre tus ejemplos favoritos de MAS, HAS, no-MAS y no-HAS (admitiendo que no podemos saber desde la distancia y con total seguridad quienes son PAS y quiénes no). Para mí, los HAS «de verdad» podrían ser los presidentes de Estados Unidos George Washington, Abraham Lincoln y Jimmy Carter, además del candidato Robert F. Kennedy y el director de

cine Ingmar Bergman, los poetas Rainer Maria Rilke, Robinson Jeffers y Stephen Spender, y el psicólogo Carl Jung, sólo para empezar. Entre las MAS, la mística Teresa de Ávila, la Primera Dama de Estados Unidos Eleanor Roosevelt, la poetisa Emily Dickinson, la escultora Camille Claudel, las escritoras Jane Austen y las hermanas Brontë, y la arqueóloga Marija Gimbutas (que realizó el decisivo trabajo científico sobre las culturas de la diosa).

Todos podemos confeccionar asimismo una lista de ilustres no-HAS y no-MAS «de verdad». Probablemente fueran no-MAS tus empresarios, deportistas, exploradores o líderes políticos o de movimientos favoritos. Y todas las sufragistas y feministas de la línea dura, además de las primeras mujeres que fueron médicas, enfermeras y científicas, serían probablemente no-MAS.

Después, cuando te halles en disposición de liberarte por completo de los estereotipos de género, intenta vivir según esta idea: un hombre o una mujer de verdad es cualquier hombre o mujer de nuestros tiempos que vive auténticamente, de acuerdo con su yo y su temperamento verdaderos. No existe definición más veraz de tu género que tú.

10. *Utiliza tus sueños para sanar las heridas de género.* Yo siempre recomiendo a las PAS que conozcan en profundidad sus sueños, pues las personas sensibles soñamos intensamente y estamos muy preparadas para cualquier reflexión personal profunda que los sueños puedan evocar. En el libro *The Highly Sensitive Person's Workbook* ofrezco muchos más consejos para trabajar con los sueños, pero sugiero tal tipo de trabajo también aquí. Para sanar las heridas de género, existen tres formas de utilizar los sueños.

En primer lugar, presta atención al sexo de cada figura que aparezca en tus sueños, pues tal figura porta siempre un mensaje acerca de tu actual relación con ese género o con las cualidades que ese género representa para ti. Si sueñas con alguien de tu propio sexo, los atributos de esa persona son normalmente muy similares a los tuyos propios, fáciles de integrar o de reconocer. Por ejemplo, cuando sueño con una determinada mujer amiga mía que es muy extrovertida, sé que estoy soñando con mi yo extrovertido, al cual no me resulta difícil acceder. Por otra parte, cuando sueñas con el otro género, normalmente representa atributos que quizás nunca vayas a tener o creas que no puedas tener. Así, cuando sueño con un determinado hombre amigo mío que se comporta de un modo especialmente asertivo, resistente y fuerte, sé que estoy soñando con esa actitud contundente que desearía tener o que necesito justo en ese momento de mi vida, pero que creo que jamás podré exhibir en tanto en cuanto soy mujer.

En segundo lugar, utiliza el género de las figuras oníricas para determinar en qué puntos has perdido el equilibrio. Por ejemplo, supón que tú y un amigo habéis estado intentando resolver algún problema y que esa misma noche sueñas con una mujer pálida y delgada que se está ahogando. Tanto si eres un hombre como una mujer, te sugeriría que revisaras la conversación que has tenido con tu amigo para ver si alguno de tus aspectos femeninos –en el sentido tradicional o tal como tú defines personalmente lo femenino– se ha visto desbordado, ha caído por la borda, se ha inundado o hundido en el inconsciente durante la conversación. Por cierto, cuanto mejor trates esos aspectos de género en tu interior, mejor tratarás después a las personas de ese género.

En tercer lugar, dale un nuevo final a tus sueños en la imaginación, de tal modo que cambie tu relación con el otro género. A esto se le denomina «imaginación activa», y se trata más a fondo en *The Highly Sensitive Person's Workbook* y en *Inner Work,* de Robert Johnson.[18] Con esta técnica, ni forzarás la situación para que un sueño tenga un final concreto ni soñarás despierto insulsamente, sino que regresarás al sueño con la intención de *permitir* que ocurran más cosas en tu imaginación, que en definitiva es la que dio lugar al sueño en un principio. A continuación, convendrá que emprendas también alguna acción, pero en tu imaginación. Este método puede dar lugar a valiosos avances en torno al género.

En el caso de la mujer que se ahogaba, quizás te metas directamente en el agua e intentes rescatarla. Si consigues reanimarla, pregúntale qué le ocurrió para terminar en aquella situación. Si tú tuviste algo que ver con ello, puedes pedirle disculpas y charlar

18. R. Johnson, *Inner Work* (San Francisco: Harper San Francisco, 1989).

con ella del asunto. Si fue otra persona la que provocó la situación, deberías comenzar por considerar si tal persona podría representar alguna parte de ti mismo. Y si lo que ocurre es que la mujer ha intentado suicidarse, eso significa que vas a tener que prestarle una atención muy especial: ¿por qué habría querido quitarse la vida? Si cayó al agua debido a fuerzas naturales, podrías plantearte alguna forma de protegerla en un futuro, y qué podrían simbolizar tales fuerzas en tu vida despierta.

En la imaginación activa es esencial que no fuerces ningún asunto ni juzgues lo que te llega. Al igual que en los sueños, la imaginación activa debería respetarse como un valioso mensaje de la psique. Por muy angustiosa que pueda parecer en un principio una imagen, su única intención es que sepas algo que no sabías hasta ese momento. Su intención es, en última instancia, amable.

Una última reflexión

Parece que nunca en la historia de la humanidad nos hemos encontrado con una época en la que tantos hombres y mujeres hayan compartido su vida en términos de igualdad. Los hombres y las mujeres que están intentando una convivencia igualitaria hoy en día están luchando por algo novedoso, pero convendría que comprendieran la desalentadora naturaleza de su empeño. Investigaciones recientes sugieren que, inconscientemente, nuestras primeras reacciones ante una persona se basan en los prejuicios que nos transmitieron en la infancia, con independencia de cuán desagradables o indeseados se nos antojen ahora esos prejuicios.[19] Probablemente, se trata de una antiquísima programación humana que nos permitía proteger al grupo del que formábamos parte a costa de devaluar a todos los demás grupos. Pero, en la actualidad, es una fuente indudable de problemas en todos los rincones del planeta. En esta investigación también se descubrió que la única diferencia real entre las personas racistas y sexistas y las que no lo son

19. P. G. Devine, «Stereotypes and prejudice: Their automatic and controlled components», *Journal of Personality and Social Psychology* 56 (1989): 680-690.

es el esfuerzo consciente que estas últimas hacen para contrarrestar sus prejuicios inconscientes, que aprendieron en la infancia.

Sin embargo, la falta de prejuicios no significa que todo sea igual en todos los asuntos. Lo que busca la falta de prejuicios es que el poder se distribuya equitativamente, según los intereses y las capacidades de cada persona. Las PAS pueden ser líderes en el desarrollo de este tipo de igualdad con el otro género en tanto en cuanto se les da bien captar todo proceso inconsciente, inclusive los prejuicios, y son capaces de apreciar que el género, al igual que el temperamento, exige que todo el mundo adopte una actitud «diferente-pero-igual». También somos excelentes a la hora de calibrar las consecuencias de todas las estrategias posibles, de tal modo que nos percatamos de que la desigualdad de poder entre los sexos nunca nos llevará a la confianza y la intimidad que intentamos desarrollar en nuestras relaciones.

En el siguiente capítulo exploraré la tendencia natural de las PAS a comportarse de forma cautelosa en las situaciones de intimidad. Desde este capítulo nos llevaremos a aquel la valoración de que nuestras vacilaciones suelen estar relacionadas con un género –«Tengo mucho miedo a los hombres» o «Nunca volveré a confiar en las mujeres»–. Las experiencias íntimas más decisivas de nuestro pasado tuvieron por protagonistas a personas con géneros; no eran sólo progenitores o hermanos en general, sino madres, padres, hermanas o hermanos. Como mujeres y hombres altamente sensibles, respondemos a nuestras relaciones íntimas en función de nuestro propio temperamento y del suyo, de nuestro propio género y del suyo, y de cuán bien encajamos en su idea del temperamento perfecto y del hombre o la mujer perfectos. La pregunta, no obstante, es: ¿se pueden reconocer y sanar las heridas derivadas de ideales tan rígidos?

Desde tiempos inmemoriales, los seres humanos hemos desterrado a «los otros» al otro extremo del golfo de la ignorancia, y luego hemos arrojado/proyectado sobre ellos todo lo que nos desagradaba de nosotros mismos, para que nuestro bando fuera totalmente perfecto y el suyo totalmente maligno. Tanto los hombres como las mujeres nos hemos desempeñado con gran eficacia en este aspecto. Las mujeres dicen, «Los hombres son unos brutos agresivos e insensibles», como si las mujeres nunca se comportaran así. Los hombres dicen, «Las mujeres son irracionales, exigentes, y lo único que buscan es controlar a los hombres», como si los hombres nunca se condujeran de este modo. Podemos temernos, injuriarnos y desterrarnos unos a otros, pero no podremos hacerlo eternamente, y es que ha llegado el momento de darse cuenta de que, en realidad, lo que hacemos es temer, injuriar y desterrar a la otra mitad de nosotros mismos… y las PAS deberían ser las primeras en ver esta verdad.

CAPÍTULO 3

Las PAS y el miedo a la intimidad: los motivos que te preocupan y las vías hacia la seguridad

Como PAS, tú y yo estamos diseñadas por naturaleza para considerar los riesgos con mucho cuidado antes de actuar, y la intimidad con otra persona implica ciertamente riesgos: una posible pérdida, una traición, un abandono o el ser utilizada o controlada por la otra persona, por ejemplo. Así pues, aunque la intimidad recibe enormes elogios hoy en día y suena maravillosamente en la teoría, en la práctica, todas las PAS tienen sus motivos para detenerse antes de lanzarse a la aventura. Algunos de tales motivos son conscientes, en tanto que otros los son menos.

Nuestro objetivo en este capítulo consiste en traer a la conciencia más de esos motivos inconscientes, a fin de que podamos examinarlos. Si, «a la luz del día», algunos de esos temores parecen exagerados, podrás enfrentarte a ellos con más facilidad, y quizás adoptes una estrategia para mitigarlos.

Sin embargo, realiza en primer lugar la Autoevaluación sobre relaciones íntimas respecto a cómo reacciones en las situaciones de intimidad que se te presentan en la vida.

Autoevaluación sobre relaciones íntimas

Responde a estas afirmaciones pensando en el modo en que sueles comportarte o lo que sueles sentir en tus relaciones íntimas, sean de carácter romántico o de amistad.

V F Me siento incómodo al hablar de cosas del pasado de las que me avergüenzo.

V F Hay cosas de mí que, si la otra persona las supiera, me detestaría.

V F Me preocupa que algo que yo pueda revelar enfurezca a la otra persona.

V F Casi preferiría no amar a nadie, para así no tener que preocuparme por su posible pérdida.

V F Suelo alimentar la expectativa de que, al final, la otra persona termine traicionándome de un modo u otro.

V F Me daría miedo ser espontánea con la otra persona.

V F En ocasiones, cuando estoy cerca de la otra persona, mis sentimientos son tan intensos que, aun cuando son positivos, deseo que se detengan.

V F Tengo miedo de hacer algo que hiera los sentimientos de la otra persona.

V F He evitado la cercanía porque pensaba que la otra persona iba a controlarme.

V F Hay una parte de mí que teme comprometerse en una relación a largo plazo.

V F Me siento incómoda si otra persona comienza a depender de mí en cuanto al apoyo emocional.

V F Dudo que yo pueda mantener una relación íntima con alguien; hay detalles y menudencias que me molestan demasiado.

V F Me resulta difícil decirle a esta persona lo mucho que me importa.

V F He evitado ocasiones de intimidad con alguien con quien deseaba tener tal intimidad.

V F He reprimido mis sentimientos en relaciones íntimas anteriores.

Puntuación:

Cada respuesta verdadera indica un motivo diferente por el cual temes las relaciones íntimas; de modo que, cuantas más respuestas V, más miedo. Aunque sólo hayas contestado verdadero en una ocasión valdrá la pena que reflexiones a fondo en ello. En cualquier caso, las revisaremos todas en este capítulo.

Si respondiste verdadero a las dos primeras afirmaciones, presta mucha atención al primer miedo del que se habla en este capítulo, el miedo a exponerse y al rechazo.

Afirmación 3: presta atención al segundo miedo del que se habla aquí, el temor a los ataques de ira.

Afirmaciones 4 y 5: miedo al abandono.

Afirmaciones 6 y 7: miedo a la pérdida de control.

Afirmación 8: miedo a tus impulsos destructivos.

Afirmación 9: miedo a sentirse absorbida.

Afirmaciones 10 y 11: miedo al compromiso.

Afirmación 12: miedo a enfadarse con facilidad.

Afirmaciones 13, 14 y 15: si has respondido verdadero a cualquiera de éstas, préstale una atención especial a todo el capítulo.

¿Cómo fueron tus respuestas? Fíjate que, en esta ocasión, no te he ofrecido un número de puntuación que signifique «por encima de esta puntuación estás bien, por debajo no lo estás», porque simplemente responder verdadero a cualquiera de estas afirmaciones indica que existe un problema en las relaciones íntimas. Pero ninguna de esas afirmaciones te convierte en un problema, ni tampoco indica que no estés bien. Cada «verdadero» apunta simplemente a un tema en tu caso concreto, y si respondes V a más de tres supongo que no hará falta que te diga que tienes mucha cautela en tus relaciones íntimas en general. Sin embargo, no eres la única persona a la que le ocurre esto. Vamos a conocer a Max.

El cercano-distante Max

Max ha estado viniendo a mi consulta de psicoterapia durante seis años. Es un HAS de treinta y tantos años que se dedica siempre que puede a la dirección de películas y de obras de teatro. El resto del tiempo lo dedica al diseño de páginas web como trabajador autónomo. Muchas personas piensan que es un director extraordinario pero, claro está, él «nunca arriesga su visión de las cosas», y sabemos lo que eso puede significar para un artista que está intentando ganarse la vida.

Max tuvo una infancia moderadamente feliz. Fue el mediano de cinco hermanos, y le habría gustado recibir más atención por parte de su ocupada madre, pero también fue el más sensible de los hermanos y el favorito en secreto de su madre (una hermosa excepción del patrón que suelen exhibir las madres con «hijos tímidos», patrón del que se hablaba en el capítulo 2). Así pues, Max era el que menos problemas le causaba a su madre y, al mismo tiempo, el que disfrutaba de una relación velada con ella plenamente satisfactoria. Pero Max mantenía asimismo una buena relación con su padre, que también era sensible, aunque también solía estar muy ocupado. El principal problema para Max estaba en la escuela, donde era objeto de burlas y padecía de soledad en muchos momentos. Pero eso fue hasta que descubrió el club de arte dramático en secundaria. Después de aquello, sus problemas sociales se acabaron. En la universidad entabló varias amistades íntimas duraderas, y seguiría entablando algunas más desde entonces. En lo relativo al amor, tuvo dos relaciones, una que duró cuatro años, y otra que duró tres. Max hubiera deseado que aquellas relaciones perduraran, pero surgieron problemas. También surgen problemas con todas las personas con las que mantiene alguna cita.

Poco después de comenzar con la terapia, Max y yo establecimos una rutina según la cual él traería sus sorprendentes sueños por escrito, impresos, y me los leería en voz alta entre quince y treinta minutos, para luego discutirlos juntos durante el tiempo restante. Para Max resultó una técnica tan valiosa que detestaba cualquier cambio que pudiéramos hacer con ella; pero, al cabo de cinco años así (sí, nos llevó bastante tiempo), al término de su relación de tres años, empezamos a fijarnos más en lo que sucedía fuera de la hora de visita, en su «vida real», y en la hora que compartíamos. Unos cuantos incidentes me ayudaron a comprender que algunos de los problemas de las personas con las que se citaba había que situarlos más bien dentro de él mismo, por su temor a ir más allá de determinado nivel de intimidad. Max temía especialmente la conexión intensa con las necesidades de la otra persona, pues no quería terminar sintiéndose atrapado adaptándose a ellas, como le había pasado con las necesidades de sus progenitores, y como creía que le había ocurrido también en sus dos relaciones anteriores. Contemplando más de cerca nuestra propia relación, nos dimos cuenta de que los sueños habían sido la manera que había utilizado para abrirse a mí en profundidad, pero también le habían servido de subterfugio para evitar relacionarse conmigo de una forma más espontánea y directa. Él temía que esto le hubiera llevado a dejar de ser «mi favorito» (cosa que él imaginaba ser en sus adentros), o que mis respuestas espontáneas le hubieran revelado alguna necesidad mía que él se hubiera sentido obligado a satisfacer; es decir, los miedos de su infancia. Así pues, nos pusimos a hablar de aquellos miedos a medida que iban surgiendo conmigo y con el resto de la gente. Parte de lo que descubrimos constituye el contenido de lo que viene a continuación.

¿Qué sientes respecto a las relaciones íntimas?

Quizás convenga establecer una definición. Para mí, las relaciones íntimas significan el ser auténtica, revelarle a la otra persona tu yo más privado y veraz en este momento; tus pensamientos, sentimientos y tu yo corporal. A cambio, la otra persona te revela su verdadero yo a ti. Para esto hace falta confiar el uno en el otro. Así, las relaciones íntimas equivalen a autenticidad, una autenticidad que surge gracias a la confianza. Pero la autenticidad y la confianza no son asuntos fáciles.

Dada esta definición, ¿te parece que las relaciones íntimas merecen la pena? Max comenzó preguntándose eso, y yo creo que se trata de una pregunta razonable que rara vez se formula en una cultura extrovertida y obsesionada con la intimidad como la nuestra. En diversas investigaciones se ha descubierto que las personas implicadas en una relación romántica estrecha, amorosa e íntima tienen más probabilidades de ser felices y de conservar la salud, de encontrar significado en la vida y de tener una alta autoestima y una baja ansiedad; mientras que las personas que no mantienen este tipo de relaciones se muestran más desdichadas, les cuesta más conservar la salud, son más solitarias, etc.[1] Así pues, ¿significa esto que mantener una relación estrecha provoca todas esas cosas buenas, y no mantenerla provoca todas esas otras cosas malas?

En absoluto, aunque eso es lo que la mayoría de la gente supone. También podríamos hacer las afirmaciones al revés: la desdicha, los problemas de salud y todo lo demás podrían dificultar de algún modo el mantenimiento de relaciones estrechas, y ser una persona feliz podría facilitar las relaciones dichosas. Pero ser feliz también podría ser la causa fundamental de que una persona pueda ser feliz en la soledad. Es decir, quizás la felicidad puede darse sin la necesidad de relaciones íntimas. Yo he conocido a muchas PAS, entre las que se incluye Max, que afirman ser felices con unas cuantas amistades íntimas, pero sin una pareja exclusiva y comprometida con la cual vivir. Aceptemos esta posibilidad, al menos en el caso de las PAS, y no demos por supuesto que el amor romántico o vivir en pareja es la única manera de ser feliz.

No obstante, la mayoría de las personas deseamos tener una relación, una persona con la que vivir o no, pero a la que considerar como nuestra persona amada; una persona en la que confiar, en la buenas y en las malas, y que nos ame, por oscuros que sean los sentimientos que compartamos en alguna ocasión. (Fíjate que no he dicho «que nos

1. M. D. Sherman y M. H. Thelen, «Fear of Intimacy Scale: Validation and Extension with Adolescents», *Journal of Social and Personal Relationships* 13 (1996): 507-521.

ame hagamos lo que hagamos», dado que algunos comportamientos, en contraposición a los sentimientos, serán inaceptables en una relación entre adultos).

Hay una buena razón para este deseo de una persona amada, y es que nacimos entre los brazos de otra persona, y nos mantuvimos en esa relación íntima y dependiente durante muchos años. Incluso como adultos, nos sentimos más seguras y más relajadas cuando existe al menos una persona que se preocupa profundamente de nosotros; es decir, a menos que la cercanía con otra persona haya sido fuente de un profundo dolor en el pasado. Pero, incluso entonces, probablemente todos buscaremos la intimidad en un nivel más profundo, instintivo, aunque tal deseo se vea superado en ocasiones por el miedo.

Supongamos que crees que serías más feliz en una relación íntima, y que para ti tuviera sentido que, al igual que Max, tus propios problemas se interpusieran. Yo continuaría con que ambas suposiciones se hallan detrás del hallazgo de que la gente feliz mantiene con más frecuencia una relación; yo confiaría en que tú serás más feliz cuando te sientas cerca de otra persona, y que estarás más dispuesto a estar cerca de otra persona cuando seas más feliz. De este modo llevarías a cabo simultáneamente tu trabajo externo –intentar conocer gente, trabajar tus habilidades sociales– y tu trabajo interior. Por trabajo interior me refiero a la reflexión profunda a partir de los sueños, la meditación, libros útiles, conversaciones profundas con otras personas, o quizás psicoterapia. Este capítulo será un buen punto de partida.

Cierto es que el trabajo interior no siempre es la fórmula que se ofrece para ser «más feliz», pero yo creo que, normalmente, es la mejor opción para las PAS. Aunque la búsqueda de una relación adecuada terminará normalmente con éxito, el trabajo interior es el trabajo de tu vida, créeme; pues te resultará muy necesario para comenzar, mantener o revitalizar una relación íntima, o bien para sentirse satisfecho con tal relación.

El inconsciente y sus temores

Como quizás ya sepas, trabajo interior significa explorar tu inconsciente, que es donde residen muchos de tus miedos. Irónicamente, cuanto más respetes la realidad del inconsciente y mejor comprendas el enorme poder de los temores y las suposiciones inconscientes, más fácil te será cambiar o trabajar todo eso. Éste es uno de los motivos por los que suelo hacer referencia al inconsciente a lo largo de este libro.

El inconsciente alberga, en parte, las ideas y los recuerdos que hemos olvidado, pero que podríamos recordar si lo intentáramos. Aquí residen también las experiencias que tuvimos a una edad tan temprana que ni siquiera teníamos palabras para expresarlas, pero que vuelven a nosotros a través de los símbolos de los sueños y de los «recuerdos» corporales o reacciones, que es el lenguaje del inconsciente. El inconsciente también parece cumplir la función de mantener lejos de la conciencia todo aquello que pueda resultar demasiado traumático o vergonzoso; y, en opinión de los junguianos, contiene asimismo todos los conocimientos arcaicos, instintivos y simbólicos, los conocimientos «arquetípicos» que se hallan frecuentemente enterrados en la vida moderna, esa vida orientada hacia el exterior, pero que vienen con nuestra propia naturaleza humana. Del mismo modo que los petirrojos disponen de instintos que les permiten hacer nidos y los coyotes disponen de instintos que les llevan a aullar, los seres humanos disponemos de instintos que nos permiten responder a importantes experiencias humanas ancestrales, como las serpientes, la Madre, la muerte, la belleza y el Gran Espíritu. Pero los seres humanos urbanos, modernos, han terminado perdiendo el contacto con esta parte del inconsciente. Si sintonizamos con estos conocimientos, nuestra existencia adquiere un nivel superior de satisfacción e integridad. Según mi propia experiencia, las PAS parecen estar más en contacto con el inconsciente desde su misma infancia, tanto de su inconsciente personal como del inconsciente de las personas que las rodean. Para nosotras, la puerta que lleva al mundo inconsciente se abre y se cierra con más facilidad. Normalmente, este mundo interior nos fascina, y nos damos cuenta de que tiene un influjo mucho mayor sobre el consciente, sobre la mente racional, de lo que la mayoría de la gente piensa. Naturalmente, sentimos un inusual respeto por él, que llega incluso a turbarnos y sobrecogernos, aunque eso no mitiga el deseo de explorarlo.

Así pues, vamos a pasar de puntillas por tu lista de posibles motivos para temer las relaciones íntimas, algunas de las cuales pueden ser incluso inconscientes hasta que te las planteas, y veamos qué elefantes durmientes se despiertan a tu paso.

Ocho motivos por los que una PAS podría temer las relaciones íntimas

Los seis primeros miedos de los que se habla en esta sección fueron descritos por la psicóloga social Elaine Hatfield, famosa por sus investigaciones pioneras acerca del amor.[2] Los seis temores de Hatfield se aplican a todo el mundo, pero yo me he encargado aquí de señalar su especial relevancia para las PAS. A continuación, como PAS que soy, consciente de nuestros problemas particulares, he añadido dos temores más, así como algunas sugerencias para mitigar cada uno de esos temores si se nos antojan exagerados.

Hay un punto que se puede dar por válido en estos ocho miedos: que cuantas más razones tuvieras en el pasado para sentir alguno de estos temores, más probable es –si te comparas con las no-PAS– que ese miedo te acose en el presente. Esto no es más que una consecuencia del dispositivo incorporado con el que viniste al mundo, el de pausa-para-comprobar-y-reflexionar.

Primero, el miedo a exponerse y al rechazo

Cada vez que te abres a los demás y eres auténtico, te arriesgas a exponer algo que otra persona pueda encontrar poco atractivo, tonto o, incluso, desagradable. Los seres humanos pueden temer, y con razón, desvelar determinadas cosas, como la codicia, la envidia, la ignorancia, la falta de sinceridad, la torpeza, los impulsos destructivos, una ansiedad tan intensa que lleve al pánico, aquellas formas de sexualidad que al menos alguien, en algún lugar, podría rechazar, etc. Y las PAS tienen algo que, en su caso, pueden temer sacar a la luz: su sensibilidad, su yo más íntimo. Algunas PAS prominentes no han querido que las citara en mis libros como ejemplo de personas sensibles por miedo a que la

2. E. Hatfield, «The Dangers of Intimacy», en *Communications, Intimacy, and Close Relationships,* ed. Derlega, V. J. (Nueva York: Academic Press, 1984), 377-387.

gente piense que se trata de un defecto, ¡e incluso unos cuantos suscriptores de nuestro boletín sobre personas sensibles me han pedido que les enviemos los números del boletín en un envoltorio de papel marrón! En ocasiones, la sensación de ser una persona no válida se simboliza en un rasgo facial o en una curva corporal que nos trabajamos incesantemente para liberarnos de ella o, al menos, ocultarla. También puede suceder que no consintamos a nadie que estudie nuestro rostro, que nos mire a los ojos, o que nos vea a menos que estemos completamente vestidos y aderezados, todo lo cual no es más que temor a exponer nuestra intimidad. De un modo u otro, no podemos exponernos.

No es fácil liberarse del sentimiento de ser tan defectuoso como para no poder exponer tu verdadero yo ante nadie, pues sería un trabajo similar al de extraer de la tierra el tocón de un árbol cuyas raíces se extienden en la distancia en todas direcciones. Como ya mencioné en el capítulo 2 cuando hablaba de la autoestima, mis libros *El don de la sensibilidad* y *The Highly Sensitive Person's Workbook* los escribí específicamente para ayudar en estos aspectos, y este libro viene a aportar alguna ayuda más en lo relativo a las relaciones.

Las relaciones son decisivas para superar el miedo a exponerse, porque mitigan tu temor hasta darle una magnitud más realista. Aunque no puedas arriesgarte aún a exponer tus defectos, si piensas en todas las personas que conoces bien verás que no tienes más defectos ni más grandes que los suyos, y que tus defectos se encuentran dentro del rango de lo que se podría considerar normal, cuando no son simplemente comportamientos humanos entrañables. Y, del mismo modo que tú toleras muchos defectos en los demás, no te resultará difícil imaginar que las personas a las que quieres probablemente tolerarán también tus defectos si asumes el riesgo de admitirlos. Quizás, incluso, esas personas se sientan aliviadas, y admitan algunas cosas más de sus regiones «sombrías». Como puedes fácilmente imaginar (si de verdad te esfuerzas por superar la suposición de que te van a considerar un monstruo), una revelación así de la propia interioridad incrementa la intimidad, en vez de reducirla. Sin embargo, si tu miedo a exponerte es muy potente, plantéate la posibilidad de acudir a terapia de grupo o a un grupo de apoyo orientado al proceso, donde podrás constatar realmente cómo reacciona la gente ante cualquier cosa que temas exponer, y donde podrás comprobar la gran cantidad de esqueletos que guarda la gente en sus armarios.

No obstante, en las relaciones a largo plazo, los riesgos pueden ser mayores, pues lo que expongas puede romper la confianza de tu pareja en ti o puede transformar la idea que tiene de ti, y tal cambio puede afectar a la relación para siempre o, incluso, puede terminar con ella. El único consuelo estriba en preguntarte si deseas mantener una relación en la cual no puedas ser auténtico, en la cual tu verdadero yo no sea aceptable. Pensando las cosas de este modo, quizás no tengas tanto que perder. Si estás casi convencido de que tu pareja reaccionará negativamente a lo que tú le reveles, plantéate la posibilidad de revelárselo en presencia de una tercera persona de confianza, como puede ser una terapeuta marital (preferiblemente, alguien a quien hayáis visto previamente). Es bueno disponer de una persona preparada, algo así como un médico de familia.

Segundo, el miedo a los ataques de ira

La ira es una emoción muy estimulante, de ahí que las PAS se vean intensamente afectadas por ella, aunque sólo sea por presenciarla. Si estamos manifestando nuestra ira o somos el blanco de un ataque de ira, nuestra excitación superará con creces su nivel óptimo: el corazón latirá con fuerza en nuestro pecho y nuestra mente se ofuscará. Si la ira se dirige hacia nosotros, también puede que nos tomemos muy en serio lo que se dice. De entrada, procesaremos las acusaciones en profundidad. El miedo a los ataques de ira se exacerba enormemente en las PAS que crecieron en familias donde los estallidos de cólera eran habituales y no llevaban a nada constructivo. Los miembros de la familia se pueden hacer heridas muy profundas a partir de la información recogida en momentos de intimidad.

Conviene distinguir entre la «ira moral» y la ira que no busca otra cosa que atacar, obtener la victoria y aniquilar a la otra persona. Esta última ira no puede formar parte de una relación íntima, pues destroza la confianza, especialmente en una PAS. Pero lo que denomino aquí como ira moral es una cólera de carácter reflexivo que puede ser necesaria éticamente en alguna ocasión dentro de las relaciones íntimas. Es la ira mediante la cual la persona hace saber a la otra con toda claridad que existen ciertos límites que no se pueden traspasar sin violar algo importante para la persona que está furiosa. Por ejemplo, tu pareja, o tú, podéis decir, «Tienes que llamarme por teléfono si llegas más de una hora tarde, porque te quiero y me preocupo por ti». Y, si la próxima vez tampoco llega esa llamada, un poco de ira estará perfectamente justificada, y sin duda será necesaria para recalcar la importancia del límite establecido.

No estoy segura de si la ira moral se puede evitar por completo en una relación cercana; de modo que, si temes tanto la ira como para impedirte la expresión de tus verdaderos sentimientos por miedo a cómo vaya a reaccionar la otra persona, convendrá que explores todo esto en profundidad. Quizás puedas evitar la ira en su mayor parte. Normalmente, una PAS –puedes ser tú, o tu pareja, si es una PAS– no suele necesitar que le marquen los límites en un tono agrio. Una simple petición debería ser suficiente. Pero con las no-PAS no suele ocurrir esto, y puede hacerse necesario el recurso de un poco de ira –o algunas palabras fuertes que resuenen a ira– a fin de que tus límites queden claros. Dado que las no-PAS tienden a comportarse con la misma intensidad emocional que necesitarían ellas para recibir un mensaje de este tipo, vas a tener que dejarle claro que esa ira no es necesaria en tu caso pues, de lo contrario, pensará que tiene que utilizar el mismo método para hacerte llegar el mensaje. No obstante, si la irritación se expresa antes de que la ira se asiente, quizás ésta se pueda eliminar en el seno de una relación cercana (si eso es lo que deseas, dado tu temor). Ésta puede ser una de las preguntas que tengamos que plantearnos a medida que nos demos cuenta de que no necesitamos de la ira en nuestra vida, del mismo modo que te preguntas si no habrá un buen restaurante que no sea tan ruidoso, una vez te das cuenta de que esa opción es posible.

Mi punto de vista aquí es que, tras tu miedo a los ataques de ira, lo que existe es la suposición de que tienes que dar y recibir ira (incluso ira moral), o dar y recibirla en niveles superiores a los que estarías dispuesto; es decir, en los mismos niveles que necesitan las no-PAS para que funcione. Pero quizás no sea tu caso. ¿Por qué no pedir a los demás que expresen sus necesidades y sus quejas sin ira? Si elevan su volumen emocional, ¿por qué no decirles que lo reduzcan de nuevo porque «eso no funciona conmigo»? Si no pueden, ¿por qué no les dices que necesitas un tiempo muerto hasta que se calmen? ¿Por qué no va a ser útil un tiempo muerto permanente en una relación en la que abundan los ataques dirigidos a hacer daño? Hay personas que parecen estar enfadadas permanentemente y que parece que no pueden, o no quieren, controlar su mal humor. Cuando descubro que la aparente buena amiga potencial insiste una y otra vez en estar enfadada conmigo, eso supone para mí el fin de nuestra relación, pues la amenaza de un ataque de ira colgando permanentemente sobre nuestras cabezas es algo que hace que me sienta angustiada.

Pero, antes de que tomes la decisión de dejarlo, convendrá que diferencies bien entre la ira que sólo pretende dañar –que es la ira que no deberías tolerar– y la ira que es moral, así como la ira defensiva, que no pretende otra cosa que impedir que tú o la otra persona veáis algo difícil de soportar. Dicho de otra manera, otro tipo de poder que te permite protegerte de la ira es comprender y resolver el problema al que apunta tal cólera. ¿Has cruzado un límite que no deberías de haber cruzado? ¿Has provocado cierto sentimiento de vergüenza en tu amigo, que habitualmente se comporta de forma razonable? ¿Qué puede estar temiendo en estos momentos? Recurre a tu inteligencia sensible para resolver por qué la otra persona necesita en estos momentos recurrir a su ira.

Tercero, el miedo al abandono

Evidentemente, todos tememos que nos abandonen –que nuestra pareja nos deje o que fallezca– pues, si no fuera así, estaríamos viviendo en una negación total, y las PAS no suelen utilizar la negación como defensa. La mera idea de la muerte de un ser amado es abrumadora; el miedo a esta idea puede influir de hecho más de lo que podamos creer conscientemente. En cuanto a la ruptura de la relación, los sentimientos pueden ser terribles, pues implica que la fusión de dos existencias se cercena sin solución de continuidad. Las PAS suelen resistirse a una ruptura precisamente por este motivo; y es que toda finalización es dolorosa.

Después nos encontramos con el insidioso miedo a la traición, como ocurre cuando esa persona que tú crees que te ama tiene una relación oculta con alguna otra persona. Todos conocemos a alguien que, tras una experiencia así, ha precisado de años, o incluso de una vida entera, para volver a confiar en alguien. Y también están esos episodios vergonzosos de los celos, que pueden estar merodeando en la sombra durante años.

Una de las formas que adopta el miedo al abandono es el miedo a terminar siendo «demasiado dependiente» de alguien. Obviamente, nos gustaría ser capaces de vivir sin pareja si se nos planteara la situación; pero, aparte de eso, yo creo que el miedo a la dependencia no es otra cosa que el miedo a lo que pudiera ocurrir si perdiéramos a la otra persona.

Si experimentamos la pérdida, el abandono o la traición durante la infancia –es decir, antes de que el yo sea lo suficientemente fuerte como para gestionar una situación así–, esa arraigada inseguridad puede terminar impregnando la personalidad por completo. De esto hablaremos más adelante, en este mismo capítulo. En cuanto a las PAS, estos miedos se agudizan y hay que enfrentarlos directamente. Está claro que puedes evitar las relaciones íntimas con el fin de no tener que enfrentarte a la pérdida, pero adoptarás una estrategia mucho mejor si te arriesgas a vivir tales relaciones todos y cada uno de los días de tu vida, pues nunca podrás saber cuándo se te arrebatarán las oportunidades.

La suposición de que alguien pueda traicionarte es especialmente difícil de superar si se da el caso de que alguna vez te haya sucedido. Como PAS, por lo general serás muy cauta, y dudarás tanto de los demás como de tu propio juicio sobre en quién confiar. De ahí que lo que voy a decir ahora puede parecerte muy difícil de aceptar, aunque considero que es el objetivo: tú no puedes predecir ni impedir las erupciones que pueden darse en el inconsciente de tu pareja y que pueden llevarla, por bondadosa que pueda ser, a traicionarte; pero, además, para ser justa, debo decir que tú tampoco puedes controlar tus propias erupciones inconscientes. Esto forma parte de la impredecibilidad de la vida y de la psique humana.

Lo peor del miedo a la traición es la sensación que puede embargarte de que te lo merecías, de que no eres una persona digna de ser amada, de ser una persona impotente y sin recursos. La carencia de amor propio es el combustible de estos oscuros pensamientos. Por tanto, para que puedas arriesgarte a amar (porque sabes que, de algún modo, sobrevivirás incluso a la traición), tienes que llevar tus pensamientos de vuelta a la persona que eras antes de que iniciaras la relación con tu pareja. Si ya entonces no te sentías una persona digna de ser amada, tampoco te sentirás digna en un futuro si tu pareja toma alguno de estos inesperados giros en su vida.

Cuarto, el miedo a perder el control

¿Te hicieron alguna vez cosquillas cuando eras un bebé? ¿O te lanzaron al aire? A veces era divertido, claro está, pero llegaba un punto en que la estimulación superaba cierto umbral, era sobreestimulante. Pues bien, los bebés sensibles llegan antes a este punto. El control de la estimulación –ni poco, ni mucho– es vital en todo ser vivo. Pero la pérdida del control en los primeros meses de vida es mucho más angustiosa, porque los bebés no tienen manera de detener lo que está ocurriendo, y tampoco tienen una conciencia clara de sí mismos, un sentido potente de «esto soy yo y esto otro no soy yo». Esta experiencia de la infancia puede dejar un temor potente y primitivo que puede prolongarse hasta la edad adulta; un pavor inconsciente al exceso de estimulación corporal en presencia de otra persona, un exceso de intimidad física que lleve a tal grado de excitación que una pierda todo control personal.

A medida que crecemos, ese sentido de «esto soy yo y esto otro no soy yo» se desarrolla también, y se convierte en una frontera que va acompañada de formas de mantener a distancia las cosas, como cerrar fuertemente los ojos, decir que no, o darse la vuelta. Y, en este sentido, las PAS, sobre todo, necesitan de tales fronteras.

Sin embrago, enamorarse es como si algo mucho más fuerte que tú te agarrara y te arrojara al aire; es como si se abriera una pequeña brecha en esa frontera. En las investigaciones que llevamos a cabo mi marido y yo misma descubrimos que, con el tiempo, las personas que mantienen una relación íntima se sumen literalmente en la confusión respecto a qué rasgos son suyos y cuáles lo son de su pareja. Es decir, la frontera entre el yo y el no-yo se confunde. La desaparición total de esa frontera supondría un «brote psicótico», la confusión acerca de qué imágenes están teniendo lugar dentro y qué imágenes tienen lugar fuera, si las voces que oímos son nuestros propios pensamientos o son las palabras de otro. Pero los verdaderos brotes psicóticos son raros, simplemente porque todos le tenemos un pequeño y saludable terror a eso que nos lleva a evitar una pérdida total de las fronteras.

No obstante, los seres humanos sí que disfrutamos de cuando en cuando de brotes dionisiacos, que también rompen nuestras fronteras, que nos llevan a superar la separación, como ocurre con las drogas, la pasión sexual, el éxtasis religioso, las festividades en las que los tabúes sociales quedan temporalmente abolidos o el «flujo» creativo. Una de las maneras más suaves de romper la barrera entre el yo y el no-yo es a través de las relaciones íntimas, fundiéndose con la otra persona, aunque sólo sea por unos instantes. Las PAS podemos hacerlo con cierta facilidad, si no se le tiene miedo, porque estamos habituadas a manejarnos con fronteras flexibles en relación con el inconsciente, y lo único que tenemos que hacer es incluir al consciente y al inconsciente de la otra persona. Pero también solemos ponernos ansiosas con tales experiencias, porque a través de la frontera se introducen demasiadas cosas de la otra persona y del inconsciente, demasiado no-yo.

Tener la libertad de «permeabilizar» tus fronteras cuando lo desees requiere de una relación bien desarrollada con tu inconsciente –de la cual hablo a lo largo de todo este libro– y con tu pareja. En ambos casos, la solución estriba en tener unos buenos «límites del ego», como en el dicho de que «buenas vallas hacen buenos vecinos». En particular, necesitas de ese tipo de «fuerza del ego» que vive en armonía con el inconsciente, nuestro poderoso vecino, en lugar de intentar defender las barricadas levantadas contra él. Pero esto requiere a su vez de un potente «ego observador», la parte que se encuentra fuera de la refriega y comprende a ambas partes, como las fuerzas de paz de las Naciones Unidas.

¿Y si utilizamos otra metáfora? Una PAS convive con el inconsciente del mismo modo que lo haría un campesino a orillas de un gran río. O en las laderas de un volcán. O en la orilla del mar. Con las inundaciones, las erupciones volcánicas o los huracanes, los que viven en las inmediaciones tienen que estar preparados para huir de inmediato. Pero eso es algo ante lo cual tú estás prevenido, e incluso sabes que el lodo o las cenizas harán que tus campos sean más productivos, una bendición de la que no pueden disfrutar los que viven en regiones más seguras. Y en cuanto al mar, esa gran metáfora del inconsciente, quienes pescan en el océano arrostran muchos peligros, pero el hambre no suele estar entre ellos.

Así pues, no dejes que el miedo te impida vivir en tus tierras ancestrales. Aun después de la peor inundación, erupción o tormenta, la gente regresa para comenzar de nuevo. Aun después de verse sobrepasado por el inconsciente, ese pequeño ego consciente regresa vacilante a la superficie al cabo de un tiempo.

Y en cuanto a la posibilidad de que una relación íntima te pueda hacer perder el control, la buena y la mala noticia es que nadie es tan poderoso. Cuando éramos niños quizás nos parecía distinto, lo cual era bueno o malo en función de las intenciones de aquellos adultos que nos parecían dioses, pero tú ya has descubierto la verdad: que, aparte de extraterrestres y otras teorías de la conspiración, no hay nadie que tenga un control pleno del planeta Tierra, ni tampoco de ti personalmente. Incluso en la peor de las sobreexcitaciones, incluso en la peor situación de pérdida de control, tú conservas cierto control. Y los momentos de intimidad normalmente no llevan a tales escenarios, aunque en ocasiones nosotras, las PAS, nos comportemos como si así fuera.

Trabaja con tu pareja sobre tu necesidad de sentir un mayor control; por ejemplo, tomaos tiempos muertos, incluso con la sobreexcitación placentera. Háblale de cualquier intimidad que sea excesiva para ti, justo en este momento o en general, como los abrazos por sorpresa por la espalda, mirarse a los ojos o mirarse uno a otro desnudos, los besos prolongados, hacer el amor durante demasiado tiempo o las conversaciones íntimas prolongadas. Sé sincera, aunque amable, y aclárale que esto no significa que le quieras menos. Es más, puede ser una prueba de la abrumadora intensidad de tu amor. Y es cierto que todas las personas tienen preferencias; todas las personas necesitan mantener un nivel óptimo de excitación. Explora desde el mismo espíritu las preferencias y necesidades de tu pareja en cuanto al nivel adecuado de excitación, y trabaja sobre lo que sea mejor para ambos.

Quinto, el miedo a los propios impulsos de «ataque y destrucción»

Yo creo que algo en nuestro interior tiene la esperanza de convertirse en un todo a través del amor, sobre todo cuando nos enamoramos por vez primera. Y esto quizás porque el amor genera una sensación de totalidad, colmando de energía e integrando todas las partes de nuestro ser. Pero el concepto de totalidad significaría también la integración de cualquier ira y destructividad escindida y reprimida. Así, la primera vez que sentimos un impulso agresivo, destructivo o sádico (que es parte natural del amor íntegro) hacia la persona que amamos –en una discusión, en un momento de pasión o en una fantasía– podemos sentir pánico. Inconscientemente, retrocedemos desde la intimidad para asegurarnos de que no le hacemos daño a nuestro ser amado con toda la energía de nuestros impulsos reprimidos. Quizás incluso tengamos sueños acerca de aguas corrompidas, desechos radiactivos o bombas atómicas, que simbolizarían nuestro exagerado miedo a lo que podría surgir de las profundidades y contaminarlo todo, si expresáramos estas partes de nosotros mismos.

Sin embargo, el miedo a estos impulsos puede estar un poco más justificado en una relación a largo plazo. Cuando vas a manifestar algún problema que consideras que hay que discutir, pero que estás convencido de que le hará daño a tu pareja, ¿no has sentido por un breve instante una especie de placer fugaz ante la idea de hacerle daño? Las PAS en particular pueden ser perfectamente conscientes de tales deseos instintivos profundos, semiconscientes –el deseo de atacar y hacer daño– para después reprimir el asunto que hizo surgir esos sentimientos como algo maligno.

Cuando te dan ganas de matar a alguien de pura frustración o irritación, no olvides que una opción legítima es expresar la ira antes de que se te haga abrumadora (o bien averiguar por qué no puedes hacerlo). Si tu ira es defensiva (debido a que sientes que has sido atacado o avergonzado por la otra persona, de tal modo que te gustaría destruirla, antes de que pueda destruir lo más profundo de ti), entonces puede ser que tu yo más profundo sea débil y necesite fortalecerse a través del trabajo interior y, quizás, la psicoterapia. O bien la otra persona es sumamente hábil a la hora de encontrar aquellos puntos que más te duelen, en cuyo caso estará actuando de mala fe (y no sólo sintiendo un impulso); esto no funciona, y no debe ser tolerado en una relación íntima.

Si temes que un instinto agresivo y destructivo prospere en tu interior, ten en cuenta que su presencia no significa que tengas que actuar sobre él a las primeras de cambio; es decir, en cuanto tome forma en tu imaginación. De hecho, como PAS socializada, es muy poco probable que expreses tales instintos sin una reflexión previa. Sin embargo, asumir la responsabilidad de esa parte de ti puede llevarte a integrarla, reduciendo aún más las probabilidades de que la expreses inconscientemente, y liberándote para que utilices ese instinto de maneras útiles. Asumir la responsabilidad de tal instinto ante tu pareja y aceptar ambos esos instintos entre vosotros puede llevar paradójicamente a un mayor amor, respeto, energía e intimidad, debido a la integridad que proporciona tal unión. Asumir la responsabilidad de estos sentimientos implica normalmente tomar conciencia de tu rabia reprimida durante la infancia, cuando la ira parecía que fuera a devorarte. Los niños sensibles en particular pueden realmente «perderse» cuando están sobreexcitados, y tienen rabietas de forma regular hasta que aprenden a protegerse y calmarse. Pero si tuviste la sensación de que quienes te rodeaban no eran capaces o no estaban dispuestos a tolerar tu ira, terminaste reprimiendo aquellos momentos de total frustración, y hasta el más mínimo impulso de cólera te puede seguir pareciendo peligroso, tanto para ti como para los demás.

No obstante, en el caso de personas bondadosas, sean niños o adultos, en el tiempo que se dedica a las relaciones íntimas se incluye cierta vigilancia extra ante las necesidades de esa persona, manteniendo siempre una actitud amable y atenta. Pero esto es agotador; de modo que, para compensar, es posible que tengas sueños sobre monstruos sedientos de sangre y sádicos asesinos. Nadie que conozcamos, claro está; pero, por algún motivo, están ahí para caer sobre nosotros y sólo nosotros. Aunque tales sueños pueden tener distintos propósitos, en el caso del Siempre Bueno pueden estar diciendo que la parte agresiva reprimida en nuestro interior quiere emerger a la conciencia, lo cual significa la muerte del niño indefenso e inocente que somos cuando ocultamos toda nuestra agresividad.

Quizás sea hora ya de reevaluar tus suposiciones acerca de lo que podría suceder cuando aparezca la agresividad en tu interior. En primer lugar, tu pareja quizás no reaccione como lo hacía la gente durante tu infancia; tu pareja puede ser más resiliente y más comprensiva, y tal vez acepte tales sentimientos como normales; también puede estar más enamorada de ti, incluso dispuesta a observar esta dinámica, y no tan sólo tu parte más sosa. Y, en segundo lugar, piensa que tú quizás estés sobrestimando tu verdadero poder destructivo. Después de todo, lo has mantenido escindido de tu conciencia durante tanto tiempo que lo único que sabes realmente de él es que parece que está a punto de explotar. En cuanto lo explores, descubrirás que no es infinito, ni que carece por completo de propósito o valor.

Sexto, el miedo a ser absorbido

Nosotras las PAS sintonizamos tanto con las necesidades de los demás y con su mente inconsciente que, a menos que desarrollemos unas nítidas fronteras, unos límites firmes, es fácil que nos embargue el miedo a perder nuestra identidad, a ser absorbidas por las necesidades o el dolor de otra persona, o a que se aprovechen de nuestra compasión. De hecho, puede habernos ocurrido ya algo así en el pasado, particularmente en la infancia, si otras personas percibieron nuestro anhelo por complacer y nos instaron a satisfacer íntegramente sus necesidades.

Afortunadamente, tu psique no tolerará la supresión de tu individualidad durante mucho tiempo. De hecho, al igual que con el miedo a la pérdida de control, el miedo a ser absorbido puede ser sumamente intenso si tu individualidad, seguridad y autoestima son débiles; es decir, si sientes que deberías de sacrificarlas bajo la presión de complacer a los demás y quizás lograr así un momento de amor. Pero recuerda que lo que buscas (y ahí el miedo no existe) es el amor verdadero, aquel que no desearía tales sacrificios por tu parte.

Las PAS podemos temer también la absorción –o podemos percibirla como tal, cuando alguna otra persona quizás la llama intimidad– porque necesitamos más tiempos muertos que las no-PAS. Una pareja no-sensible puede parecer absorbente si simplemente expresa la capacidad que sería normal en una no-PAS, como la de dedicar todo el día y la mitad de la noche a las relaciones íntimas.

Una forma más suave del miedo a la absorción es el miedo a dejarse influenciar en exceso por el otro. Consciente o inconscientemente, las PAS tenemos la sensación de que la gente nos influye con facilidad, en especial las personas a las que amamos y que nos conocen bien. Cuando nos critican o discuten con nosotras abiertamente, podemos llegar a sentir que perdemos por completo nuestra propia perspectiva. Pero las alabanzas también nos influyen. Supongamos que tu pareja se siente muy orgullosa de tus éxitos profesionales, pero que a ti te gustaría poderte tomar más tiempo libre. En una circunstancia así, te puede resultar más difícil dejar de lado tu trabajo en algunos aspectos debido a las alabanzas de tu pareja.

Es fácil decir que no nos vamos a dejar influir por los demás, pero el influjo social es sutil, potente, y no se suele procesar conscientemente, por lo que puede ser difícil de detectar. La mayoría de las personas subestima su influencia, pero las PAS no. Sabemos que amar significa entrar en el campo de fuerza de otra persona, y sabemos que eso nos va a transformar. De ahí que, obviamente, dudemos antes de dar el paso.

Toda terapeuta, investigador o académica que escriba acerca del amor te dará la misma solución: tenéis que mantener la separación para poder mantener una relación íntima. Si no tienes un yo separado, no va a quedar nadie en tu interior que pueda ser auténtico. Sin embargo, ¿cómo podemos afirmar que tenemos una relación íntima y que amamos a alguien si nos mantenemos totalmente separados, es decir, si no compartimos los deseos de la otra persona y no queremos mitigar su dolor? Ésta es la gran pregunta.

Supón que fueras a juntar tu acuario con el acuario de otra persona. Puede parecer una magnífica idea porque los dos tanques juntos formarán un acuario mucho más grande y con más peces. Pero supón que el acuario de la otra persona tiene decenas de peces diferentes y espectaculares, y que en tu tanque no hay más que unos cuantos pececillos grises. Si juntáis los dos acuarios, tus peces terminarán pasando desapercibidos, o incluso puede que sean devorados por los otros.

El miedo a ser absorbido parte de la suposición de que tú tienes un acuario pequeño y que, si permites que se junten vuestros dos acuarios, tú necesariamente vas a desaparecer. Por tanto, necesitas más peces. Volveremos sobre este tema más adelante, aunque puede que tengas ya alguna idea de lo que puede significar en tu caso tener más peces. Mientras tanto, comprueba cuántos peces tiene tu pareja y qué tamaño tienen sus peces en realidad. ¿No habrás «proyectado» en el tanque de tu pareja los peces de tu acuario, que quizás ni siquiera los reconoces como tuyos?

Otra suposición que convendría cuestionarse es hasta qué punto tu pareja quiere de verdad absorberte y devorar tus pececillos. Remóntate a tu infancia y mira a ver si en ella hubo adultos de referencia que te exigieran algo así, y pregúntate si no estarás proyectando tal experiencia sobre tu pareja. Nadie que de verdad te quiera te pediría eso. Pero, ¿te lo está pidiendo realmente tu pareja? ¿O lo único que desea es estar cerca y ver juntos cómo nadan vuestros peces?

Si lo que ocurre es que tu pareja quiere pasar más tiempo contigo del que tú estás dispuesto a darle, esto es algo que se puede negociar. En cuanto te des cuenta de que puedes expresar tus necesidades y que tu pareja puede aceptarlas, quizás descubras de pronto que tu miedo a ser absorbido se ha desvanecido.

En cuanto a lo de dejarse influir, vuélvelo de tu parte; por ejemplo, dile a tu pareja que te refuerce lo que quieres que refuerce. Pero no elimines por completo la influencia de tu pareja, pues ¿quién mejor que ella puede ver lo que podrías necesitar cambiar?

Séptimo, el miedo al compromiso

A todas horas oímos hablar de este miedo, pero nos olvidamos de que puede tener muchas causas. Hay personas que fueron gravemente heridas en el pasado y que ahora tienen miedo al compromiso, y lo mismo ocurre con las personas que vivieron bajo el influjo de unos progenitores absorbentes. Los narcisistas temen al compromiso porque restringe su libertad; temen el aburrimiento. Las PAS podríamos tener todas estas razones para no comprometernos pero, además, también tenemos miedo a no tomar la decisión correcta.

Es éste un temor razonable, pues sabes que te involucrarás mucho con alguien a quien amas, y abrirás tu alma a un intenso placer, pero también a profundos pesares. Tú quieres ser fiel a esa persona, quizás de por vida. Y las PAS tienen una estrategia genéticamente programada, adoptada por una minoría dentro de casi todas las especies, que consiste en reflexionar antes de actuar. De modo que reflexionarás bastante antes de comprometerte con otra persona.

Las PAS también le tienen miedo al compromiso porque temen asumir responsabilidades. ¿Le fallaré a mi pareja? ¿Le haré daño o la traicionaré? ¿Y si se hace demasiado dependiente? Si no podemos gestionar estas responsabilidades, ¿se entenderá que hemos fracasado? ¿Nos sentiremos fracasados?

La única forma que conozco para superar este temor consiste en aceptar que posiblemente nunca podrás estar segura de tu decisión. Ante cualquier decisión importante, siempre hay un momento en que tienes que dar el paso adelante, porque no actuar también tiene sus consecuencias. Y no olvides dónde está la salida, no vaya a ser que descubras que cometiste un terrible error. Aunque romper el compromiso sea indeseable y doloroso, si tienes que hacerlo, hazlo.

En cuanto al temor justificable de responsabilizarte ante la otra persona, aquí se aplica una vez más la cuestión de los límites. Intenta encontrar un equilibrio entre la separación y la unidad, una saludable dependencia, una interdependencia. Disfrutad ambos de las cosas buenas del otro, pero no deis por supuesto que estos recursos son de dominio del otro. Ayudaos si podéis, pero no porque tengáis que hacerlo. En el aspecto emocional, si podéis haceros sentir bien uno a otro, tanto mejor. Pero que se restablezcan rápidamente los buenos sentimientos en cualquier situación no es el deber de uno de vosotros ni es el derecho del otro. La pregunta que hay que formularse es ésta: si no te sientes capaz de ayudar o no estás dispuesto a ello, ¿puedes mantener la separación suficiente como para soportar que tu pareja resuelva su problema sin tu intervención? Quizás te sorprendas cuando descubras que a tu pareja le parece bien que no respondas de inmediato, sino que además es un alivio para ella no tenerte por ahí dando vueltas, intentando ayudar cuando en realidad no quieres hacerlo, o ayudando sólo porque tienes que mitigar tu propia incomodidad.

Octavo, el miedo a la repulsa por la otra persona a causa de los pequeños incordios

Las PAS nos podemos sentir molestas con todo tipo de nimiedades que, en definitiva, sólo nos desagradan a nosotras; y esto es algo de lo que somos conscientes por ahí dentro, y cuyos efectos sobre nuestra pareja y nuestro amor tememos. Si no amáramos, o si amáramos sólo desde la distancia, nunca tendríamos que tratar con determinados olores que emanan del cuerpo de la persona amada, con pequeños hábitos como el de esa tos nerviosa o el agitar nerviosamente las llaves, con esa tripa que de pronto emerge en mitad de su cuerpo, o con esa inoportuna interrupción con el comentario más insensible. Una PAS me confesó que no podía soportar los ruidos que hacían los miembros de su familia mientras comían, otra me contó que se sentía mal cuando, al contarle un sueño a su pareja, ella se ponía a cepillarse el cabello o a hacer el café. Él sentía que, de esa manera, ella vulneraba la sacralidad del relato, al tiempo que se avergonzaba por tomarse sus sueños tan en serio.

Con frecuencia, las PAS confundimos estas reacciones tan «triviales» con la incapacidad para «amar de verdad» y renunciar a nosotras mismas en tanto que personas que amamos, porque la intimidad nos sitúa ciertamente ante un dilema. Si no mencionamos esas cosas que nos molestan, dejamos de estar del todo presentes y nos sentimos deshonestos. Pero, si las mencionamos, tememos encontrarnos, a veces con razón, con reacciones que pueden ir desde la incredulidad ante el hecho de que podamos ser tan quisquillosos hasta el enfado por ser tan críticos o por albergar tales sentimientos sin haberlos confesado antes. Además, podemos sentirnos terriblemente mal por ser tan mezquinos e intolerantes, sobre todo cuando las no-PAS que nos aman aceptan de buen grado nuestros olores, hábitos nerviosos, interrupciones, etc. De ahí que quizás optemos por ser amorosos y tolerantes, y lo dejemos estar. Pero una relación íntima no consiste en eso, y esto nos lleva a pensar finalmente que debe haber algo mal en nosotros, y nos preguntamos si será que no somos capaces de amar a nadie.

¿Qué hacer ante esta situación? Reconoce que tienes la excusa perfecta para que te molesten esas menudencias: eres una PAS. Mi marido –a quien he mortificado por no estarse quieto mientras meditamos, por hablar demasiado alto, por hacer demasiadas preguntas y una docena de cosas más– dice que está encantado de hacer lo que se le pide siempre y cuando la petición se haga desde un espíritu de amor. ¡Y qué importante es para una PAS escuchar esto! Si tu pareja comprende y aprecia tu sensibilidad, serás capaz de amar a una persona y de decirle también aquellas «nimiedades» que te molestan y se te resultan tan desagradables.

Pero debo hacer una advertencia. Hay veces en que mi marido tiene la impresión de que, por mucho que intente complacerme, nunca estoy contenta. Y juntos hemos descubierto que es en aquellas ocasiones en que me desagrado yo a mí misma, y de ahí mi desagrado por él, ya que él es una parte de mí. Cuando soy capaz de aceptar mi temperamento, soy capaz de aceptar también esto. De modo que asegúrate de que tus molestias no forman parte de una aversión subyacente hacia ti mismo, en la cual tanto tú como tu pareja, que es parte de ti, se te antojan como no merecedores de amor. Esa aversión hacia ti mismo, tan difícil de desarraigar, es un veneno tanto para ti como para tu pareja.

Una vez más, dentro de tu lote temperamental se halla tanto la capacidad para detectar las necesidades sutiles de tu pareja y saber cómo satisfacerlas, como el tener que pedirle que deje de toquetear las llaves del automóvil. Pero no hay nada que temer aquí. No es más que el deseo normal de vivir sin las cosas que pueden molestar a una PAS.

Respecto a la búsqueda de sensaciones intensas y el miedo a las relaciones íntimas

Los BSI son, por regla general, poco proclives a casarse o a comprometerse en una relación a largo plazo, presumiblemente porque prefieren la variedad de parejas. Pero, ¿qué pasa con las PAS/BSI? En ti probablemente se combina el deseo de tener muchas parejas con el deseo –producto de la reflexividad de las PAS– de tener experiencias más profundas, de modo que es posible que tengas muchas parejas durante un período de tu vida y sólo una pareja en otra época de tu existencia. Por una parte, probablemente te resulte más fácil entablar relaciones íntimas y comprometerte porque, en tanto que BSI, tienes la tendencia a ir en pos de lo que quieres con gran energía, superando algunas de las cautelas de tu parte PAS. Por otra parte, como veremos en el capítulo 8, en tanto que PAS/BSI, quizás te resulte difícil encontrar una pareja que satisfaga tus fluctuantes necesidades entre la excitación y la soledad.

Escarbando en las raíces de los más profundos temores en las relaciones íntimas

Vamos a cambiar de tercio ahora, porque mis sugerencias para mitigar los temores en las relaciones íntimas pueden parecer quiméricas para algunos de vosotros. Vuestros temores permanecen, junto con un dolor profundo y unos anhelos inexplicables. Vuestra sensibilidad alimenta vuestros temores, pero sus raíces se encuentran en vuestra primera infancia, cosa que a lo mejor ya habéis averiguado. O quizás sois como Elise, que le tenía tanto miedo a las relaciones íntimas que ni siquiera se lo admitía a sí misma.

ELISE Y EL YO HAMBRIENTO

Elise era una MAS inteligente y de éxito, que llevaba doce años casada con Chet, un HAS inteligente y de éxito. El «único» problema de Elise era la vacuidad de su vida, y vino a psicoterapia conmigo porque, sabiendo que yo estaba especializada en PAS, pensó que quizás pudiera yo darle alguna pista que hubieran pasado por alto otros terapeutas.

Elise y Chet parecían tener una excelente relación, plena de comprensión y consideración. Sin embargo, Elise tenía dudas acerca de su amor por Chet, y sospechaba que esto tenía algo que ver con su sensación de vacío. Tenía la impresión de que otras personas, incluido Chet, sentían algo acerca de los demás que ella no sentía.

Para mí, la cuestión más desconcertante era la tensa reserva que mostraba Elise sesión tras sesión. Ella aseguraba que se sentía más cómoda conmigo que con el resto de terapeutas por los que había pasado, aunque todos le habían dicho que estaba excepcionalmente sana. El hecho de que yo no la despidiera diciéndole lo mismo la complació, al tiempo que la sumió en la inquietud. Pero, para mí, la sensación de vacío y desconexión es un síntoma muy serio, por bien ajustada que parezca estar la persona. Además, Elise tenía malos sueños recurrentes, y también había algo que no estaba claro en su infancia.

El padre de Elise había abandonado a su joven madre cuando Elise tenía un año, afirmando ser incapaz de cuidar de «dos niñas pequeñas». La madre de Elise había sido de niña una concertista de violín muy celebrada, una verdadera niña prodigio. Pero el año anterior al nacimiento de Elise, su madre se vio profundamente afectada por los comentarios mordaces de una parte de la crítica y, debido a los «nervios», se sintió de pronto incapaz de volver a interpretar, ni siquiera a practicar con el violín. Por otra parte, y como sería de esperar, no estaba preparada para ser madre. Tal situación fue gestionada «con elegancia», según Elise, por la extensa familia de su padre, que tomó partido por su madre. Cuando ésta dio finalmente muestras de incapacidad, varios familiares se hicieron cargo de Elise, felices de cuidar de «una tan buena niña». Supuestamente, su vida fue normal, aun cuando su madre estaba «enferma».

De hecho, la madre de Elise nunca fue una mujer feliz ni saludable; se pasó su vida adulta sin apenas establecer contacto con la realidad, intentando recobrar el breve y hueco confort que le había proporcionado su fama infantil. Desde que nació, Elise debió vivir con el temor de molestar a su madre y de provocarle uno de sus «episodios nerviosos». Los niños sensibles, especialmente, se pueden adaptar a situaciones como ésta; pero, a pesar de todos sus esfuerzos por adaptarse, Elise había terminado creyendo que ella era la causa de la incapacidad de su madre para volver a dar conciertos y del abandono de su padre.

Cuando Elise tenía doce años, el hermano de su madre se involucró en su vida y la enseñó a ser «autosuficiente», animándola a continuar sus estudios y ayudándola para que fuera a la universidad y a la escuela profesional. Por todo ello, Elise quería mucho a su tío, pero incluso su novedosa independencia y su éxito los lograba para complacer a otra persona, en este caso a su querido tío, de quien creía en lo más profundo que la abandonaría si ella no hacía exactamente lo que él quería que hiciera.

El «modelo de trabajo» de Elise: no te fíes de nadie

En los primeros días de existencia, los bebés parecen desarrollar un sencillo, aunque útil, «modelo de trabajo»[3] de sí mismos y de los demás. En el caso de Elise, el suyo era que: 1) ella era mala, pues era la causa de todos los problemas, y 2) que no podía contar con los demás.

Puede parecer sorprendente que los niños pequeños puedan tener tal paquete de suposiciones operativas acerca de sí mismos y de los demás, pero existen buenas evidencias para ello, y tiene pleno sentido que los niños necesiten de algo así para poder adaptarse a aquellas personas de las cuales depende su supervivencia.

Sin embargo, a medida que Elise iba desarrollando su conciencia, alrededor de los dos años, debió de sentir verdadero pánico ante la idea de su modelo de trabajo que daba por supuesto que no podía contar con sus progenitores. En cambio, debió resultarle menos angustioso aceptar y recalcar la idea de que el problema era ella; pues eso, al menos, le daba cierta sensación de tener algún control.

Otros pacientes me han hablado de decisiones cuasi conscientes similares acerca de sus modelos de trabajo. Un niño maltratado renunció pronto a la idea de los adultos como cuidadores, pero mantuvo algunas esperanzas respecto a Dios. Decidió que un Dios justo y poderoso había permitido que le ocurrieran cosas malas porque él era malo, lo cual era algo que él podía intentar cambiar; es decir, aquella era una suposición mejor que la que sostenía que Dios era malo o que no hubiera tal Dios en absoluto que pudiera cuidar de él. Siendo niña, Elise no había renunciado del todo a los adultos que había a su alrededor, de modo que tenía la esperanza de que quizás pudiera ganarse su favor si se portaba muy bien, es decir, siendo cualquier cosa que ellos quisieran que fuera.

Al trabajar sobre estas tristes aunque superficialmente útiles suposiciones, Elise había desarrollado lo que en ocasiones recibe el nombre de «falso yo»,[4] una personalidad aparentemente muy madura y perfectamente adaptada al mundo exterior, pero sin conexión alguna con los

---

3. J. Bowlby, *Una base segura: Aplicaciones clínicas de una teoría del apego*. (Barcelona: Paidós Ibérica, 2001).

4. D. W. Winnicott, *El proceso de maduración en el niño*. 2.ª edición (Barcelona, Laia, 1979).

verdaderos deseos, temperamento o intereses de la persona. Así en la infancia como en la edad adulta: con Chet, Elise era la esposa perfecta, y conmigo, la paciente perfecta.

Salvo que algo en Elise le decía que complacerme a mí no era la forma de complacerme, o de «hacer terapia» correctamente. Ella sentía también que su vacío se estaba poniendo en primer plano, que no podía ignorarlo más, y que aquella no era la manera en que una persona adulta debería sentirse. Pero más atemorizador aún era lo que había tras el vacío: la desesperada, pre-verbal y casi primitiva necesidad de sujeción y conexión, el temor al inminente abandono y la ira contra su madre y su padre por abandonarla.

Cómo comienzan los cambios

Estos sentimientos, junto con las pesadillas de Elise, fueron los que me indicaron que su psique estaba preparada para sanar, para cambiar su devastador modelo de trabajo interior. Y precisamente comenzamos por su identificación con la idea de ser una PAS. Fue el primer aspecto de sí misma que ella sabía que era cierto, que no había sido creado por los demás. Aquello le proporcionó unos cimientos. Por ejemplo, en su vida sexual con Chet, ella hacía lo que él quería, pero sin placer alguno. Sin embargo, cuando se puso a pensar en lo que a una PAS le podría gustar o no del sexo, comenzó a discutir con más precisión al menos lo que no le gustaba, en primer lugar conmigo, y luego con él. El otro lado de lo que no te gusta es lo que sí que te gusta, y de ahí que Elise descubriera su auténtico yo sexual a través de su yo sensible.

Un día me dijo que había querido morir, y que se habría quitado la vida de no ser por Chet y por sus hijos; y yo le dije, «Supongo que imaginarías lo terriblemente mal que ellos se sentirían si tú murieras». Pero Elise me miró como si se hubiera quedado en blanco. No, no lo había pensado. Y luego añadió que se sentía avergonzada de decir aquello, pero que no estaba segura de si realmente le importaría que ellos murieran. No lo sabía; no sabía exactamente lo que sentía. Y, por vez primera, se puso a llorar. De hecho, la idea de perderme la aterrorizaba. Pero no quería preocuparse por nadie, nunca.

Y así comenzó a arraigar nuestro trabajo, mientras ella establecía su primera conexión de verdad con alguien. Es decir, Elise cada vez se abría más e intimaba más conmigo, a pesar de sus temores y sin tener que sacrificar sus necesidades básicas, instintivas. Al contrario, la nuestra era una relación que le permitía descubrir sus propios sentimientos. Y, con el tiempo, descubrió también sus auténticos sentimientos por Chet y por los niños. Su modelo de trabajo había comenzado a cambiar: ella era una persona a la que los demás podían querer, y que podía quererlos a ellos.

Un autoexamen sobre el «estilo de apego»

Si te parece, lee las cuatro afirmaciones que verás a continuación,[5] y luego *haz un circulito alrededor del punto con el que comienza aquella afirmación* que mejor describa tu actitud respecto a una relación de *amor* o *afecto* en general (es decir, no sólo tu actitud en tu actual relación amorosa o en alguna relación del pasado, sino más bien tu actitud en las relaciones en general). Puedes marcar más de una afirmación, dependiendo de las circunstancias, pero haz un círculo en una de ellas y ten en mente las otras mientras sigues leyendo.

- Me resulta fácil la cercanía emocional con los demás. Me siento cómoda dependiendo de los demás y sabiendo que otras personas dependen de mí. No me preocupa mucho la idea de estar sola o de ser rechazada.
- Quiero estar emocionalmente lo más cerca posible de los demás, pero me encuentro con frecuencia con que la gente se muestra reacia a intimar tal como a mí me gustaría. Me siento cómoda sin relaciones íntimas, pero a veces me preocupa que la gente no me quiera tanto como yo las quiero a ellas.
- Me siento más cómodo sin relaciones demasiado cercanas. Para mí es más importante la independencia y la autosuficiencia. Prefiero no depender de los demás y que los demás no dependan de mí.
- Para mí es muy difícil estar emocionalmente cerca de los demás. Me gustaría estarlo, pero me resulta muy difícil confiar en la gente y

5. Estas afirmaciones son una adaptación de K. Bartholomew y L. M. Horowitz, «Attachment Styles Among Young Adults: A Test of a Four-Category Model», *Journal of Personality* 61 (1991): 226-244.

depender de ellos. Me preocupa terminar herido, que me dejen, me traicionen o que sean crueles conmigo.

La teoría del apego redescubre lo obvio, pero con datos puros y duros

Con Freud y sus seguidores tuvo lugar un importante avance en la comprensión de las relaciones humanas. Todos ellos reconocieron de una forma u otra que nuestras actuales relaciones son reiteraciones conscientes o inconscientes del pasado. Pero ha sido recientemente cuando se han llevado a cabo investigaciones sólidas acerca de tal repetición, concretamente en el estudio de lo que se ha dado en llamar «teoría del apego».

La teoría del apego comienza con lo obvio, que un bebé recién nacido está indefenso y, por tanto, se halla en estado de alerta de forma natural y listo para vincularse con quienquiera que se encuentre a su alrededor y cuide de él. Tal vínculo significa para él la vida, pues el bebé no sólo precisa de nutrientes y de calor, sino que debe sentirse absolutamente seguro, sustentado, acogido y amado. La falta de amor no sólo interfiere en la capacidad para amar en la edad adulta, sino también en el desarrollo normal de la persona psicológica/neurológica. Éste es un hecho comprobado. La vida humana es una vida social.

Cuando todo va bien, además de sentirse sustentado, el bebé desea explorar el mundo. Es de esperar que la persona que cuida de él esté atenta a sus demandas, a su disposición, y se convierte en una figura tranquilizadora, en un puerto seguro adonde volver cuando algo ahí afuera parezca atemorizador. En resumen, el buen cuidador o cuidadora: a) genera cierta sensación de seguridad, b) no impide las exploraciones del niño cuando no existen riesgos para él, y(c) no desaparece ni deja de estar disponible mientras el niño explora.

Como adultos, portamos con nosotros esa sensación de puerto seguro interior, siempre y cuando lo hayamos tenido en la infancia. Es la memoria de la seguridad con la Madre o el Padre, o con alguna otra persona. Nos permite seguir contando con los demás como puertos seguros. Y, cuando los demás no están disponibles, siempre existe una sensación de seguridad interior que persiste como último recurso. Podemos recordar que había personas que estaban encantadas de estar a nuestra disposición en el pasado, que suele haber personas que están disponibles en el presente y que, si por cualquier motivo no estuvieran disponibles temporalmente, no tardarán mucho en estar de nuevo dándonos su apoyo.

Cuando un cuidador no proporciona tal seguridad, los bebés parecen desarrollar un modelo de trabajo alternativo que vendría a estar casi «cableado» en nuestra naturaleza, dado que estos modelos son fáciles de identificar y se pueden encontrar en todo el planeta.

Los cuatro estilos de apego

Si vuelves a los cuatro párrafos descriptivos, no te costará ver que vienen a ser una burda manera de determinar tu «estilo de apego», de darte una idea aproximada de ello. (Normalmente, a los niños se les evalúa al observarles en su relación con sus progenitores; a los adultos, mediante una prolongada entrevista). Puede que dos o más de esas cuatro afirmaciones te hayan parecido muy similares, o puede que te hayan parecido verdaderas dos o tres de ellas, aunque en diferentes momentos de tu vida. Sin embargo, el primer párrafo que has elegido de entre esos cuatro te puede aportar más información, y es posible que remueva algo en tu inconsciente y te permita atisbar algunos de los motivos profundos de tu miedo a las relaciones íntimas.

1. *El estilo seguro* (la primera de las cuatro afirmaciones que se ofrecen más arriba, adoptado por alrededor de un 50 por 100 de las personas).[6] tienes la certeza de que serás una persona querida y que las personas que están cerca de ti no te abandonarán. Te sientes bien contigo mismo y con los demás.
2. *El estilo preocupado* (el segundo elemento, adoptado por en torno al 10 por 100). Deseas ardientemente mantener una relación estrecha, pero te da miedo que la otra persona no te corresponda. Por lo

6. Este porcentaje y los porcentajes de los otros estilos de apego se pueden encontrar en M. Diehl, A. B. Elnick, L. S. Bourbeau y G. Labouvie-Vief, «Adult Attachment Styles: Their Relations to Family Context and Personality», *Journal of Personality and Social Psychology* 74 (1998): 1656-1669.

general, esto se debe a que la persona que cuidaba de ti en la infancia fue bastante inconsistente; es decir, hubo ocasiones en que no estuvo en absoluto disponible para ti, y otras en que se implicó en exceso, hasta el punto de resultar intrusiva. Quizás esa persona deseaba que siguieras siendo una niña necesitada (salvo cuando no le venía bien), aunque estuvieras ya preparada para ser independiente. Dicho de otro modo, esa persona estaba respondiendo a sus propias necesidades y no a las tuyas, por lo que nunca estaba realmente disponible. Esta inconsistencia y la falta de una clara respuesta a tus necesidades, de verdadero amor, dejó en ti un poso de ansiedad, al no saber cómo conservar una atención consistente en la otra persona en relación a tus necesidades de supervivencia. Como persona adulta, quizás hayas probado con diferentes formas para atraer y conservar el amor de alguien, normalmente con el temor profundo de que la otra persona termine perdiendo el interés. En resumen, te sientes bien con los demás, que también parecen sentirse bien contigo, incluso mejor que tú, pero no estás segura de tu propia valía.

3. *El estilo evitativo displicente* (tercer elemento, alrededor del 25 por 100). Se fundamenta en tu decisión de que es mejor evitar la intimidad y la cercanía con los demás. Para tratar con el miedo y el vacío que esto puede generar, has desarrollado una sólida defensa que se puede resumir del siguiente modo: «Estoy muy ocupado, tengo que estar en muchos sitios y estoy haciendo cosas importantes; simplemente, no necesito una relación íntima». Puede que seas una persona parca de sentimientos, quizás incluso muy «analítica», pero es posible que tanto tú como los demás hayáis captado también una delatora preocupación subyacente con el tema de sentirse querido; como, por ejemplo, en tu rechazo por las personas «necesitadas» o «autocompasivas», o en tu vehemente declaración de que no necesitas de nadie que se preocupe por ti, al tiempo que contemplas a los demás como peldaños que te pueden ayudar a llegar adonde quieres llegar. (Este estilo de apego es más habitual entre los hombres, debido a las instrucciones del código masculino que afirman que uno no tiene que necesitar a nadie ni debe mostrar sus sentimientos). Probablemente, tus progenitores fueron insensibles a tus necesidades

emocionales, y quizás también a tus necesidades físicas.[7] De todo aquello no se habló y buena parte de ello quedó bloqueado, de tal modo que no te han quedado muchos recuerdos de la infancia, y aún te han quedado menos sentimientos acerca de la gente, ni entonces ni ahora. Las investigaciones de laboratorio indican, como por otra parte sería de esperar, que los niños evitadores displicentes muestran señales de disociación;[8] es decir, ante una situación de desagrado o enfado, su psicología muestra una intensa reacción, aunque afirman no estar enfadados en absoluto. Cuando llegan a la edad adulta, estas reacciones físicas parecen menguar, como si una parte del cerebro se diera por vencida a la hora de tratar de registrar ciertas emociones.

El concepto del evitador displicente es muy parecido al del narcisista, descrito en el capítulo anterior. Sin embargo, la etiqueta de «narcisista» no suena bien y no nos sirve de mucho, ¿no es cierto? El narcisista no pretende ser de esa manera; es una defensa frente a unos sentimientos bastante negativos. Los evitadores displicentes se sienten bien consigo mismos, al menos superficialmente, pero no se sienten tan bien con los demás; y, en lo más profundo, en realidad tampoco se sienten bien consigo mismos, al igual que el evitador temeroso.

4. *El estilo evitativo temeroso* (el cuarto elemento, 15 por 100; esta categoría, que no se llegó a describir en *El don de la sensibilidad,* está ahora mucho mejor establecida). Eres tímido, ansioso, depresivo y solitario de forma crónica (las no-PAS especialmente pueden ser también pasiva o abiertamente hostiles). Quieres estar con los demás, pero tienes miedo de que te rechacen, de manera que tienes un potente conflicto interior que te provoca una elevada excitación, de tal modo que, en situaciones de cercanía o intimidad con otras personas, tus respuestas tienden a ser «desorganizadas» (que es otro de los términos que se utilizan para este tipo de apego). Tus cuidadores fueron probablemente negligentes en grado sumo o incluso emocional o físicamente peligrosos. Eran personas que daban miedo o

7. D. J. Siegel, *La mente en desarrollo: Cómo interactúan las relaciones y el cerebro para modelar nuestro ser* (Bilbao: Desclée de Brouwer, 2007).

8. Ibíd.

que vivían sumidas en el miedo (depresivas, ansiosas). De ahí que estuvieras en conflicto constante, deseando la cercanía pero, al mismo tiempo, temiéndola, lo cual desorganizó tu comportamiento, generando con frecuencia cierta disociación, incluso una «desubicación» similar a un trance, porque todo lo relacionado con el apego era una fuente permanente de angustia.

A diferencia del evitador displicente, que siendo niño intentaba adoptar la idea de que estaba bien y que la culpa era del otro, tú te sentías más seguro dando por sentado, al igual que hacía Elise, que en ti había algo terriblemente defectuoso o malo. Al llegar a la edad adulta, quizás estableciste una relación, pero deambulabas en ella de una forma desorganizada, no demasiado presente ni fiel a ti mismo; y, al igual que Elise, sin intimar verdaderamente. Por desgracia, te sientes mal contigo mismo y con los demás.

Tu sensibilidad y tu estilo de apego

Ser una persona de tipo seguro o inseguro no tiene nada que ver con ser una PAS o no serlo, pues alrededor del mismo porcentaje de PAS y de no-PAS tienen un estilo de apego seguro. De hecho, fue la experiencia que tuvimos en nuestra infancia con la persona o personas que cuidaron de nosotras, y no nuestro temperamento, lo que nos proporcionó el modelo de trabajo del tipo de ayuda con la que podemos contar cuando exploramos el mundo y nos encontramos ante algún peligro. Sin embargo, el estilo de apego nos impactó aún más debido al hecho de ser sensibles.

Nuestra extraordinaria sensibilidad en el trato con nuestros cuidadores ha quedado bien demostrada en una investigación realizada con niños de dieciocho meses, que fueron expuestos a acontecimientos excitantes con los que no estaban familiarizados mientras se encontraban sólo con sus madres.[9] Tal como se esperaba, todos los niños sensibles respondieron en un principio a estas situaciones con una actitud intensamente vigilante, desde la inmovilidad (con el corazón palpitando y

9. M. Gunnar, «Psychoendocrine Studies of Temperament and Stress in Early Childhood: Expanding Current Models», en *Temperament: Individual Differences,* eds. Bates y Wachs (Washington, D.C.: American Psychological Association, 1994), 175-198.

la adrenalina discurriendo por su corriente sanguínea); es decir, la respuesta típica de las PAS de pausa-para-comprobar. (En la misma situación, los niños no-sensibles se lanzaron a la situación sin hacer pausa alguna). Sin embargo, los niños sensibles que tenían un apego seguro con su madre sólo hicieron su pausa para comprobar y, tras constatar que la nueva situación era segura, no tardaron mucho en ponerse a explorar la situación, al igual que hacían los niños no-sensibles.

En cambio, la precaución inicial de los niños sensibles que mantenían una relación insegura evolucionó hacia una verdadera respuesta de miedo, tal como indicaron los crecientes niveles de cortisol. El cortisol es una hormona que segregamos cuando nos sentimos amenazados, que nos prepara para una respuesta de «lucha o huida», y que se mide con relativa facilidad a través de la saliva, la orina o la sangre. Dado que los niños se enfrentan constantemente a situaciones nuevas, como las utilizadas en este experimento, este estudio sugiere que los niños sensibles inseguros tenderán a convertirse en temerosos crónicos, con una presencia constante de cortisol en su sangre. Unos niveles elevados y crónicos de cortisol generarán estados crónicos de ansiedad, insomnio, baja respuesta inmunológica y una tendencia aún mayor a detenerse para comprobar en situaciones novedosas. Así pues, y especialmente para las PAS, un apego inseguro lo afecta todo en la vida.

Probablemente, tú no vas a recordar gran cosa, es muy posible que nada, de cuando tenías dieciocho meses; pero, al igual que los niños pequeños de este experimento, tus experiencias de apego estaban ya diseñando tu personalidad y tu fisiología.

El estilo de apego y las relaciones adultas: su verdadera importancia

En los últimos tiempos se ha desatado entre los investigadores el interés en el estudio del apego, principalmente porque hemos encontrado formas objetivas de estudiarlo. Los estilos de apego de los bebés y los niños pequeños con sus progenitores se han observado con mucha atención en el laboratorio y en el hogar. Los estilos difieren con claridad, se suelen fijar en la primera infancia y afectan intensamente al modo en que los niños se comportan lejos de sus progenitores –su confianza en el juego, su trato con otros niños, su capacidad para compartir y para establecer relaciones estrechas. Pero lo más importante es que, cuando a estos niños se les sigue hasta la edad adulta, en estudios longitudinales de veinte años o más, su estilo de apego no suele cambiar; es más, predice todo tipo de comportamientos adultos. Concretamente, al comparar a las personas «seguras» con los tres tipos de personas «inseguras», se han encontrado las siguientes diferencias:

- Las personas seguras tienen una mayor sensación de bienestar general, más confianza en sí mismas[10] y son más realistas y equilibradas en sus expectativas acerca de sí mismas.[11]
- Bajo estrés, las personas seguras se ciñen mejor a la tarea que llevan entre manos, sin mostrar respuestas excesivamente emocionales ni negar el problema.[12]
- Es menos probable que las personas seguras recurran al alcohol para sobrellevar los problemas o que tengan un trastorno de la alimentación.[13]
- Como sería de esperar, la mayoría de las personas prefieren tener por pareja a una persona segura.[14] Las personas seguras son más felices en las relaciones,[15] son menos distantes y se ponen menos a la defensiva o se muestran menos angustiadas cuando se sienten vulnerables.[16]

---

10. K. A. Brennan y P. R. Shaver, «Dimensions of adult Attachment, Affect Regulation, and Romantic Functioning», *Personality and Social Psychology Bulletin* 21 (1995): 267-283.
11. M. Mikulincer, «Attachment Style and the Mental Representation of the Self», *Journal of Personality and Social Psychology* 69 (1995): 1203-1215.
12. Y. Lussier, S. Sabourin y C. Turgeon, «Coping Strategies as Moderators of the Relationships Between Attachment and Marital Adjustment», *Journal of Social and Personal Relationships* 14 (1997): 777-791.
13. Brennan y Shaver, «Dimensions of Adult Attachment».
14. H. Latty-Mann y K. E. Davis, «Attachment Theory and Partner Choice: Preference and Actuality», *Journal of Social and Personal Relationships* 13 (1996): 5-23.
15. R. R. Kobak y C. Hazan, «Attachment in Marriage: Effects of Security and Accuracy of Working Models», *Journal of Personality and Social Psychology* 60 (1991): 861-869.
16. E. C. Klohnen y S. Bera, «Behavioral and Experiential Patterns of Avoidantly and Securely Attached Women Across Adulthood: A 31-Year lLongitudinal Perspective», *Journal of Personality and Social Psychology* 74 (1998): 211-223.

- Las personas seguras están menos frustradas con sus parejas, son menos ambivalentes en sus relaciones y son menos celosas, se aferran menos a sus parejas y tienen menos miedo al abandono.[17]
- Las personas seguras se enfadan menos, aunque contemplan la ira de una forma constructiva, se sienten mejor durante las discusiones, ven menos hostilidad en las intenciones de sus parejas y tienen mejores expectativas en los resultados.[18]
- Es más probable que las personas seguras vean a sus parejas como amigas merecedoras de confianza y que acepten sus defectos.[19]
- Cuando están ansiosas, es más probable que las personas seguras recurran a sus parejas en busca de apoyo, y si son sus parejas las que están ansiosas, es más probable que las personas seguras les den su apoyo.[20]
- Las personas seguras tienen más emociones positivas y es menos probable que controlen la totalidad de sus emociones, pero especialmente sus emociones positivas; estas características emocionales están muy asociadas con la satisfacción en las relaciones.[21]
- Las personas seguras es menos probable que den señales de excitación fisiológica cuando se las separa de sus parejas.[22]
- Por último, es menos probable que las personas seguras entablen relaciones sexuales sin sentir amor por sus parejas sexuales.[23]

---

17. Brennan y Shaver, «Dimensions of Adult Attachment».
18. M. Mikulincer, «Adult Attachment Style and Individual Differences in Functional Versus Dysfunctional Experiences of Anger», *Journal of Personality and Social Psychology* 74 (1998): 513-524.
19. Brennan y Shaver, «Dimensions of Adult Attachment».
20. J. A. Simpson, W. S. Rholes y J. S. Nelligan, «Support Seeking and Support gGiving Within Couples in an Anxiety-Provoking Situation: The Role of Attachment Styles», *Journal of Personality and Social Psychology* 62 (1992): 434-446.
21. J. A. Feeney, «Adult Attachment, Emotional Control, and Marital Satisfaction», *Personal Relationships* 6 (1999): 169-185.
22. B. C. Feeney y L. A. Kirkpatrick, «Effects of Adult Attachment and Presence of Romantic Partners on Physiological Responses to Stress»,*Journal of Personality and Social Psychology* 70 (1996): 255-270.
23. Brennan y Shaver, «Dimensions of Adult Attachment».

¿Cómo reconocer los tipos de apego seguros?[24] Simplemente, pregúntales cómo les fue mientras crecían, tanto en la familia como en la escuela. Las personas seguras responderán de manera directa, admitiendo algunos problemas, pero nada que un observador razonable pueda considerar un problema importante. Tienen muchos recuerdos felices, y no hablan compulsivamente de ninguno de sus recuerdos. Los evitadores displicentes dirán que no tienen recuerdos de su infancia, o dirán cosas como, «Bueno, mi madre intentó matarme unas cuantas veces, pero aquello no me preocupaba demasiado». O bien «¿Mi infancia? Bien», y nada más. Los sentimientos se minimizan. Las personas preocupadas te contarán el equivalente a un libro acerca de su infancia, cuando tú sólo les has hecho una pregunta de una sola oración. Los evitadores temerosos harán lo mismo si creen que les vas a escuchar, de modo que unas cuantas preguntas más evocarán la misma respuesta que suelen ofrecer los preocupados.

Sin embargo, ten en cuenta que los seguros prefieren a otros seguros, y los inseguros se suelen sentir atraídos entre sí, aunque puedan hacerse mutuamente desdichados (basta con que imagines la enorme inseguridad que generaría un evitador displicente en una persona preocupada o en una evitadora temerosa). Por tanto, obviamente, será de enorme ayuda que seas, o que te conviertas, en una persona segura.

Cómo convertirse en una persona segura

Aunque la mayoría de los niños inseguros se convierten posteriormente en adultos inseguros, lo cierto es que se dan muchas excepciones, hasta el punto de que los investigadores han buscado un nombre para tal fenómeno: «seguridad adquirida».[25] De hecho, existen buenas razones para creer que las PAS están excepcionalmente bien dotadas para cambiar su inseguridad por seguridad, aunque precisarán de tiempo y de un considerable esfuerzo y reflexión; y, por desgracia, el asesoramiento directo sobre cómo conseguir esto es muy escaso, salvo por la norma

---

24. M. Main, «Cross-Cultural Studies of Attachment Organization: Recent Studies, Changing Methodologies, and the Concept of Conditional Strategies», *Human Development* 33 (1990): 48-61.

25. Siegel, *La mente en desarrollo*.

de que «los inseguros necesitan psicoterapia». Sin embargo, yo creo que existen más vías además de ésta, aunque aquí sólo puedo darte una lista de enfoques, algo así como detenerse a leer los indicadores en un cruce de carreteras, y decirte que no tendrás más remedio que explorar cada uno de ellos, probablemente en terapia, pero también fuera del entorno terapéutico. He aquí los indicadores de las carreteras que tendrás que transitar:

1. *Paciencia amable.* Llevó años convertirte en una persona insegura, de modo que también llevará bastante tiempo deshacer el entuerto. El estilo de apego se resiste a los cambios porque la mejor oportunidad para sobrevivir descansa sobre la asunción de que el futuro es una repetición del pasado, y las PAS están especialmente diseñadas para operar sobre esa suposición. Así pues, ignora todos esos comentarios que te dicen «olvida el pasado, pues el pasado ya pasó». Por otra parte, es esencial que tu paciencia sea amable. Intenta no culparte, castigarte ni despreciarte. Sé que es difícil, pero esto no hace otra cosa que reiterar lo sucedido en tu vida y mantener así el apego inseguro; no sólo vas a seguir tratándote mal, sino que vas a seguir alimentando la expectativa de que los demás también lo harán, porque sientes que de alguna forma que te mereces lo que sucedió, cuando en modo alguno es así.
2. *Mejora tus experiencias.* Casi con toda seguridad habrás tenido ya algunas relaciones seguras, unas cuantas personas que respondieron también a tus necesidades, y no sólo a las suyas. Igualmente éstas hicieron que sintieras que merecías sus atenciones, al punto que creíste que responderían positivamente si necesitaras ayuda. Pero necesitas más relaciones como ésas. Lo ideal sería que tuvieras una pareja romántica, una amistad íntima de tu mismo sexo y uno o dos miembros de la familia que sean personas seguras. Vas a necesitar a varias personas porque resulta difícil que una persona insegura se convierta en segura, dado que tendrás la tendencia a someterlas a prueba con cierta asiduidad. Por este motivo, la psicoterapia es normalmente la mejor opción donde desarrollar tu primera relación segura a largo plazo. Sin embargo, convendrá que tal psicoterapia esté diseñada para este propósito, llevada a cabo con habilidad y que

sea una terapia prolongada (es decir, va a ser cara, pero plantéatelo como si tuvieras que estudiar una carrera universitaria). En *The Highly Senstive Person's Workbook* sugerí algunas formas para encontrar un terapeuta asequible.

3. *Aflígete.* Tienes que afligirte por lo mala que fue tu infancia, por el hecho de que ya no podrás volver atrás y disfrutar de lo que te perdiste en aquellos decisivos años, y porque el daño hecho ha estado interfiriendo durante tus años de inseguridad, impidiéndote vivir la vida de una forma plena. Esta aflicción no es para «superar el trance y crecer después», sino todo lo contrario: es vivir con este pesar toda tu vida. Es una parte de tu historia personal, aunque aprenderás a no tocar el tema cuando haya gente delante que no lo va a comprender. Curiosamente, las personas de seguridad adquirida exhiben un residuo de tristeza, parecido a la cicatriz que deja una operación quirúrgica, que no se observa en otras personas seguras.
4. *Sigue tu proceso de individuación.* «Individuación» significa averiguar quién eres, especialmente abriéndote a tu mente inconsciente. El encontrar ese núcleo interior genera una especie de seguridad madura que no se parece a ninguna otra. La individuación se facilita en gran medida si comprendes tus sueños, para lo cual precisarás normalmente de la ayuda de un terapeuta junguiano o de libros y seminarios sobre sueños. Descubrirás que el proceso curativo se desarrolla de una forma precisa y orgánica, sacando a la luz lo que hace falta cuando hace falta, como si todo estuviera dirigido por una bondadosa inteligencia superior, lo cual aportará mucho a tu seguridad interior. Por tanto, aun en el caso de que las primeras imágenes que te lleguen desde este núcleo traigan sentimientos oscuros de ira o desesperación, puedes tener la plena confianza de que necesitas sentir todo eso para poder sanar. La mera idea de la individuación puede hacer que una PAS se sienta culpable al sentirse muy centrada en sí misma, pero la individuación no implica centrarse en modo alguno en el «pequeño yo», porque también revela el propósito de tu vida en relación con tus antepasados y el mundo, un destino que puede exigirte mucho y, eventualmente, llevar tu atención desde el pasado y las pequeñas preocupaciones hasta el futuro del mundo. Pero todo a su debido tiempo. La cuestión estriba en que el incons-

ciente contiene mucho más cosas que las suposiciones temerosas específicas que hay que cambiar. Dispone también de una gran sabiduría, que te será revelada a medida que se desarrolle el proceso de individuación.

5. *Revisa tus suposiciones.* Reflexiona periódicamente sobre tus miedos a las relaciones íntimas, y hazlo de la forma más realista posible porque, a medida que progreses, te será más fácil hablar contigo mismo acerca de ello.

   Habrá veces en que un «miedo visceral» establecido en la infancia será poco menos que imposible de erradicar, pero se puede superar pensando: «Sé que este miedo no pretende otra cosa que protegerme, pero es como una falsa alarma. No tengo por qué actuar en función de él. Valoro mucho la advertencia, pero creo que la voy a ignorar».[26]

6. *Adapta tu enfoque a tu estilo de apego.* Si eres un evitador temeroso, dedícate simplemente a conocer gente y no a suponer que te van a rechazar; con eso ya tienes trabajo de sobra. Si eres una persona preocupada, tu tarea consiste en dejar ir a la gente un poco y confiar en que volverán cuando les pidas su atención, no solamente cuando a ellos les apetezca. Pero comienza por darte cuenta de que en realidad no necesitas ni deseas su atención a cada segundo, aunque puedas sentirlo de ese modo. Si eres un evitador displicente, admite que has renunciado a los demás, como si tu corazón se hubiera hecho de piedra. Ante cualquier oportunidad de amor deja que tu corazón se derrita. Y, cuando hayas roto esas defensas que te dicen que no te importa nada, te sentirás de una forma muy similar a la de un evitador temeroso o una persona preocupada. Te dolerá más, pero para ti constituirá un gran avance, pues significará que la anestesia se está diluyendo.

7. *Experimenta la conciencia pura.* Al igual que la individuación, la meditación te ofrecerá una sensación sólida de tu propio núcleo, de tu ser interior. Convendrá que el tipo de meditación que utilices no suponga un gran esfuerzo y te lleve a un estado de conciencia pura, al menos en ocasiones; momentos de plena conciencia, de profunda

26. Ibíd.

quietud, sin pensamientos, percepciones ni emociones (salvo una serena dicha). Se trata de un estado profundamente satisfactorio, el sentimiento de que «la Madre y el Padre están en casa». Pero se trata aquí de la Gran Madre/Padre. ¿Acaso existe algo que pueda proporcionar mayor seguridad?

Dar el salto

Para aprender a navegar no basta con leer cómo se hace; tendrás que buscar una masa de agua y subirte a un barco. Y para superar los miedos a las relaciones íntimas tendrás que sumergirte en una relación íntima y arriesgarte a ser sincero, auténtico y vulnerable. Muchas personas que temen las relaciones íntimas me dicen, «Les hablo de mí mismo constantemente a los demás» o «Yo siempre le digo a mi esposa lo que siento». Pero «lo que siento» resulta ser finalmente «lo que pienso», y la verdad de lo que realmente sienten rara vez la expresan con palabras, y todo por miedo, miedo a sentirse expuestas, a los ataques de ira, al abandono y todo lo demás. Particularmente en el caso de las PAS, perder una oportunidad de intimidad nos parece mucho menos peligroso que el rechazo, la sobreexcitación, la absorción, etc. Pero las ocasiones para la intimidad no son infinitas, de modo que hay que intentarlo, hay que dar el salto.

Veamos de nuevo a Max, el HAS del que hablé al principio del capítulo. Recientemente me contó algo que le había sucedido. Se había pasado el día en varias galerías de arte con una amiga con la cual tenía la esperanza de llegar a intimar; pero, después de las visitas a las galerías de arte, ella le propuso ir a bailar. Max se estaba sintiendo abrumado por la sobreestimulación, pero temía que ella perdiera el interés en él y que lo viera como demasiado sensible, de modo que se excusó diciéndole que tenía otros planes.

Cuando se volvieron a ver una semana más tarde, a Max se le escapó que aquella noche había estado en casa. Evidentemente, se sintió muy avergonzado, aunque conservaba la esperanza de que ella no se hubiera percatado de su desliz, pues no podía ni imaginarse a sí mismo admitiendo que le había mentido. Se pasó toda la noche nervioso y distraído, alternando la indignación consigo mismo con el enfado con ella por «obligarle» a pasar por aquella situación.

Mientras tanto, ella había adoptado una actitud más bien fría; probablemente se habría dado cuenta del desliz de Max y también había percibido su cambio de actitud. Quizás había llegado a la conclusión de que ya no le interesaba a Max. Pero Max supuso que el retraimiento de ella se debía a su habitualmente torpe personalidad, que le impedía tanto decir la verdad como disfrutar de la noche.

A nadie se le escapa lo que debería haber hecho Max, aun en el caso de que nos hubiéramos comportado del mismo modo que él. Max tendría que haber admitido su agotamiento –y su sensibilidad– durante la primera noche. O bien, al no haberlo hecho, cosa con la que no resulta difícil empatizar, tenía que haberlo admitido a la semana siguiente para justificar por qué no había sido sincero con ella la primera vez. Yo le dije a Max que aún estaba a tiempo de llamarla por teléfono y hablar con ella de lo que había sucedido en aquellos dos días. Indudablemente, no le iba a resultar fácil pero, si la mujer valía la pena para él, pensé que ella le agradecería su sinceridad. Max la llamó por teléfono y le confesó la verdad, pero ella se enfadó por mentirle y no quiso perdonarle. Pienso que le resultó imposible simpatizar con Max debido probablemente a que aún no se ha encontrado con su propia «sombra», o bien porque en su historia personal quizás haya habido demasiadas experiencias de mentiras y traiciones. La sinceridad no siempre funciona al principio de una relación en el sentido de mantenerla funcionando, sino que lo hace en el sentido de explorar si vale la pena mantener la relación.

La apertura con determinadas emociones será más fácil que con otras. Conviene que sepas cómo te sientes ante el hecho de admitir tu miedo, tu tristeza, tu afecto, tu ira, tu optimismo, tu curiosidad, tu insinceridad, tu deseo sexual, tu culpa y tu orgullo, por nombrar unas cuantas emociones. Piensa en cómo se gestionaron estas cosas en tu familia, durante tu infancia. ¿Había alguna de ellas que fuera «contra la ley»? ¿Qué habría ocurrido si un miembro de tu familia hubiera violado tal ley? A medida que profundices en intimidad con alguien, convendrá que discutáis qué emociones son «espinosas» para cada uno de vosotros, para que no os pille desprevenidos cuando sintáis la necesidad de ocultarlas.

Cuando es la otra persona la que tiene miedo a las relaciones íntimas

Aunque he dado a entender en todo este capítulo que las PAS son especialmente temerosas en las relaciones íntimas, yo creo que, en general, es mucho más probable que las PAS deseemos más la intimidad que el resto de las personas y que llevemos a los demás hacia tal intimidad, sobre todo si nos sentimos seguras, sea por seguridad «adquirida» o por haber tenido una buena infancia. Pero ¿qué hacer cuando una amiga o tu pareja parece temer la intimidad más que tú, por ejemplo, cuando todo indica que tanto tú como vuestra relación son importantes para la otra persona, pero no llegáis a intimar?

Obviamente, no servirá de nada que arengues a la otra persona con un discurso sobre la confianza. Probablemente, tu mejor estrategia consistirá en intimar más, en ser más sincero y más vulnerable, sean cuales sean los resultados. Evidentemente, *no* es fácil. La gente que teme la intimidad puede ser muy quisquillosa y muy crítica –es la mejor defensa, como muy bien puede atestiguar un cactus–. Mantener la distancia y la individualidad será de gran ayuda para que te sientas segura en tu interior, con independencia de la respuesta que se te dé. De ese modo, en cierto sentido, tienes menos que perder.

Peter Kramer, en el libro *Conflictos de pareja,* da un consejo similar para conseguir que tu pareja cambie: olvídate de cambiar a tu pareja; cámbiate a ti mismo de una forma visible y consistente. Construye el puente desde tu ribera. En este caso, sé tan sincero e íntimo como puedas, y con tanta frecuencia como puedas. Si esto no favorece la relación, lo aprendido te servirá para la siguiente relación.

Una última ojeada a tus preocupaciones acerca de las relaciones íntimas

Espero haberte transmitido lo que pienso, que las PAS tienen tantos motivos para ser precavidas en las relaciones íntimas como habilidades para desenvolverse a la perfección en ellas. Respeto tus preocupaciones al respecto, y espero que no seas demasiado duro contigo mismo por tus momentos de miedo y retraimiento, y por tus omisiones de detalles íntimos, incluso por tus ocasionales encubrimientos.

Al mismo tiempo, tú eres tan consciente de tus propios sentimientos y de los sentimientos de los demás que, sólo con que pruebes a revelar tales vislumbres, quizás descubras que no hay nada que temer. El tipo de personas que se sentirán atraídas por ti serán, normalmente, aquellas que más te gustan; y, si tú les hablas de tu sensibilidad, no tendrán problemas en respetar tus necesidades. Y de los demás olvídate. Una vez dicho esto, sigamos adelante… hablemos del enamoramiento.

CAPÍTULO 4

Enamorarse: la sensibilidad y el gran salto

Según mis investigaciones, las PAS se enamoran con más intensidad que las no-PAS. Quizás parezca una contradicción, habida cuenta de lo dicho en el capítulo anterior respecto a nuestro claro potencial para desarrollar un miedo a las relaciones íntimas, pero la mayoría de las PAS entenderán el motivo de la paradoja. Sencillamente, nos enamoramos con más intensidad y tememos más a la relación porque nos sentimos atraídas hacia las profundidades y la complejidad de las emociones que vamos a desencadenar, pero también sabemos que las consecuencias de un amor tan profundo son imprevisibles, y ésa es una situación que no nos gusta nada.

En este capítulo se intentará topografiar un poco esas profundidades complejas, de tal modo que hallemos un poco de solaz en la comprensión de lo que ocurre cuando nos encontramos perdidos en un mundo de misterio y belleza sobrenaturales. A continuación, desde la seguridad de quien tiene los pies en el suelo, hablaremos de cómo salir de esas aguas profundas. Sí, por poco misterioso que se nos antoje el amor con ello, vamos a hablar de cómo nos enamoramos. Y no hay nada mejor que algunos consejos prácticos para mantener a las PAS con los pies en el suelo, pero primero ofreceremos una definición práctica y terrenal del amor –con una historia bastante diferente a continuación.

¿Qué es el amor?

«El amor es una serie de actitudes, sentimientos y comportamientos asociados con el deseo de entablar y mantener una relación íntima con otra persona en particular».[1] Así es como mi marido y yo definimos el amor desde un punto de vista académico. Pero, personalmente, no deja de ser el gran misterio de nuestras vidas.

Mi marido y yo nos enamoramos en 1967, cuando ambos teníamos veinticuatro años. Fue en Berkeley, en los años sesenta, una época apasionante. Nos conocimos en un «grupo de encuentro». Art era un alumno licenciado, profesor ayudante, el facilitador del grupo; yo aún no había obtenido la licenciatura, y era un miembro más del grupo. Sin embargo, en esa ocasión era la primera vez que él dirigía una actividad como aquélla, en tanto que yo había participado ya en una docena de grupos. A lo largo de todo aquel semestre, me dediqué a criticar su estilo de liderazgo, pero él no decía nada; y, cuando todo terminó, me dijo que «sentía cierto afecto por mí», nos besamos y se dispararon los fuegos artificiales.

Esta experiencia fue tan transformadora que, además de crear una relación que se ha prolongado durante más de treinta años, dio lugar a una investigación de toda una vida, que hemos compartido para estudiar qué ocurre cuando dos personas se enamoran, y cómo se relaciona el amor con todo lo demás, es decir, con lo espiritual, lo social, lo físico y lo personal.

Durante aquel primer año nos leímos todo lo que se había escrito acerca del amor hasta la fecha, y mantuvimos conversaciones interminables. Al año siguiente, Art se centró en su tesis doctoral sobre el amor,[2] y llevó a cabo varios experimentos creativos para saber en qué medida el enamoramiento se podía ver afectado por la excitación, el misterio y el poder inherentes a la situación social en la que tiene lugar el amor. Como psicólogo social, Art adoptó este enfoque en vez del popular enfoque de la «química personal» o por qué determinadas per-

---

1. A. Aron, y E. N. Aron, «Love and sexuality», en *Sexuality in Close Relationships,* eds. K. McKinney y S. Sprecher (Hillsdalye, N.J.: Lawrence Erlbaum, 1991), 25.
2. A. Aron, *Relationship Variables in Human Heterosexual Attraction* (Tesis doctoral, Universidad de Toronto, 1970).

sonalidades se atraen entre sí. En realidad, en aquella época no había ningún psicólogo que estuviera investigando el enamoramiento desde perspectiva alguna, y se veía como bastante audaz, incluso arrogante, abordar tal misterio. Pero uno de sus estudios en particular, «el estudio del puente», del que hablaré pronto, se ha convertido en uno de los experimentos más citados de la historia de la psicología social.

Desde entonces, hemos escrito un libro académico sobre el enamoramiento[3] y una serie de artículos para distintas revistas académicas.[4] Junto con otros colegas y alumnos de posgrado hemos llevado a cabo docenas de experimentos, y ahora Art está trabajando en la localización de las partes del cerebro que se hallan implicadas en el amor apasionado. Otros autores se han ido uniendo a este campo de estudio, y los psicólogos saben ahora muchas más cosas acerca del amor y del enamoramiento de las que sabían en 1967. Sin embargo, debo decir sinceramente que el amor súbito sigue siendo una numinosa confusión, al menos para mí; aunque parece que es importante que siga siendo así para nuestras almas, una forma de transcender lo mundano y de establecer contacto con algo extraño y maravilloso que se encuentra más allá de las palabras. No obstante, compartiré contigo lo mejor de nuestras investigaciones y las de otros autores, centrándome en los aspectos que son especialmente relevantes para las PAS.

La intensidad del amor de una PAS, de primera mano

¿Podría proporcionar un ejemplo del enamoramiento de una PAS? Me va a resultar muy fácil. En el autoexamen sobre alta sensibilidad, yo puntué 23, en tanto que Art puntuó 9. Cuando Art y yo nos enamoramos, para ambos fue algo gozoso, pero yo no dejaba de llorar, me sentía confundida, padecía de insomnio y me sentía transportada. Para

3. A. Aron y E. N. Aron, Love as the Expansion of Self: Understanding Attraction and Satisfaction (Nueva York: Hemisphere, 1986).

4. Para una revisión, véase A. Aron y E. N. Aron, «The Self-Expansion Model of Motivation and Cognition in Close Relationships», en *The Handbook of Personal Relationships,* 2.ª ed., eds. S. Duck y W. Ickes (Chichester, U.K.: Wiley, 1997), 251-270.

él fue una sorpresa y, por extraño que pudiera ser en él, supo de repente que yo era la mujer con la que él quería tener hijos. En cuanto a mí, de repente me encontré con que ya no sabía nada de mí misma; pero no me sorprendió, porque aquélla no era la primera vez que mis propias emociones me habían superado. Evidentemente, mi experiencia fue diferente de la suya.

Con tales comienzos, no debería de extrañar que, cuando posteriormente me puse a estudiar a las PAS, una de las primeras preguntas que les formulaba era si pensaban que su enamoramiento había tenido una intensidad inusual. La mayoría de las personas que entrevisté me dijeron que, en efecto, así había sido. La intensidad es mayor en las PAS que han tenido una infancia turbulenta y un estilo de apego inseguro, pero también lo es en las PAS que tuvieron una buena infancia. El propósito de la primera mitad de este capítulo es el de comprender esta intensidad, pero antes voy a relatar otro ejemplo de ello, la historia de Gary.

Un camaleón se convierte en un dragón

Cuando entrevisté a Gary, él tenía 54 años, había tenido cinco o seis profesiones y otras tantas relaciones. Al igual que Elise, a quien conociste en el capítulo 3, Gary era una PAS que había tenido ese tipo de infancia turbulenta (en su caso, una larga enfermedad y unos progenitores ausentes) que lleva a una persona a usar su sensibilidad para determinar exactamente cómo adaptarse y complacer a los demás por el bien de la propia supervivencia. Con la preocupación añadida de tener que demostrar su virilidad después de varios años de enfermedad, Gary se convirtió en un deportista estelar y delegado de clase en su primer curso en el instituto, aunque ninguna de aquellas cosas le complacían en exceso. Al terminar en el instituto se alistó en las fuerzas aéreas, viajó y luego se hizo vendedor con el fin de «forzarme a mí mismo a comunicarme mejor». En todo lo que hizo tuvo éxito y fue popular, pero él se sentía como un camaleón, intentando ser cualquier cosa que los demás quisieran que fuese, fuera lo que fuera que la situación requiriera. Gary me dijo que elegía situaciones de alta exigencia de forma deliberada, para demostrarse a sí mismo que estaba vivo, y no adormecido o muerto. «Pero nunca experimentaba mi vida como yo».

Después llegó Mika. Gary estaba dando clases en un club de tenis (el tenis profesional era una de sus muchas profesiones) cuando una mujer entró y pidió recibir clases. Aquella mujer era «física, directa, práctica, de espíritu cálido, tipo mediterráneo». Y fue como si todo su mundo se trastocara. Gary se enamoró hasta el tuétano de sus huesos.

Según las palabras del propio Gary, cuando vio a Mika, «vine a la vida». Le pareció que aquélla era una de sus primeras reacciones auténticas ante la vida, no diseñada para complacer a nadie más. De hecho, desde entonces se ha sentido vivo. Mika también se sintió «atraída» por él. Pero estaba casada, de manera que Gary intentó contener sus sentimientos, ser dócil y sumiso una vez más. Durante mucho tiempo no se vieron, pero no podían estar separados. Con el tiempo, ella se divorció para estar con Gary, y comenzaron una nueva vida juntos.

Pero convertirse en pareja precipitó una crisis entre ellos. Desde el punto de vista de Gary, «la personalidad de Mika cambió, se hizo exigente». Se separaron, y se casaron de nuevo, y tuvieron un hijo. Podemos dar por cierto que el estilo de apego inseguro de Gary y su miedo a las relaciones íntimas tuvieron algo que ver con la caída de su relación. Pero lo que importa aquí es que, según Gary, la pasión permanece. Mika sigue queriendo tener hijos con él; y sigue dándose el caso de que él «la mira a los ojos y desaparece». Quizás Gary aún no sepa cómo vivir con ella, pero siempre sabrá que la ama. Eso es lo único seguro, que su núcleo es ahora más parecido a un fogoso y exigente dragón que a un camaleón.

Cuatro visiones del enamoramiento centradas en las PAS

Conforme vayamos viendo los motivos por los cuales los seres humanos se enamoran, iremos comprendiendo que las PAS están sujetas a tener experiencias particularmente intensas en esas mismas condiciones.

Enamorarse del alma gemela

El amor surge cuando la persona correcta aparece; ésta es la idea que suele sustentar la mayoría de las personas. Durante el transcurso de nuestras investigaciones, cuando mi marido y yo le hemos pedido a la gente que nos cuenten cómo se enamoraron,[5] hemos constatado que la admiración inicial por la persona de la que se enamoraron siempre adquiere un papel prominente. Ella era hermosa, él era guapísimo, su personalidad era sumamente atractiva, o había pequeñas peculiaridades o rasgos concretos que eran especialmente adorables. También hay gente que dice que se enamoró en el momento en que descubrió que la otra persona la amaba o la admiraba a ella (otro motivo importante para ser sincero con tus sentimientos en una relación íntima).

Las teorías acerca de la elección de pareja

Abundan las teorías sobre por qué amamos a las personas que amamos. Un grupo de estas teorías se basa en el inconsciente, y vienen a decir que nos enamoramos de personas que nos recuerdan a otra persona largo tiempo olvidada, o con la cual esperamos resolver algún tema pendiente que nos resulta doloroso. Otras dicen que nos enamoramos de alguien que sentimos que puede ayudarnos a crecer en una determinada dirección, sea enseñándonos algo o forzándonos a crecer a través de nuestra reacción ante esa persona. Por ejemplo, una mujer quizás anhela tener un hogar en el bosque, sentirse en casa con su propio yo instintivo, pero le dan miedo los bichos, la oscuridad, los osos y los rayos. Llega un hombre al que le encanta la vida en la naturaleza y que, de hecho, se sumerge en ella para contemplar tormentas eléctricas y rayos. Finalmente, ella se enamora de su guía de naturaleza. O bien un hombre bebe demasiado, se enamora de una persona alcohólica y enfrenta su propio problema con la bebida a través de sus reacciones al alcoholismo de su pareja.

Los investigadores interesados en la biología del enamoramiento creen que existe un sistema especial en el cerebro que gobierna la elección de pareja. Según Helen Fisher, este sistema permite que «los individuos centren sus esfuerzos de apareamiento sobre las parejas preferidas»,[6] que presumiblemente tienen alguna ventaja genética para

---

5. A. Aron, D. G. Dutton, E. N. Aron y A. Iverson, «Experiences of Falling in Love», *Journal of Social and Personal Relationships* 6 (1989): 243-257.
6. H. E. Fisher, «Lust, Attraction, and Attachment in Mammalian Reproduction», *Human Nature* 9 (1998): 23.

que los individuos las elijan. En los animales, este sistema incrementa la energía que se dirige hacia una pareja en concreto; en los seres humanos, en quienes la atracción puede prolongarse a lo largo de toda una vida y puede existir incluso sin emparejamiento, existe también una excitación, el deseo de unión y el pensamiento constante en la persona amada. En cuanto a cómo elegimos a la persona sobre la cual centramos nuestra atención amorosa, algunos biólogos apuntan a las feromonas, unas moléculas inodoras que utilizan muchas especies para señalar un estado agresivo o sexualmente receptivo.[7] Pero esto no explicaría por qué las personas se enamoran por correo electrónico o por carta, o por qué se desenamoran tan rápido si la química es tan decisiva como dicen.

Por nuestras propias investigaciones, mi marido y yo tenemos la impresión de que la mayoría de las personas tienen una idea bastante clara de lo que sería una buena pareja. También tenemos la impresión de que cualquier persona está anhelando enamorarse si se encuentra con alguien que encaje con ese perfil, en el momento adecuado de su vida, en las circunstancias adecuadas, y si cree que la otra persona también se siente atraída. Las PAS, con nuestra tendencia a reflexionar, probablemente tenemos una idea más elaborada de lo que estamos buscando; y, como estamos diseñadas para percatarnos de lo más sutil, probablemente percibiremos más las cualidades externas e internas de las personas, de manera que normalmente sabremos bien si hemos encontrado a la persona buscada… y acto seguido nos enamoramos con locura.

De cómo el temperamento lleva a la atracción

Cada persona se siente más atraída por determinadas personalidades y temperamentos, pero no tengo ninguna duda de que, para las PAS, el temperamento es un aspecto adicional de alto voltaje para la atracción, y ello a través de al menos dos procesos. Uno sería el de la potencial atracción por otra PAS, pues podría evocar un gran sentimiento de alivio, como si te encontraras con tu hermano gemelo. Atracción instantánea. En muchas investigaciones se ha comprobado que los seres humanos nos sentimos atraídos por las personas que son similares a

7. M. Kodis, D. Moran y D. Houy, Love Scents: How Your Natural Pheromones Influence Your Relationships, Your Moods, and Who You Love (Nueva York: Dutton, 1998).

nosotras. En un estudio se descubrió incluso que las personas con las similitudes más básicas, como la de tener un ADN parecido, es más probable que se enamoren entre sí.

Pero un segundo motivo para sentir una atracción intensa podría ser la opuesta, la de encontrarse con una no-PAS, pues quizás nos parecería maravillosamente «normal» (como la mayoría de la gente y no como tú misma) y dotada de extraordinarias capacidades. Estas capacidades –poco parecidas a las tuyas– te podrían parecer incluso mágicas, como ese sorprendente poder que exhiben las no-PAS para soportar los más altos niveles de estimulación. Quizás a ti te gustaría ser así, o al menos tener algo así en tu vida. Quizás podrías vivirlo como una manera de convertirte en un todo. También te puedes sentir halagado por el hecho de que una persona así se haya podido enamorar de ti. Por otra parte, las no-PAS pueden encontrarte a ti igualmente mágica, intensificando así la atracción por ambas partes. Ambos podéis sentiros encantados por el hecho de que una persona tan maravillosa pueda amarte *a ti*.

Claro está que algunos de los enamoramientos más intensos pueden darse tras la ruptura de otra relación, o cerca de su final. Fuera cual fuera el temperamento de tu última pareja, sobre todo si las cosas no funcionaron, te pronostico que ahora te vas a sentir atraída por el tipo opuesto de pareja.

Se podría argumentar que esto ocurre porque los seres humanos estamos buscando siempre la manera de integrar las diferencias y de alcanzar la totalidad; o, por decirlo de un modo más mundano, la hierba siempre parece más verde vista desde el otro lado. Y esto suelen vivirlo las PAS de una forma más intensa porque, si tu última pareja fue otra PAS, ahora no sólo estarás anhelando la totalidad de estar con alguien diferente a ti, con una no-PAS, con todas las ventajas de tal diferencia, sino que quizás también estés anhelando un cambio, vinculándote con alguien a quien nuestra cultura considera el ideal (algo que las no-PAS no sienten cuando anhelan estar con una PAS). Y si tu última pareja fue una no-PAS, no sólo vas a buscar disfrutar con las profundidades de una PAS, como le pasaría a una no-PAS al sentirse atraída por una PAS, sino que es posible que quieras estar con alguien parecido a ti por el mero hecho de cambiar. Por tanto, de todas estas maneras, las cualidades particulares que nos llevan a considerar «correcta» a una persona como pareja resaltarán más para ti en tanto en cuanto eres una PAS.

Enamorarse tras entregarse a la contemplación de las virtudes de la otra persona

Por virtudes me refiero, claro está, a la belleza del cuerpo, la mente, el alma y el espíritu. Las investigaciones indican que cuanto más tiempo contemplas un objeto de un modo emocional, más intensas se hacen las emociones hacia tal objeto.[8] Asumiendo que tú no vas a contemplar durante demasiado tiempo a alguien que te genera emociones desagradables, el sencillo mensaje que se transmite aquí es que cuanto más contemples a una persona que sientes que podrías llegar a amar, más probabilidades habrá de que la ames. Evidentemente, en cuanto conozcas todos los defectos y flaquezas de tal persona, tu amor puede transformarse o, incluso, esfumarse. Pero en estos momentos estamos hablando sólo del enamoramiento, reflexionando sobre una persona que acabas de conocer, que justo comienza a gustarte, que empiezas a admirar o a amar.

A estas alturas es muy probable que tengas ya una idea aproximada de lo que voy a decir de las PAS en relación con esto: que estamos especializadas en captar las sutilezas mediante el procesamiento profundo de la información y mediante una prolongada reflexión, de modo que no debería extrañar a nadie que, cuando nos entregamos a la contemplación de las maravillas de una persona, terminemos sintiendo un afecto mayor de lo que podría sentir una no-PAS.

Supongo que tengo que añadir que, si somos personas inseguras, o incluso si no lo somos, puede que pensemos, «¿y si no me ama tanto como yo a él o ella?». O bien, «¿qué pasaría si tuviéramos que separarnos?».

Los temores evocan emociones especialmente intensas en torno a la otra persona, pero también las evoca la alegría, y las PAS dicen sentir con más intensidad todas las emociones, tanto las alegrías como los

8. A. Tesser, «Self-Generated Attitude Change», en *Advances in Experimental Social Psychology*, vol. 11, ed. L. Berkowitz (Nueva York: Academic Press, 1978), 289-338.

miedos. Más emociones y más procesamiento de las emociones equivalen a un enamoramiento más intenso.

Enamorarse en situaciones emocionalmente evocadoras

El entorno o escenario en el que dos personas se encuentran es más importante de lo que la mayoría de la gente piensa, que dan por sentado que uno se enamora cuando se encuentra con la persona correcta. Sin embargo, como ya he dicho antes, parece que los seres humanos están en disposición de enamorarse si la situación es la correcta y la persona es más o menos adecuada. ¿Por qué otra cosa nos iban a gustar tanto las noches de luna, las playas azotadas por el viento y otros entornos románticos?

Mi marido fue uno de los primeros en percatarse de este hecho, concretamente en su famoso «estudio del puente».[9] En este experimento, un grupo de hombres, investigados individualmente, conocían a una misma joven atractiva, bien en un inestable puente colgante, a gran altura sobre un cañón, o bien en una sólida pasarela a poco más de un metro de altura sobre un riachuelo. Los resultados indicaron que los hombres se habían sentido mucho más atraídos por la mujer cuando se encontraban con ella sobre el inestable puente colgante. Desde entonces, otras muchas investigaciones en situaciones diferentes han confirmado el mismo efecto. De algún modo, una situación o un entorno excitante puede hacer que cualquier persona que se halle presente nos parezca más atractiva, quizás porque también nos parece más excitante.

Excitación más PAS igual a amor

Algunas de las investigaciones que vinieron a continuación del estudio del puente determinaron que casi cualquier tipo de excitación –ver una película, o incluso pedalear en una bicicleta estática– puede producir

9. D. G. Dutton y A. Aron, «Some Evidence for Heightened Sexual Attraction Under Conditions of High Anxiety», *Journal of Personality and Social Psychology* 30 (1974): 510-517.

atracción.[10] Si la excitación es la clave para enamorarse, y tú, como PAS que eres, presentas elevados niveles de excitación ante toda situación novedosa, las probabilidades de que te expongas a situaciones de un posible enamoramiento serán más elevadas que en las no-PAS, siempre y cuando se hallara contigo en esa situación una persona más o menos adecuada. Pero no hace falta quedarse atrapado en un ascensor ni perderse en una isla desierta. Bastará con que conozcas a alguien en tu primera clase de cerámica.

¿Qué podemos aprender de las personas que se enamoran de su terapeuta?

La psicoterapia es otro ejemplo que demuestra la importancia de la situación en el acto de enamorarse, con independencia de la persona. Freud fue el primero en observar que los o las pacientes suelen enamorarse de sus psicoterapeutas –la «transferencia idealizadora»–, aun cuando los pacientes no tengan en mente enamorarse cuando eligen un terapeuta, y de hecho pueden sentir un amor igualmente intenso por el siguiente terapeuta con el que sigan terapia. En mi trabajo con PAS he llegado a la conclusión de que su transferencia es mucho más intensa, y que en ello hay algo más que la resurrección de un viejo amor o de una antigua necesidad que se transfiere sobre otra persona, que es lo que el término *transferencia* pretende describir. La psicoterapia puede proporcionar una extraña profundidad de atención, aceptación e intimidad, así como la oportunidad de explorar los aspectos más numinosos de la psique. Evidentemente, cualquier persona que ofrezca una situación como ésta es probable que resulte atractiva o, tal como dice la psicoterapeuta Ethel Person en su libro *Dreams of Love and Fateful Encounters* (Sueños de amor y encuentros del destino), dada esta situación, «el amor parece una posibilidad perpetua esperando a nacer».[11]

Sin embargo, Person señala también que los intensos sentimientos iniciales pueden prolongarse más en la terapia o en cualquier otra situación en la cual amamos desde la distancia y no somos rechazados.

10. C. A. Foster, B. S. Witcher, W. K. Campbell y J. D. Green, «Arousal and Attraction: Evidence for Automatic and Controlled processes», *Journal of Personality and Social Psychology* 74 (1998): 86-101.

11. E. S. Person, Dreams of Love and Fateful Encounters: The Power of Romantic Passion (Nueva York: Penguin Books, 1989), 264.

Es decir, tal como se ha comentado previamente, el amor florece mientras podamos reflexionar sobre las buenas cualidades de la otra persona sin que ningún «hecho» mundano adicional pueda perturbar nuestras reflexiones. El estudio del puente demuestra la atracción inicial; la psicoterapia demuestra durante cuánto tiempo se puede mantener esa atracción, siempre y cuando las circunstancias proporcionen, tal como lo expresa Person, «alguna garantía de seguridad frente al rechazo y alguna esperanza (o ilusión) de reciprocidad, mientras permite una separación suficientemente estructurada como para que pueda darse el trabajo imaginativo del enamoramiento».[12]

Situación evocadora más PAS imaginativa igual a amor

Dado que las PAS son altamente imaginativas, el papel de la imaginación en el enamoramiento es más potente en nuestro caso. Y cuanto más evocadora sea la situación, más imaginación se pone en juego. Lo que no puedes ver con claridad bajo la luz de la luna o lo que no puedes oír con claridad en una playa azotada por el viento bien te lo puedes imaginar. Por ejemplo, se pueden imaginar muchas más cosas de una mujer en un puente colgante sobre un cañón (¿por qué está aquí y qué ocurriría si se rompiera un cable?) que de la misma mujer sobre una pasarela en un riachuelo. Además del experimento del puente colgante, Art realizó otros experimentos[13] en situaciones en las cuales los hombres, de uno en uno, eran sometidos a un juego de roles en cuya ficción una mujer les torturaba arrojándoles gotas de ácido en la frente (agua, en realidad), en contraposición a una situación aburrida de juego de roles con la misma mujer; o en una situación en la que el hombre la superaba en una competición física tras una ardua o una ligera lucha por parte de ella. El puente colgante, la dramatización de la tortura o la victoria sobre una mujer que plantaba cara no eran más que crudos intentos por recrear una situación más evocadora, «arquetípica», y todas ellas generaban una atracción mayor que otras circunstancias comparativamente más mundanas.

Cuando tú, en tanto en cuanto que PAS, te encuentras en el mundo –caminando por la calle, viendo jugar a dos perros, comprando un

12. Ibíd.

13. A. Aron, Relationship Variables.

libro–, es más probable que imagines cosas y que te percates de esos niveles más profundos y arquetípicos que se hallan bajo la superficie. O también podríamos decir que es más probable que proceses la situación en un nivel más profundo. O puedes aferrarte a la explicación de que el mero hecho de estar en el mundo es más excitante que estar en casa. La cuestión es que las cualidades especiales de la situación de enamorarse son importantes para todo el mundo, pero en especial para las PAS. Tanto si se trata de una excitación física, completamente romántica, profundamente aceptadora, emocionalmente evocadora o del todo arquetípica, es más probable que tú lo sientas y que te enamores.

Enamorarse a causa de potentes fuerzas inconscientes

Antes he hecho referencia al posible papel que los motivos inconscientes puedan tener en la elección de una pareja en concreto, pero el inconsciente también puede empujarnos a amar por sus propios motivos. Y es mi firme creencia que las PAS son más proclives a recibir tal empujón. Como ya dije en el capítulo 3, las PAS están más abiertas al inconsciente, están mejor sintonizadas con esa esfera de recuerdos, símbolos e ideas, tanto personales como colectivas, tanto de traumas reprimidos a causa del miedo como de sabiduría perdida por causa de la vida moderna, que reprime los instintos. Los grados de susceptibilidad de una persona para enamorarse y percibir lo inconsciente parecen estar vinculados entre sí, probablemente porque enamorarse es en gran medida una fuerza incontrolable que surge desde el inconsciente. Y, en esto, algunas personas están más abiertas que otras. Durante un tiempo, Gary fue un hombre normal y bien socializado, y al instante siguiente estaba dispuesto a hacer lo que fuera por estar con su amada, ¡y al infierno con las normas sociales!

El vínculo amor-inconsciente no es nuevo. Los freudianos dicen que las personas se enamoran porque desean regresar a su infancia y satisfacer deseos infantiles de ilimitada gratificación sexual. Los investigadores del apego, aún más interesados en la infancia pero con una visión más amable de la naturaleza humana, dicen que lo que deseamos es recuperar aquel apego seguro que tuvimos, o que deberíamos haber tenido, en la infancia. Los junguianos coincidirían en todo esto, pero añadirían que los seres humanos sienten también en el amor la oportunidad de conectarse con Dios, con la Creación, con el Amado o la Amada.

El regreso al paraíso del espíritu esencial

Todos estos puntos de vista encajarían con la frase que dice que, cuando nos enamoramos, estamos imaginando el paraíso. Y también aquí las PAS son muy buenas con su imaginación. Racionalmente, sabemos que el paraíso no existe, pero imaginarlo y buscarlo son cosas que realzan la vida. Enamorarse es maravilloso, en parte porque es expansivo, porque no se presta a conformarse a la visión racional dominante, y porque está más allá del control humano, como el inconsciente. Es salvaje como los bosques que se extienden más allá de los muros de la ciudad, donde los lobos merodean.

El amor restablece en nosotros lo que John Desteian, en su libro *Coming Together – Coming Apart* (Unirse, separarse), llama espíritu esencial: el rico nivel instintivo de la vida, siempre anhelado pero poco a poco perdido, a medida que nos vamos conformando a lo que Desteian llama «el espíritu dominante».[14]

El espíritu dominante es lo que enseña nuestra cultura acerca de lo que funciona para la mayoría de las personas. En el caso del amor, dice que el encaprichamiento, la pasión, no es la mejor directriz para elegir pareja de por vida, que el matrimonio requiere de compromiso, así como de la aceptación de las decepciones, y que enamorarse fuera del matrimonio lleva a actos impulsivos que perjudican ese compromiso imperecedero. El espíritu dominante se convierte en nuestra visión personal para la mayoría de las personas en la vida, especialmente para la mayoría de las PAS, y es una perspectiva adecuada y necesaria. Pero también lo es el espíritu esencial, ese nivel más profundo, jugoso, instintivo-corporal que nutre al espíritu dominante, más seco y práctico. Las PAS intuimos también la crucial necesidad del espíritu esencial, y sentimos que una de las aperturas a través de las cuales el espíritu esencial llega a la superficie de la vida para devolvernos la vida a nosotros mismos y a la sociedad es mediante el enamoramiento.

---

14. J. A. Desteian, Coming Together – Coming Apart: The Union of Opposites in Love Relationships (Boston: SIGO Press, 1989).

Profundamente leales a estos dos espíritus, no es de extrañar que las PAS se enamoren con tanta intensidad cuando finalmente lo hacen. Cuanto más alta sea la presa (la resistencia del espíritu dominante a enamorarse y a comportarse de forma irracional e irresponsable), mayor será la inundación cuando la presa caiga por fin, cuando las PAS nos lanzamos al amor, sea cual sea su precio. Es como si las PAS y el enamoramiento fueran conductos del espíritu esencial. Fuimos hechos los unos para el otro.

¿Se pueden casar el espíritu esencial y el espíritu dominante?

Desde el punto de vista del espíritu esencial, enamorarse implica un matrimonio que las PAS en particular anhelan. Es un matrimonio entre los instintos profundos, nuestro espíritu esencial, y nuestros sentimientos, deseos y valores cotidianos, que están normalmente domesticados por el espíritu dominante. Casar estas dos partes, nuestros instintos profundos y los sentimientos superficiales, es crear un estado de totalidad que los seres humanos perdimos conforme nos fuimos haciendo más racionales y más civilizados. En los amantes, especialmente si son PAS, se podría decir que el espíritu esencial y el espíritu dominante se casan y procrean, o al menos eso se espera. Y si realmente crean una nueva vida, todo el mundo se percata de ello. Los amantes pierden todo interés en las cosas que otrora parecieron importantes, y encuentran nuevos significados en la vida allí donde antes no los había.

Con frecuencia, el significado vital que se concibe y que nace al enamorarse, una vez más y sobre todo en el caso de las PAS, es el instinto/deseo de ver el final del propio ego individual aislado, con su actitud determinada para la adaptación del espíritu dominante. El ego desea sacrificarse ante algo más grande, no sólo ante la persona amada, sino ante la relación, ante el nuevo hijo que ha creado, el amor en sí, el Amado/Amada, el Ser Universal.

Si los espíritus se casan, ¿qué pasa con el niño que nace?

John Haule, un analista junguiano, dice en su libro *Divine Madness* (Locura divina),[15] que los sufíes creían que un amor profundo podía

15. J. R. Haule, Divine Madness: Archetypes of Romantic Love (Boston: Shambhala, 1990).

dar a luz a la «siguiente generación» de sentimientos, a un nuevo tipo de amor, llamado *fana*. *Fana* significa contemplación extática de lo divino. Los místicos cristianos y judíos hablan también de ese mismo estado de dicha, que se alcanza a través del amor a Dios, pero los trovadores románticos y los sufíes musulmanes insistían en que una persona puede alcanzar el *fana* igualmente desapareciendo en lo divino de otra persona.

Quizás algunos de vosotros me abandonéis aquí, pero sé que otros muchos seguiréis estando conmigo. Estoy convencida de que las PAS han tenido tales experiencias cuando se enamoraban, y que han formado parte de la vanguardia a la hora de explicar estas cosas al resto del mundo, indicándoles que no se trata de una locura irracional, sino de un paraíso potencial que existe en todo momento dentro de todos y cada uno de nosotros.

Claro está que *fana* puede llevar a una PAS a extraviarse en una obsesión sin fin o en el culto de una ilusión, quizás con más facilidad que en las no-PAS. Pero según los sufíes, si es la verdadera *fana*, entrarás en *baqa*, otra «generación» más del amor, incluso más real desde la perspectiva de muchas PAS. En *baqa* te sumerges en una personalidad mayor dentro de ti misma, o en un poder superior dentro del mundo. No existe otro, sólo el Uno. Así, desde este punto de vista, conoces el verdadero amor a través de sus frutos espirituales, que lleva al conocimiento de tu yo más profundo y transcendental (ahondaré más en este tema en el capítulo 9).

Amar desde la distancia, el amor no correspondido, el amor imposible

Las PAS también son más proclives al amor «imposible», por los mismos motivos por los que nos enamoramos con tanta intensidad. Concretamente, el inconsciente no siempre respeta los problemas conscientes y prácticos, como el de quién está disponible o quién se interesa por ti. Y, dada tu facilidad para percibir pistas sutiles, puede que generes la esperanza de que otra persona se interesa por ti al mostrar signos inconscientes de interés de los cuales la persona ni siquiera es consciente. Por otra parte, tal como se comentó en el capítulo 3, tú quizás quieras enamorarte conscientemente mientras inconscientemente temes las relaciones íntimas, de manera que la solución perfecta es un amor imposible, especialmente para las personas con estilos de apego evitador-temeroso o evitador-displicente.[16]

¿Qué puedes hacer si te enamoras de alguien que no puede o no va a corresponderte? Tienes que aprender a cabalgar el tigre del amor imposible para hacerlo transformador, no humillante ni dañino, o como un medio para evitar una relación íntima. En particular, necesitarás una gran fortaleza para refrenar tu determinación por mantener una relación externa con una persona no disponible. De lo más importante que tienes que darte cuenta aquí es de que siempre tienes la opción de relacionarte con esa persona en un nivel interior (cosa de la que hablaré más a fondo en el capítulo 9).

También tendrás que considerar la idea de que te mereces un compromiso, una atención y un cariño real por parte de una persona amada externa. Desde tu amante interior, puedes esperar tanto un máximo como un mínimo. Lo mínimo es la carencia de presencia física y conexión. Lo máximo es que *fana* y *baqa* son quizás más fáciles de conseguir cuando la persona amada es una figura interior. Sin embargo, a fin de cuentas, la mayoría de las personas obtenemos más sabiduría y sentimos más seguridad y placer con una persona amada de carne y hueso, además de una persona amada interior.

Quizás el mejor curso breve sobre cómo transformar un amor imposible en aquello que necesitas procede de Carl Jung, a quien le encantaba decir que el inconsciente crea esas terribles situaciones «para forzar al individuo a sacar lo mejor de sí... a renunciar a la propia voluntad y al propio ingenio, y no hacer nada salvo esperar y confiar en el poder impersonal del crecimiento y el desarrollo».[17] Así pues, cuando nos encontramos frente a un muro, Jung siempre decía que, para mirar más allá de él, no hace falta que trepes por él. Más bien, profundiza tus raíces como un árbol y espera a que la claridad te lle-

16. A. Aron, E. N. Aron y J. Allen, «Motivations for Unreciprocated Love», *Personality and Social Psychology Bulletin* 24 (1998): 787-796.

17. C. G. Jung, *Visions Seminars* (Zurich: Spring Publications, 1976), 110.

gue desde las fuentes más profundas.[18] Del mismo modo, cuando te encuentres frente a un amor imposible, métete dentro y sumérgete en tus profundidades, y luego espera a que la psique te revele el propósito de esa pasión.

Te lo has pensado bien y deseas enamorarte

Tal como prometí al principio de este capítulo, vamos a pasar ahora de la contemplación de lo divino al esclarecimiento de lo práctico; es decir, lo que se puede hacer para facilitar el instante del enamoramiento, si es que deseas enamorarte, y también cómo profundizar en una nueva relación para que se dirija en la dirección del amor. ¿Acaso tal misterio se puede reducir a una lista de sugerencias? Podemos intentarlo y ver qué pasa.

Todo lo que viene a continuación se comenta sucintamente, sin reconocer demasiado las complejidades y dificultades de estas materias, salvo el reconocimiento que hago aquí. (Para más información acerca de la timidez amorosa, *véase* el capítulo 2, y acerca de la timidez en general, *El don de la sensibilidad*). Hacer algo, por poco que sea, puede traer más amor a tu vida; no hace falta que construyas Shangri-la en un día, ni siquiera hace falta que lo construyas. Un poco de afecto entre otra persona y tú puede ser suficiente, y es rara la persona que no desee algo de afecto.

Comenzaré con mi propia lista de cómo hacer «una buena apuesta», para que no utilices los consejos que te doy intentando cortejar a la persona equivocada. Después hablaré de cómo conocer a otra PAS, y a continuación de cómo conocer a una no-PAS, para que puedas elegir. Los pros y los contras de la relación con cada una de ellas te quedarán más claros después de 5 y 6. Y terminaré con cómo profundizar en una relación nueva.

---

18. V. Harms, *The Inner Lover* (Boston: Shambhala, 1992).

Elige bien, o gente de la que no enamorarse

Nada de lo que viene a continuación son motivos en sí para entablar o evitar una relación con alguien; pero, según mi experiencia, constituyen unos predictores muy buenos. Creo que las PAS se pueden beneficiar especialmente de estas directrices, sobre todo porque sentimos simpatía por todo el mundo, porque mostramos nuestro agradecimiento ante cualquier expresión de bondad y porque, en ocasiones, tenemos cierta predisposición a «conformarnos con lo que podamos conseguir», no estando seguros de si alguna vez nos encontraremos con alguien capaz de amar a un alma tan «absolutamente» sensible. Mientras tanto, a la vuelta de la esquina hay alguien que podría valorarte de verdad.

- Regla número uno de Elaine: Mira a ver cómo trata esa persona a su madre. Carece de importancia si la madre se merece con creces tan mal trato, porque eso no dejará de significar que, probablemente, la primera relación íntima que tuvo la persona con la que quieres intimar no fue demasiado cálida.
- El corolario: Intenta encontrar una persona con un estilo de apego seguro, sea cual sea tu propio estilo de apego. (En el capítulo 3 detallo cómo detectar a los «seguros».)
- La amistad íntima con una persona de una cultura diferente puede ser magnífica, pero reflexiona sobre lo que puede significar como pareja exclusiva para toda la vida, pues te encontrarás con desacuerdos y tensiones que nunca imaginarías.
- Escucha la historia laboral de la persona. Las PAS suelen cambiar más de trabajo que las demás personas, pero una docena de relatos de despido o de dejar un empleo sintiéndose una víctima no apuntan a unas buenas relaciones laborales, y las relaciones románticas suponen también mucho trabajo juntos.
- Cuidado con las personas que sólo hablan de sí mismas y te muestran poca empatía.
- Cuidado también con las que están desesperadamente obsesionadas con su cuerpo y su apariencia.
- Evita personas adictas de cualquier tipo. Deja que se rehabiliten durante unos años y, *luego,* enamórate.

- Ni se te ocurra estar cerca de alguien que tenga estallidos iracundos y violentos, aunque sean raros, pues probablemente se harán más habituales.

Cómo conocer a las PAS

1. *Ve adonde vayan ellas y haz lo que hagan.* Para ello, tienes que pensar como ellas piensan, cosa que para ti será fácil puesto que eres una PAS. Suponiendo que, cuando sales de casa, lo que buscas son experiencias profundas e interesantes que no sean excesivamente estimulantes, ¿adónde irías? Prueba a ir a seminarios (seminarios lo suficientemente largos como para que haya descansos en los que puedas conocer a otras personas), retiros religiosos y eventos artísticos o históricos; pero evita las multitudes (yendo pronto o tarde, o yendo a eventos que no sean muy habituales). Sal a la naturaleza, apúntate a actividades solitarias como el senderismo, el *jogging*, la natación, el ciclismo o el kayak, y entabla conversaciones en el estacionamiento de automóviles, en las paradas de descanso o en las tiendas especializadas en estos deportes. Recuerda que tienes que salir sola si quieres entablar conversación con otras PAS. La lista de lugares donde probar es larga, si dejas de decirte a ti mismo que no hay lugares donde conocer a otras PAS porque no salen de copas ni van a clubs de solteros.
2. *Aprende a reconocerlas.* En tu caso, esto no te resultará difícil en cuanto comiences a darte cuenta. Las PAS suelen tener una sensación o un aspecto acerca de ellas mismas. Es difícil expresarlo con palabras, pero la personalidad (donde hay que incluir el temperamento) se manifiesta en los cuerpos y en los rostros; los músculos se asientan con los gestos y las expresiones más habituales. Las PAS suelen tener un aspecto más pensativo, sutil, tal vez un poco delicado, cauteloso o melancólico. Las encontrarás en los márgenes de la concurrencia, mostrando una profunda calma, mientras observan y reflexionan sobre todo cuanto acontece, pero posiblemente puedan parecer inquietas o aturdidas por la sobreestimulación. Si se encuentran en un grupo, por lo general hablarán poco, y lo poco que digan es probable que vaya directo al grano o bien será increíblemente ru-

tinario, bien porque están sobreexcitadas o porque intentan evadir la atención.

3. *Pide a otras personas que te presenten a las PAS que conozcan.* Si tus amigos o amigas no entienden de «PAS», simplemente puedes pedirles que te presenten a otras «personas sensibles como yo» que puedan conocer, o incluso «personas introvertidas» o «tranquilas», si eso encaja contigo. Pídeselo a tus amigos más extrovertidos y sociables, pues ellos suelen entablar amistad con algunas PAS como «cosas» extrañas e interesantes, pero quizás no se les haya ocurrido presentártelas.
4. *Aproxímate a las PAS con cuidado, y sé persistente.* Te encuentras en una reunión y detectas a otra PAS, o bien te presentan a una, u oyes a alguien hablar de una PAS. Afrontémoslo, lo más probable es que esa persona esté pensando ya en marcharse y no en conocerte a ti, otra persona extraña, seas o no una PAS. Tú sabes lo que tienes que hacer, a menos que estés tan ansioso ante la idea de hablar con una extraña que dejes de pensar en las necesidades de la otra persona; y también puede ocurrir que la timidez os embargue por igual. Pero, si puedes, acércate a la otra persona tal como te gustaría que se te acercaran a ti, con consideración, con una delicada franqueza, y dejando mucho espacio para que la otra PAS te observe y reflexione acerca de ti. Quizás puedes hacer algún comentario sobre aquello que estéis observando ambos, pues ése es el tipo de comentario que una PAS podría hacer, tal como percibir la belleza sutil de una escena o lo que está ocurriendo realmente en el grupo. Ten en cuenta que tu papel es el de intentar ofrecer un respiro, un santuario, una conversación más profunda. El tema dependerá del tipo de reunión en el que estéis, lo cual te proporcionará un atisbo del tipo de PAS con el que estás hablando. Pero yo me puedo imaginar algo así como que alguien me introduce en una conversación en una exhibición de arte con una pregunta tal como, «Me gustaría saber tu parecer, ¿crees que existe un vínculo entre creatividad y locura?». O en una fiesta, «Estoy intentando comprender por qué dos personas extrañas pueden presentarse la una a la otra aquí, cuando seis metros más allá, en la calle, ni siquiera se mirarían a los ojos».

Pero supón que has hecho todo lo posible y que sigues viendo esa expresión de «no estoy aquí» en la otra PAS. Podrías comentarle que allí hace mucho ruido y que estabas pensando en marcharte, y que supones que él o ella también lo está pensando, aunque quizás podáis encontrar un sitio más tranquilo, posiblemente afuera. O bien, si te atreves, di que rara vez haces cosas así, pero que tu intuición te dice que ambos podríais veros en algún otro momento, en un lugar más tranquilo, simplemente para conversar; ¿podríais intercambiar los números de teléfono?

Para llegar a conocer a una PAS, la persistencia es muy importante, siempre y cuando no te pongas pesado. Si obtienes respuestas neutras o distraídas, pero no un rechazo puro y duro, inténtalo de nuevo. Sé que esto va contra tu tendencia natural de PAS de no asumir riesgos cuando los indicios son algo menos que prometedores, pero tendrás que superar este obstáculo si de verdad quieres llegar a conocer a otra PAS. Las PAS siempre se detendrán para hacer comprobaciones acerca de ti, y necesitarán tiempo para tomar decisiones respecto a ti. Pueden cambiar de opinión varias veces mientras os estáis conociendo, pero nunca llegaréis a conoceros si no insistes y lo dejas en sus manos.

Cómo conocer a las no-PAS

1. *Ve adonde vayan ellas, pero según tus propios términos.* Puedes ir casi a cualquier parte para conocer a las no-PAS, incluidos todos los lugares que he mencionado antes para conocer a las PAS. De hecho, buscar una no-PAS en uno de esos sitios típicos donde puedes encontrar a una PAS, como un concierto sinfónico o una excursión del Sierra Club, puede ser una buena idea. Además, si tú disfrutas de estas cosas, dispondréis ya de un tema en común del cual hablar.

   Pero, a ser posible, asegúrate de entablar conversación con las no-PAS en situaciones que no sean excitantes para ti. Si no te sientes cómodo dentro de un grupo o con gente extraña, no intentes conocer a una persona extraña mientras estás en el grupo, pues no estarás en tus mejores condiciones. Sal del grupo de alguna manera. En una excursión, por ejemplo, procura quedarte atrás con la otra persona, o bien irte por delante con ella. O bien, si a la no-PAS la conociste en clase o en algún otro grupo, invítala a una fiesta, a dar una vuelta o pídele que te acompañe a buscar algo de comer.

2. *Si te sientes excitado o nervioso, haz preguntas y escucha.* En los primeros instantes, tras la presentación, o en cualquier otro momento en que la excitación se dispare, cambia el foco de atención desde tu persona a la de la no-PAS. Hazle preguntas (puedes pensártelas de antemano) que no se puedan responder fácilmente con un sí o un no, como «¿De dónde eres?» o «¿Te gusta viajar?». La no-PAS estará, como es lógico, mucho menos ansiosa que tú, de modo que se pondrá a hablar tranquilamente. A medida que te absorbas en lo que dice, te olvidarás de tus preocupaciones sobre ti. Por otra parte, dado que probablemente tú sepas escuchar con atención, la otra persona valorará mucho tu actitud.
3. *Deja que la no-PAS te conozca, sobre todo tus aspectos más profundos.* No te centres tanto en escuchar que termines por no hablar de ti mismo. Una vez más, piensa de antemano en aquellos aspectos de tu persona que puedan resultar más interesantes, y piensa en cómo vas a hablar de ellos para que la otra persona sienta curiosidad. Según mi experiencia, las PAS dejan mejor sabor de boca en sus segundas impresiones que en las primeras. Quizás las PAS no seamos ingeniosas, pero tenemos profundos pensamientos, de esos de los que no se suele hablar en los primeros momentos, cuando la gente se presenta.

   Sin embargo, no todas las no-PAS valorarán tus pensamientos profundos, por lo que convendrá saberlo de antemano, no sea que no valga la pena perder el tiempo hablando con esa persona. Por otra parte, si te dedicas sólo a escuchar, a la no-PAS le puede resultar tan gratificante que es probable que no tarde en mostrarte su afecto (muestras de afecto que tú devolverás en gratitud por el hecho de que te valore), pero esto puede llevar con el tiempo a una relación unidireccional en la cual tú siempre estés a la escucha, reflexionando en profundidad sobre lo que dice tu pareja no-PAS, y ésta no sería una buena situación para ti.
4. *Estate preparado para asumir las diferencias que existen entre vosotros.* Más pronto o más tarde emergerán las diferencias entre ambos, por lo que convendrá que estés preparado desde un principio para hacer todo lo que se describe en el próximo capítulo, defendiendo tu

particularidad, procurando que ambos respetéis tu sensibilidad, tu género, tus raíces y todo cuanto conforma tu identidad. Al mismo tiempo, tendrás que respetar el derecho de la otra persona a su propio temperamento, a su género, sus raíces y todo lo demás. Las consecuencias de todas estas diferencias no tienen por qué gustarte. Si algo te irrita, respeta lo que sientes reconociéndolo abiertamente, pero eso no significa que la otra persona esté obligada a cambiar.

No olvides que las no-PAS se pueden sentir intimidadas con tu intuición. Elogia sus capacidades a medida que emerjan, señalando tus diferencias e indicando de qué modo sus capacidades y las tuyas se complementan entre sí.

Profundizando en la relación

Tanto si has conocido tanto a una PAS como a una no-PAS, para establecer una relación amorosa tendrás que profundizar en la relación. ¿Es manipular planear el acercamiento? No si lo haces porque estás genuinamente interesado en la otra persona. «¿Acaso planificar mata el romanticismo? ¿No deberíamos dejar que el amor simplemente sucediera?», puede que te preguntes después. Todo depende de lo impaciente que estés. Pero, como psicóloga social, estoy profundamente convencida de que la situación y lo que haces con ella, lo que puedes controlar, tiene mucho que ver con enamorarse. Si lo comparas con el hecho de haberos conocido, el que la relación se profundice y dure depende más de ti o, ahora, de ambos.

1. *Si te gusta la persona, ¡por el amor de Dios, díselo!* Contarle a la otra persona tus sentimientos es el riesgo más importante que vas a correr para hacer que el amor se abra paso. Convendrá que no entres con demasiada fuerza y, decididamente, que no exageres tus afectos. Pero, cuando los sentimientos están creciendo, uno de vosotros lo tendrá que reconocer más pronto o más tarde; de modo que, para asegurarte de ello, reconócelo. No hace falta que prometas devoción eterna. Simplemente, sé honesto acerca de lo que sientes en estos momentos, y quizás sobre cómo te gustaría sentirte en el futuro.

2. *Pasad tiempo juntos en situaciones creativas y emocionalmente significativas.* Probablemente estarás pensando, «ahora me va a decir que disponga las cosas para que nos quedemos atascados en un ascensor», o en un puente colgante. Sí, elegir el sitio para enamorarse parece ciertamente una manipulación, pero cada vez que salimos con alguien hacemos planes, ¿no? Planes románticos. De modo que, ¿por qué no ser creativos? Un pícnic, incluso en un recinto cerrado, es más interesante que una comida rápida en un local de una cadena de restaurantes pseudo-románticos. ¿Qué tal un *lunch* en el zoo, quizás delante de los leones? Creatividad y visión son los dones que las PAS aportan a la relación; o, al menos, las que pueden aportar con un poco de reflexión.

   Las relaciones se profundizarán más cuando paséis juntos por momentos intensos. Los estudiantes lo saben por experiencia, cuando estudian juntos para los exámenes finales; las compañeras de equipo también lo saben por haber jugado los *play-offs* juntas, y padres y madres por su amistad con otros progenitores durante embarazos y partos. En esas situaciones se estrechan los vínculos. En cambio, ir al cine o ver vídeos de otras personas estrechando vínculos durante momentos intensos no es lo mismo. Así pues, la próxima vez que estés en algo parecido a una crisis y sientas que la persona a la que has conocido parece estar dispuesta, pídele que te acompañe cuando te vayan a hacer la endodoncia o que esté contigo en la sala de espera del hospital mientras esperáis noticias de la operación de tu madre. También puedes hablar con esa persona sobre la muerte de tu perro. O si es ella la que está pasando por una crisis –y quizás está demasiado ocupada como para quedar contigo–, pregúntale qué puedes hacer para ayudar. No tienes por qué acceder a algo que no te apetece, pero ir a su casa y hacerle la colada, o limpiar la caja de deposiciones del gato, puede ser un acto que estreche más vuestro vínculo que el mero hecho de seleccionar juntos un restaurante.
3. *Aplica lo aprendido sobre la transferencia en psicoterapia.* Utiliza con decisión tus capacidades de aceptación, cosa que te resultará fácil se estás enamorado, y alimenta a la otra persona; es decir, deja que sea dependiente, juguetona e infantil. Pero no te olvides de dejar tiempo para estar apartados, pues es importante que ambos reservéis

tiempo para vuestro mundo privado. Aporta un toque arquetípico; quizás os podéis leer algo el uno al otro, poesía o relatos de amor de la mitología. Pero, por encima de todo, alimenta la intimidad entre vosotros, las revelaciones, la confianza, la autenticidad (pero la autenticidad se merece su propio punto, el que viene a continuación).

4. *Sé honesto.* Quizás estés cansado de oírmelo decir pero, cuanto más auténtico seas en tus sentimientos, más estrecharéis vuestra relación. Evidentemente, siempre hay límites, que por lo general están en función de las etapas de una relación. El desvelamiento de la propia intimidad tiene lugar a lo largo de distintas fases, y la mayoría de las personas tienen una idea bastante aproximada de lo que resulta apropiado en cada fase. Pero tomar la iniciativa y dar el paso a la siguiente fase cuando ha llegado el momento es como cuando tomas la iniciativa y le dices a la otra persona que la amas. Puede generar una respuesta profunda.

   ¿En qué más puedes ser honesto, además de en tu amor? Puedes hablarle de tus temores acerca de sus posibles reacciones contigo, o acerca del futuro de vuestra relación. Puedes confesarle tu decepción o tu enfado cuando haga algo que no te guste –poner orden en estos aspectos suele profundizar mucho la conexión–. Puedes hablarle de hacia dónde crees que vais como pareja, o de vuestra «historia» (aunque sólo tenga unas horas), o de los hábitos que habéis desarrollado juntos. Si la relación está en su punto, la otra persona compartirá contigo sentimientos y observaciones similares.

5. *Ten cuidado de no extraer conclusiones erróneas.* Es un hecho psicológico bien establecido que, por ejemplo, si tú o alguien cercano a ti miente, vas a dar por supuesto que la situación lo exigía o que tal mentira ha sido algo excepcional, pero que si la persona que miente es alguien ajeno a ti, se lo vas a atribuir a su personalidad. Es decir, pensarás que la persona no es honesta.[19] ¿Cómo se aplica esto en el proceso a través del cual llegas a conocer a alguien? Supongamos que dejas un mensaje para alguien y que esa persona no te devuelve la llamada. Siendo un amigo o amiga, supondrás que estaba demasia-

19. L. D. Ross, T. M. Amabile y J. L. Steinmetz, «Social Roles, Social Control and Biases in Social-Perception Processes», *Journal of Personality and Social Psychology* 35 (1977): 485-494.

do ocupada o que su contestador automático no funciona; es decir, encuentras la explicación en la situación. Sin embargo, si llamaste a una persona relativamente desconocida para ti para quedar con ella y no respondió a tu llamada, darás por supuesto que es una persona demasiado maravillosa como para interesarse por ti, o bien que es demasiado descortés o indiferente; es decir, aquí la explicación la vas a situar en su personalidad. Pero, piensa en ello: las probabilidades de que la explicación sea perfectamente plausible (como estar demasiado ocupado o que el contestador está estropeado) son las mismas tanto en el caso de un amigo como en el de una persona a la que conoces poco. Por tanto, vuelve a llamar.

Sin embargo, y curiosamente, las personas que tienen una baja autoestima, entre las cuales hay muchas PAS, pueden revertir este error en las conclusiones que extraen acerca de sí mismas y de los demás. Cuando cometemos un error, lo achacamos a nuestra defectuosa personalidad; cuando el error lo comete otra persona, pensamos que ha sido un accidente; es decir, lo achacamos a la situación. Si no nos atrevemos a devolver la llamada a una persona con la que no tenemos confianza, puede que lleguemos a la conclusión de que es por nuestra cobardía y nuestra timidez, por nuestra personalidad. Si es otra persona la que no nos devuelve la llamada, pensamos que la razón es porque no le caemos bien o porque está demasiado ocupada como para perder el tiempo con nosotros. Aquí lo achacamos a la situación, al hecho de que éramos *nosotros* las que llamábamos. Pero considera tu propia situación, porque quizás no te sumirías en la duda si la persona con la que estás intentando hablar se hubiera comportado de forma perfectamente amistosa cuando os conocisteis. Tanto el amor propio como el amor por los demás se incrementa cuando dejamos de hacer atribuciones de culpa a la personalidad, tanto respecto a nosotros como a las demás personas; es decir, cuando reconocemos que una persona no puede ser completamente explicada mediante una etiqueta como la de tímida, grosera o incluso altamente sensible, y que las situaciones son complejas, ricas, por lo general impredecibles e infinitamente interesantes

6. *Dale tiempo.* En contra de lo que sostiene la opinión popular, sólo en torno al 11 por 100 de las personas dicen haberse enamorado a pri-

mera vista.[20] Lo más habitual es que un rostro familiar se convierta con el tiempo en el rostro de la persona amada. Las PAS en concreto necesitan tiempo para decidir acerca de los demás; es decir, tú necesitas tiempo, y si la otra persona también es una PAS va a necesitar asimismo su tiempo para tomar decisiones. Necesitaréis pasar tiempo juntos y a solas entre esas fases para reflexionar sobre lo sucedido. Los sentimientos cambian decididamente; no tienes más que pensar en cómo han cambiado los tuyos. Si insistes, el amor puede crecer, o puede morir. Pero el tiempo está de vuestro lado en el sentido de que, cuanto más os conozcáis, más posibilidades habrá de que, ocurra lo que ocurra entre vosotros, termine siendo para bien de ambos.

Cómo prevenir el enamoramiento

También hay momentos en la vida en que, decididamente, no queremos enamorarnos. Quizás deseamos mantener el compromiso adquirido en una relación, con todos sus altibajos, ignorando otras alternativas, cerrando toda posible salida. Para no enamorarse:

1. *No expreses de forma manifiesta ningún sentimiento romántico que puedas tener,* pues podría verse correspondido.
2. *Evita situaciones excitantes o íntimas en compañía de otra persona que pueda resultarte atractiva.* Si sientes atracción en una situación así o con posterioridad, entiéndelo como lo que es, como algo que ha surgido debido a la misma situación.
3. *Reconoce que puedes encapricharte de determinados temperamentos.* En particular, si tu pareja es una PAS, casi te puedo garantizar que tus impulsos románticos obsesivos se dirigirán hacia personas no-sensibles. Y, si tu pareja es una no-PAS, se dirigirán hacia PAS como tú. Pero, dado que no puedes tenerlo todo, valora lo que tienes y no te dejes llevar por los impulsos o por las atracciones. O, mejor aún, desarrolla una amistad estrecha, aunque no romántica, con alguien que tenga el temperamento del que carece tu pareja.

---

20. A. M. Pines, *Enamorarse: Por qué y cómo elegimos a las personas de las que nos enamoramos* (Madrid: Acento, 2002).

4. *No intimes con alguien que deje claro que está disponible para una relación romántica.* Reserva tu intimidad para tu pareja o para aquellas amistades que no busquen una relación romántica. Por intimidad se entiende aquí confesar pensamientos íntimos, fomentar la confianza a través de elevados niveles de sinceridad, aceptación y bondad; y también, simplemente, estar juntos y a solas demasiado tiempo. En particular, no «juegues a hacer de terapeuta», pues puedes evocar una transferencia idealizadora.
5. *Pero no arrojes al bebé con el agua del baño.* Tus impulsos por enamorarte son siempre señales importantes de la psique. Son imaginaciones y anhelos, y no deberías ignorarlos, pues volverán con mucha más fuerza en la próxima ocasión. Más bien, intenta posponer cualquier decisión mientras te sumerges a fondo en tus sentimientos con el fin de comprender por qué ha surgido el amor en esa situación, en ese momento de tu vida, con este tipo en concreto de persona. ¿Qué desequilibrio intenta resolver tu psique de este modo? En esto no hay nada que temer. Cuanto mejor comprendas tus sentimientos, menos probabilidades habrá de que te dejes llevar por ellos.

Después de enamorarse

Para muchos de vosotros, el tiempo de enamorarse puede parecer algo que ya pasó. Lo que deseáis comprender es lo que vino a continuación. Quizás desees saber por qué el amor se diluyó y cómo podrías devolverle la vida. ¿Acaso aquellos meses de intenso gozo no fueron más que una trampa biológica de la naturaleza mediante la cual busca que todo el mundo se aparee?

En los próximos tres capítulos hablaremos del «después de enamorarse»; en primer lugar, cuando el enamoramiento ha sido con una no-PAS, y después cuando ha sido con una PAS; y en el capítulo 7 nos centraremos en algunos puntos que las PAS deberían tener en cuenta, con independencia de cuál sea el temperamento de sus parejas.

CAPÍTULO 5

PAS con no-PAS: cómo hacer que el amor perdure cuando los temperamentos no casan

Las incompatibilidades de temperamento y los malentendidos resultantes son, ciertamente, el mayor problema que plantea el temperamento para las personas que mantienen una relación íntima. Y, de acuerdo con mis datos, alrededor de la mitad de las PAS tienen parejas que no son PAS. Por otra parte, y curiosamente, más del 50 por 100 de las PAS *creemos* que nuestras parejas son no-PAS, cuando en realidad no es así. Además, del mismo modo que no hay dos personas que tengan exactamente la misma estatura, en toda pareja una persona es más sensible que la otra –o bien la sensibilidad de una PAS es más intensa en ciertos aspectos, en tanto que la sensibilidad de la otra PAS, su pareja, es más intensa en otros aspectos. Así pues, yo recomendaría que todo el mundo se lea este capítulo y el siguiente (sobre las relaciones entre dos PAS), dado que muchas de nuestras parejas que no son tan PAS como nosotras no dejan de ser personas sensibles, aunque sean moderadamente sensibles. Pero, antes de nada, conozcamos a Patrick y a Connie.

Patrick y Connie

Patrick, un hombre altamente sensible, y Connie, una mujer no-sensible, llevan casados treinta años y se aman profundamente. Tienen unas excelentes habilidades de comunicación, además de paciencia, y ambos se respetan. Se toman tiempo para estar juntos y a solas, y se han apoyado mutuamente en todas las crisis que han afrontado y frente a todos los concurrentes. No obstante, su relación ha sido sometida a muchas tensiones (aunque han tenido pocas peleas), especialmente desde que sus dos hijas alcanzaron la adolescencia.

Una nueva complicación se les añadió cuando coincidieron los dos dando clases en el mismo instituto, de tal manera que a partir de entonces pudieron compararse fácilmente entre sí. Para Patrick, la enseñanza constituye un trabajo gratificante, pero requiere de bastante esfuerzo. Es un profesor concienzudo, respetado por la administración, por los padres y las madres, y por los alumnos, al que todos recurren en busca de consejo profesional. Evidentemente, Patrick termina exhausto todas las noches. En cambio, Connie con frecuencia es amonestada por la administración por no cumplir con sus responsabilidades oficiales, pero el alumnado la elige todos los años como la profesora favorita. A los alumnos les encanta su energía, y a ella le encanta la enseñanza. En todas las clases añade actividades especiales, en verdad, muchas veces lleva a cabo ideas que había tenido Patrick, quien estaba demasiado abrumado y saturado como para ponerlas en práctica él mismo.

Los fines de semana, Patrick se pone al día con todo lo que no ha podido hacer durante la semana en el instituto, al tiempo que asume las mismas o más responsabilidades hogareñas. Pero, tan pronto como termina con todo, se retira a su estudio para pintar, que es su verdadera pasión, o bien sale al jardín para quitar las malas hierbas y reflexionar. Connie ha utilizado siempre los fines de semana para trabajar en proyectos de artesanía con sus hijas. Hace unos años le dio por hacer muñecos de peluche, que después regalaba a sus familiares o donaba para causas que lo merecieran durante las vacaciones. Entonces, una de sus jirafas de peluche cayó en manos de un ejecutivo de una empresa de regalos por catálogo, que le compró todos los muñecos que tenía y le pidió que le hiciera cuantos pudiera elaborar. La mayor parte del trabajo lo hacen ahora otras mujeres del vecindario a las que Connie paga, de tal modo que, además de dar clases en el instituto, Connie dirige ahora un pequeño negocio de gran éxito. Connie y Patrick tomaron la decisión de utilizar parte de estos ingresos extra para hacer más escapadas de fin de semana juntos. Por otra parte, Patrick se está planteando ahora también la posibilidad de jubilarse antes. Pero los pros y los contras de sus diferencias nunca han sido más notables, algo habitual en toda pareja a medida que madura, pues cada persona intenta ser más auténtica con su propia naturaleza, y las tensiones en las parejas de PAS/no-PAS precisan de dosis cada vez mayores de creatividad, respeto y elegancia.

Tendremos en mente a Patrick y Connie mientras discutimos sobre las bendiciones y los retos que supone la relación en una pareja PAS/no-PAS.

Lo bueno de todo esto

De qué modo os beneficiáis ambos de vuestras diferencias

1. *Disponéis de flexibilidad, y entre los dos disponéis también de un amplio rango de capacidades, pues podéis lograr más cosas, gestionar más cosas y disfrutar de más cosas que el resto de parejas.* Disponéis de un «vigor híbrido». Cuando trabajáis en equipo, tú te percatas de las sutilezas y tu pareja actúa sobre tal información. Tú puedes exigirte hasta el límite con la tranquilidad que da el saber que tu pareja te protegerá y se hará cargo de la situación cuando la sobreexcitación y la fatiga te abrumen. Patrick, por ejemplo, es el que se da cuenta de que sus hijas precisan de cierto control, pero normalmente es Connie quien actúa e imparte el control.
2. *Vuestra relación es interesante y excitante, para ambos.* El «matrimonio de los opuestos» nunca es aburrido. Os lleváis de aventuras el uno al otro, y vivís una vida vicaria (por observación) que no está a disposición de las parejas cuyos temperamentos son similares. Connie experimenta a través de Patrick la sutil visión de un artista, en tanto que Patrick experimenta a través de Connie la excitación del mundo de los negocios.
3. *Haciendo frente a vuestras diferencias construís carácter.* El esfuerzo os estira y tonifica. Las diferencias constituyen el mayor problema

de nuestro planeta. En la medida en que aprendáis a vivir juntos estaréis aportando valiosos atisbos al conocimiento colectivo acerca de cómo reconocer las diferencias sin expresar juicios indebidos, sin resentimientos ni desengaños.

4. *Os transformaréis mutuamente.* Todo lo contrario: os enseñaréis, incluiréis al otro dentro de vosotros mismos. Las investigaciones demuestran que en las parejas en las que las personas no son similares, ambas irán cambiando con el tiempo sus personalidades a lo largo de la vida, de tal modo que se harán más similares y añadirán nuevas dimensiones, en tanto que las personalidades de dos personas similares en una relación de pareja tenderán a permanecer estables y sin cambios a lo largo del tiempo.[1]
5. *Aprenderéis más acerca de vuestra «sombra».* En términos junguianos, la sombra es aquella parte de ti mismo que te desagrada y que no reconoces como tuya (hablaremos más de ello en el capítulo 7). Dos personas que son muy similares pueden no darse cuenta de las partes sombrías que ambas comparten. Por ejemplo, dos no-PAS que hagan vuelos de larga distancia varias veces a la semana por motivos laborales quizás nunca protesten por la falta de equilibrio vital del otro; dos PAS que se conmuevan fácilmente con las súplicas de parientes manipuladores, de vendedores o de falsas organizaciones benéficas nunca se quejarán de la credulidad del otro. Pero tu pareja, siendo diferente, tendrá un tipo de sombra muy diferente a ti, y es mucho más probable que sea muy consciente de tus sombras.

A Patrick no le cuesta nada señalarle a Connie su tendencia a asumir demasiados compromisos que luego no puede satisfacer. Ésa es la sombra de Connie, una sombra de la que podría no percatarse otro marido, sobre todo si es un no-PAS; incluso podría tener la misma sombra. Y Connie le señala a Patrick hasta qué punto se aferra a una especie de ingenuidad acerca de la «política» en el instituto en lugar de defenderse, algo de lo que otra PAS podría no percatarse.

1. A. Caspi y E. S. Herbener, «Continuity and Change: Assortative Marriage and the Consistency of Personality in Adulthood», *Journal of Personality and Social Psychology* 58 (1990): 250-258.

De qué modo tú, la PAS, te beneficias de la relación

1. *En que estás protegida de todo aquello que te disgusta, y en que recibes ayuda con todo aquello que no te gusta hacer.* Esto puede suponer tal ventaja que las PAS pueden llegar a sentirse culpables por ello; pero, por lo general, lo que es duro para ti es relativamente fácil para tu pareja, y a él o ella le gusta ser necesaria, pues le confirma que no va a desaparecer por completo de tus pensamientos. Por otra parte, al llevar a cabo tales cometidos, tu pareja mantiene su adecuado nivel de estimulación. Cuando Art y yo nos vamos de viaje, él es el que se encarga de comprobar los horarios de trenes y de comprar los billetes, mientras yo espero en silencio a que él se encargue de esto. Y ninguno de los dos tenemos por qué sentirnos culpables.
2. *El amor que siente por ti tu no-PAS te garantiza la experiencia curativa de sentirte respetado.* Las PAS puede que tengan una prolongada historia de sentimientos de ser «segundo plato» o de no sentirse respetadas por las no-PAS, por lo que te hará mucho bien el amor de tu no-PAS, que probablemente se habrá enamorado de ti precisamente por *ser* sensible.
3. *Vas a tener más aventuras.* Debido a que tu pareja no duda tanto antes de lanzarse a algo, es más probable que tengas más aventuras que cualquier otra PAS que se haya emparejado con otra PAS. Y tengo un ejemplo perfecto para esto.

   Yo siempre quise tener un caballo pero, de algún modo, nunca imaginé que aquello fuera posible; hasta que conocí a Art y, cuando empezamos a vivir en el campo, me preguntó, «¿Por qué no te compras un caballo?». Le dije que nunca había tenido uno, que no sabía cómo se cuidaba de un caballo, que eran animales muy grandes y ciertamente complejos, que ni siquiera teníamos una zona vallada donde pudiera pastar, que estábamos muy ocupados como para liarnos más comprando un caballo, y todo eso. Y él me dijo, «Saca algunos libros de la biblioteca sobre el tema, compra lo que necesites, busca a alguien que te ayude a elegir un buen caballo y tráelo a casa, ¡y yo me sentiré obligado a buscar tiempo para hacerle una valla!». Y así fue como, finalmente, me compré un caballo.

Sin tanto dramatismo, Art me persuade para que vayamos al teatro, al ballet y a conciertos, de tal modo que, si no estuviera él, es probable que yo nunca me hubiera animado a ir a estos eventos por mí misma. Él disfruta con estas cosas más que yo, de manera que me obligo a ir «por él». Pero a mí me encanta que Art me haga salir de casa. Cuando estoy sola salgo muy poco (cuando él está solo, sale con más frecuencia que conmigo).

4. *Te harás más flexible porque, aunque seguirás siendo tú, te vas a hacer más parecido a tu pareja.* Después de tantos años con Art, cuando estoy sola yo misma me las arreglo para ir al teatro o al ballet. Al final he terminado tomándole el gusto a todo eso, más de lo que yo hubiera supuesto. Las no-PAS son unos buenos modelos de espontaneidad y, al no dejar que te conviertas en un esclavo de tus preciosas rutinas, te capacitan para que te liberes tú solo.

De qué modo se beneficia de la relación tu pareja no-PAS

1. *Las PAS se percatan de las sutilezas, disfrutan de las que son beneficiosas y transforman las que resultan molestas, de modo que la vida es mejor, y el entorno es más agradable.* Art y yo nos mudamos recientemente a un apartamento y, desde el primer día, yo no hacía más que pensar que las ventanas estaban sucias. Art no se había dado cuenta pero, cuando se lo mencioné, él mismo se encargó de que nos las limpiaran. Y, una vez limpias, mi marido no hacía más que decir que ahora disfrutaba mucho más de su nuevo hogar. Con la decoración del apartamento ocurrió algo parecido. Tuve que decirle que no a muchas de sus ideas, que para mí habrían supuesto tener que vivir en un entorno sobreestimulante, pero él ahora está encantado con el ambiente sereno que se respira en nuestro hogar. Igualmente, en nuestras caminatas, yo le llamo la atención sobre cosas que por lo general le hubieran pasado desapercibidas y de las que, sin embargo, él disfruta mucho.
2. *Las PAS introducen a sus parejas en aventuras de tipo PAS.* A Art y a mí nos gusta hacer viajes de *trekking* por Francia, y los mapas que

utilizamos son bastante detallados. En nuestro último viaje, me di cuenta en varias ocasiones de que había una minúsculas crucecitas en el mapa que indicaban la ubicación de capillas o ermitas. A sugerencia mía, nos desviamos varios kilómetros del sendero marcado para visitar aquellos lugares, y Art disfrutó mucho con todo cuanto vimos. De igual modo, Patrick suele estar muy concienciado con las injusticias políticas y habla de ello con cierta frecuencia; de modo que Connie, la no-PAS, ha terminado concienciándose de tales problemas gracias a Patrick, y en estos momentos se involucra en más aventuras activistas que su marido, pero gracias a que él fue quien le llamó la atención sobre aquellos problemas.

Yo también fui la que comenzó con la práctica de la meditación, algo de lo que Art ha disfrutado mucho durante casi treinta años.

3. *Las PAS previenen los problemas, dando advertencias antes de que las no-PAS se hayan dado cuenta siquiera de lo que sucede.* Tanto Connie como Art reconocen que sus parejas caen en la cuenta de todo antes y anticipan los problemas. Nosotras, las PAS, nos damos cuenta antes cuando alguien se está enfadando, y nos percatamos de las cosas que convendría arreglar antes de que se rompan del todo. Tanto Patrick como yo somos quienes, cada uno en su matrimonio, hemos insistido en la necesidad de gestionar unos adecuados planes de jubilación. Art y Connie son más optimistas, inconscientes e impulsivos, y se cansan pronto cuando se ponen a pensar en todo lo que puede ir mal. A veces, Patrick y yo tenemos razón, y a veces no. Pero Art y Connie están muy agradecidos por todas las advertencias a tiempo que resultaron ser acertadas y previnieron graves problemas.
4. *Las PAS fomentan un estilo de vida más saludable para sus parejas no-PAS.* Las no-PAS son capaces de ignorar las señales que indican que una persona necesita dormir o comer, que necesita hacer ejercicio o tomarse un respiro, en tanto que las PAS no pueden ignorar estas cosas. Y, dado que en pareja resulta más fácil mantener cierta sincronía en estos aspectos, las no-PAS terminan llevando una vida más sensata y más sensible. Por ejemplo, yo necesito imperiosamente tener un día libre a la semana. Cuando Art está solo, él nunca se toma tiempo libre; pero, cuando está conmigo, acepta que ambos

nos beneficiamos enormemente de los días libres que nos tomamos cada semana.

Los retos

Los datos de que dispongo sobre la satisfacción de las PAS en las relaciones indican una ligera tendencia en las parejas PAS/no-PAS a ser menos felices. No obstante, se trata en todos los casos de pequeñas diferencias, y muchas parejas de PAS/no-PAS son tan felices o más como las parejas PAS/PAS. Es decir, las probabilidades de que tengas una magnífica relación con una no-PAS son ciertamente elevadas, y son aún mejores si, además, estás leyendo este libro.

Pero quiero que seas realista acerca del reto que supone, y que valores por qué habéis tenido ciertas dificultades. El psiquiatra Burton Appleford, en su libro *Sensitivity: Agony or Ecstasy?* (Sensibilidad: ¿Agonía o éxtasis?), sostiene que los problemas en los matrimonios entre personas muy diferentes en cuanto a su sensibilidad tienen cierto parecido, por su gravedad, con los problemas que presentan los matrimonios entre personas con cocientes intelectuales muy diferentes. Por ejemplo, las personas de elevada inteligencia tienen ciertas experiencias que sus parejas, con menores niveles intelectuales, no pueden entender o compartir, y lo mismo ocurre entre las PAS y las no-PAS. Sin embargo, a diferencia de la persona que tiene por pareja a otra persona con un bajo nivel general de inteligencia, tú tienes una pareja con un tipo diferente de «inteligencia» y de virtudes. Esto es algo que convendrá recordar cuando exploremos los retos que afrontan las parejas PAS/no-PAS.

Problemas debidos a las diferencias en el nivel óptimo de excitación

En todo ser humano, así como en todo animal, reside un fuerte impulso por mantener un nivel óptimo de excitación. En parejas con temperamentos similares, cuando existe una gran diferencia en lo que cada una percibe como óptimo, es debido normalmente a una cuestión temporal; por ejemplo, una está haciendo horas extra en el trabajo durante algún tiempo cuando la otra se pasa en casa todo el día. Cuando una situación es temporal, no cuesta mucho que uno de los miembros de la pareja transija, o que incluso se adapte por completo, a las necesidades del otro, como ocurre cuando el que se queda en casa deja que el que trabaja horas extra descanse en casa todo cuanto pueda, saliendo a dar un paseo en soledad cuando lo necesita. Pero cuando la diferencia en el nivel óptimo va incorporada y es permanente debido al temperamento, las cosas se complican bastante más. Las concesiones se hacen mucho más importantes, y el que sea una persona la que se adapte siempre a la otra no funcionará. Al mismo tiempo, si transigir lleva a una sobreexcitación en la PAS y al aburrimiento en la no-PAS, entonces nos encontraremos con que ambos miembros en la pareja se van a sentir ciertamente frustrados e insatisfechos. Aquí, las soluciones (que se discuten más adelante en este mismo capítulo) precisan de verdadera creatividad.

Echando la vista atrás hacia Patrick y Connie, Patrick tiene muchas historias que contar de cuando intentó aprender a bucear para complacer a Connie, sobre todo cuando habla del caro paquete de viaje en el que se incluía un día de buceo en aguas profundas, el mismo día en que Connie se puso enferma. Después de pensarlo mucho, Patrick finalmente decidió ir solo, por no desperdiciar el dinero y por no eludir el reto, pero terminó pasando mucho miedo y preguntándose amargamente cómo se había metido él solo en esa situación. Después de aquello, dejó de intentar disfrutar de las cosas de las que no puede disfrutar, pero no han dejado de ir en familia a exóticos lugares apropiados para el buceo. Connie se encarga de diseñar y gestionar los planes de viaje para que Patrick se relaje en la playa mientras ella y las hijas se van a bucear.

El problema es que a medida que una pareja PAS/no-PAS acuerda llevar vidas separadas, según el grado de estimulación que cada una puede sobrellevar y disfrutar, esto puede provocar cierto distanciamiento si se lleva demasiado lejos. Patrick se siente orgulloso de la empresa casera de Connie, y el dinero que ella está ganando de este modo les facilita la vida. Pero ahora sus vidas se han distanciado hasta cierto punto, y tienen la sensación de que no sólo están separados, sino de que están trabajando de algún modo en líneas divergentes entre sí.

Otros de los problemas que surgen en torno a las diferencias entre las PAS y las no-PAS en lo relativo al nivel óptimo de excitación son las siguientes:

1. *Las no-PAS parecen necesitar más momentos de intimidad con la pareja, en tanto que las PAS parecen necesitar más tiempo solas.* Aunque los temores a las relaciones íntimas sean escasos y los estilos de apego sean similares en la pareja, las PAS siguen deseando menos intimidad que las no-PAS. Las relaciones íntimas son altamente excitantes, sobre todo después de un día difícil, y una PAS puede preferir estar sola. Olvídate de la «noche romántica» (desde el punto de vista de la no-PAS) de una abundante y rica cena en un restaurante ruidoso, seguida de baile en un club nocturno aún más ruidoso. Además de que probablemente se va a sentir rechazada, la no-PAS se llevará una pura y dura decepción. Aquí tenemos a una persona dispuesta a conectar con toda su alma, junto a una persona que llega a casa con el único deseo de sentarse y quedarse mirando a la pared.
2. *Ambos tendréis que lidiar con tus momentos de sobreexcitación.* Si una pareja no comprende los límites naturales de una PAS, es muy probable que la sobreexcitación de la PAS sea constante. Después tendréis que lidiar con las consecuencias, como la irritabilidad, los exabruptos, los brotes depresivos, las infecciones y las lesiones frecuentes, los errores por distracción, el insomnio o las preocupaciones obsesivas. Tú, la PAS, quizás recurras también a la comida, el alcohol u otras sustancias para entumecer tu sobreexcitado sistema. Y las consecuencias que acabo de mencionar se pueden hacer crónicas cuando la sobreexcitación se hace crónica.

   Suele suceder que, aunque ambos comprendáis intelectualmente los límites de tu sensibilidad, neguéis no obstante hasta qué punto seguís violando esos límites. Quizás te sientas mal, pensando que eres un caso de trastorno mental o hipocondría, y tu pareja tal vez se sienta como el médico o el terapeuta, siempre ante la expectativa de contener sus propios sentimientos, calmar las cosas, ser la rescatadora.
3. *Ambos tendréis que lidiar con los efectos colaterales del hecho de tener que vivir a través del otro sus tan distintas experiencias.* Cuando estás muy estresada por un plazo límite, por una crítica en el trabajo o

por un día superestimulante, tu pareja no-PAS no va a poder evitar ponerse un poco ansiosa también. A ti no te gustaría que fuera de otra manera, pero tú no-PAS puede terminar cansándose de lo que, desde su perspectiva, es «mucho ruido para tan pocas nueces».

Por otro lado, cuando la no-PAS es la que se sobrecarga y se aproxima a un estado de sobreexcitación, como cuando Connie brega por llevar la casa, dar clases y hacer que funcione su nuevo negocio, una PAS como Patrick no va a poder evitar sentirse especialmente afectada. Patrick querrá que Connie se sienta libre, de modo que intentará no quejarse, por incómodo que le resulte el mero hecho de ver pasar a Connie frenética de un lado a otro. Pero cuando, además, ella se lamenta de que no puede con tantas cosas –cuando *se atreve* a quejarse–, Patrick teme terminar estallando con un «¡Tú te lo has buscado! ¿Qué esperas que haga yo por ti? ¡Deja de hacer tantas cosas si eso te hace sentirte tan desdichada!».

4. *La PAS tendrá más dificultades en el trabajo,* lo cual generará muchas ramificaciones en la relación. Por ejemplo, afrontémoslo, la mayoría de las PAS no llevan bien una semana laboral de cuarenta horas, especialmente si los desplazamientos entre el lugar de trabajo y el hogar son largos o si los hijos están esperando en casa. Pero, además, tú puedes tener otros muchos tipos de problemas relacionados con el trabajo que tu no-PAS quizás no comprenda. Para ti, tu trabajo ha de tener un significado. Por otra parte, tienes problemas para encontrar un ambiente de trabajo físico y socialmente agradable, dado que los lugares de trabajo están más adaptados al otro 80 por 100 restante de la población. De tal manera que es posible que estés yendo de empleo en empleo, o incluso de profesión en profesión, sufriendo con cada cambio –y tu pareja sufriendo contigo.

   Sobre todo, quizás no ganes tanto como las no-PAS, lo cual puede ser bastante mortificante si eres un hombre. Y esta situación no es inusual en modo alguno, pues podría nombrar al menos a cinco parejas PAS/no-PAS en las cuales la PAS genera menos ingresos o, incluso, no los genera. En todos los casos, estas parejas tienen dinero suficiente para llevar una vida holgada, pero ambos miembros intentan gestionar sus sentimientos estereotipados de género acerca del tema, en ocasiones con éxito, en otras no tanto.

Pero el problema no se limita exclusivamente a las PAS. En la actualidad se espera de las mujeres que trabajen, por lo que la mayoría de las parejas disfrutan de ingresos por partida doble. El hecho de que una mujer no trabaje puede ser visto como algo aceptable cuando los hijos son pequeños; pero, normalmente, las MAS que no trabajan se sienten tan mal como los hombres que no trabajan, e incluso se llegan a sentir inferiores a sus parejas que trabajan o tienen el sentimiento íntimo de que no pueden consentirse algún capricho por no ganar su propio dinero. Por otra parte, el marido puede sentir cierta envidia de las parejas de su entorno que disponen de más entradas económicas, en las que los hombres sufren menos presiones debido a que sus esposas trabajan.

Algunas soluciones

1. *Recuérdale a tu pareja no-PAS que la intimidad puede adoptar muchas formas.* Como digo una y otra vez, cada uno de vosotros tiene que creer en las experiencias del otro. Para ti, la PAS, el tiempo de inactividad es esencial después de un período muy ocupado. Se trata de una cuestión fisiológica, y no tiene nada que ver con el amor. Quizás ni siquiera desees estar en completa soledad. De hecho, es muy posible que te relajes mejor con tu pareja, siempre y cuando podáis estar juntos en silencio. Pero, después de un período de elevada estimulación, necesitarás de un tiempo de inactividad antes de cualquier momento para la intimidad. Ésa es una realidad.

   Cuando te sientas en un estado de intimidad con tu pareja, no dejes de decírselo. Para tu pareja quizás parezca que «simplemente estáis leyendo». Pero, si tú le mencionas que te sientes feliz leyendo en silencio juntos, él o ella quizás sienta esa intimidad también.

   Siempre que sea posible, adáptate tú también a las formas de intimidad que pueda valorar tu pareja. Si eso supone disfrutar juntos de un concierto de rock o de una carrera de automovilismo, bien, simplemente llévate los tapones para los oídos. Consentir con algo que no es de tu agrado es una buena manera de demostrarle tu amor, siempre y cuando no lo conviertas en una exhibición de martirio.

Pero no deberías enfadarte demasiado si tu pareja no se da cuenta de que aquello es un acto de amor. Simplemente, señálaselo con buen humor, pues es importante que cada uno de vosotros aprecie cuánto amor puede llegar a expresarse a través de actos de adaptación como ésos. Probablemente, tu experiencia del concierto de rock no sea tan gozosa como lo es para tu pareja; y la experiencia de tu pareja respecto a la lectura silenciosa juntos no le dé el placer que te proporciona a ti.

2. *Aceptad vuestras diferencias de nivel óptimo de excitación y planificadlo todo de forma consecuente.* Para que se dé una verdadera aceptación, ambos miembros de la pareja tienen que dejar de negar tales límites. Pero, ¿de dónde viene tal negativa? Para adaptarse a ti, la PAS, tu pareja tendrá que renunciar a algo. La excitación procede de múltiples fuentes; y, si se añade una fuente más, habrá que eliminar otra. Quizás la nueva fuente sea el hecho de haber tenido otro hijo. Si es así, entonces tendrás que reducir tus horas de trabajo, o dejar de trabajar por completo, si no quieres perderte la crianza de tu hijo, lo cual significa cierta pérdida de poder adquisitivo. Quizás la nueva fuente de excitación sea haber comenzado en un nuevo trabajo. Si es así, se te tendrá que excusar durante unos cuantos meses de la mayor parte de los trabajos domésticos y de las actividades de ocio que ambos compartís, para reanudarlas más adelante si ello es posible. Aunque eso pueda ser un tanto duro para tu pareja. En cuanto aceptes de verdad estos límites, planificar consecuentemente vuestra vida será relativamente fácil. He aquí algunas sugerencias que se podrían aplicar en tu caso y que ambos deberíais acordar.

- Decidid cuáles son vuestras prioridades y olvidaos de algunos de vuestros sueños. En tu caso, si quieres tener éxito en tu profesión, es posible que no puedas consentirte tener hijos, o quizás tener sólo uno.
- Tú necesitas una habitación para ti solo, o al menos un rincón para ti solo, para decorarlo con calma, y donde retirarte cuando tu pareja se ponga frenético, sea a causa de la dicha o la desdicha.
- A ser posible, vivid en un lugar tranquilo, o bien reducid los ruidos del exterior, al menos en una habitación.

- Sumérgete en la naturaleza de manera regular.
- Evita tener que tomar decisiones o hacer elecciones cuando no sea necesario; y, una vez tomes una decisión, aférrate a ella. Acepta el hecho de que algunas decisiones pueden terminar siendo un error, que no puedes saber las cosas de antemano y que no siempre puedes tener razón.
- Tu pareja no debería poner obstáculos a que tengas tus propias rutinas, especialmente si no constituyen una molestia para ella.
- Sigue estrictamente un presupuesto o un plan económico, pues las PAS lo pasan mal cuando tienen deudas. Mantén siempre un «colchón» económico, sabiendo que habrá altibajos y que conviene que minimices su influjo en tu vida.
- Dispón siempre de márgenes temporales; es decir, que siempre te sobre tiempo cuando tengas que tomar un vuelo o acudir a una boda. La mayoría de las PAS se excitan en demasía cuando tienen que darse prisa o llegan tarde.
- Que tus vacaciones sean sencillas y plenas de significado. No dejes que entren en una escalada de extravagancias superestimulantes que no vas a saber gestionar.
- Asegúrate de equilibrar el resto de tu vida cotidiana durmiendo lo suficiente, con ejercicio, tiempo de inactividad y oportunidades para las experiencias espirituales, pues éstos son los cimientos de todo en la vida de las PAS y, por tanto, deben convertirse en prioridades máximas. No las veas como cosas banales.

3. *Ambos tenéis que intentar que la no-PAS se halle en su nivel óptimo de excitación.* Aunque no se trate de una necesidad imperiosa, dado que el mundo le ofrecerá a una no-PAS multitud de cosas que hacer, no debería pasarse por alto la atención al nivel de excitación del miembro no-PAS de la pareja. También puede serle útil una habitación en la cual retirarse, quizás para ponerse la radio, acumular esas montañas de papeles que tú no soportas ver, trabajar hasta muy tarde o, simplemente, no hacer nada. Quizás necesite pasar el rato en una cafetería antes de irse a la cama, en vez de retirarse simplemente al cabo de una noche como cualquier otra en casa. Por cierto, una no-PAS/no-BSI que se halle en un bajo nivel de excitación no

estará buscando precisamente una experiencia radicalmente nueva; tan sólo necesitará un poco más de estimulación. Sin embargo, la no-PAS/BSI necesitará, en este caso sí, más aventuras novedosas.

4. *Sed creativos en la planificación de vuestro tiempo juntos.* Esto es esencial porque, para que vuestro amor se mantenga vivo y siga siendo atractivo para ti, tendréis que disfrutar de momentos felices juntos. ¿Cómo ser creativos? Por ejemplo, yo nunca he disfrutado demasiado explorando grandes ciudades, pero ésta es una actividad de la que Art disfruta mucho. Afortunadamente, a mí me encanta visitar museos y disfrutar de la gastronomía en buenos restaurantes durante uno o dos días. No obstante, lo que me encanta es sumergirme en un bosque, recorrer las orillas del océano o deambular por un hermoso paisaje, algo de lo cual también disfruta Art, siempre y cuando no dejemos de movernos. Así pues, cuando viajamos, dedicamos normalmente varios días a conocer alguna ciudad europea (que no sea demasiado exótica para mí ni demasiado familiar para él), realizando actividades que tengan sentido para ambos. Art lo simplifica todo y lleva a cabo todas las gestiones. Y luego nos vamos a recorrer los amplios espacios abiertos, haciendo caminatas y rutas por la naturaleza.
5. *Sed muy conscientes de que todo cuanto hacéis juntos se ve afectado por vuestras diferencias, normalmente de formas insospechadas.* El modo en que discutís, las cuestiones de las que discutís o el modo en que hacéis el amor, absolutamente todo se ve afectado por el hecho de que tenéis unos sistemas nerviosos bastante diferentes. De modo que, cuando surja un problema, probad a ver si se puede explicar por las diferencias de temperamento existentes entre vosotros. Esta explicación os será de gran ayuda para dejar de culpabilizaros mutuamente y mitigar las actitudes defensivas, que son los principales problemas con los que una pareja tiene que lidiar cuando se enfrenta a un conflicto.
6. *Tened cuidado con el modo en que utilizáis vuestras diferencias de temperamento «durante el combate».* Una vez seáis conscientes de vuestras diferencias, puede resultaros tentador recurrir a ellas para obtener ventaja en vuestras particulares luchas de poder, algo a lo que se enfrentan todas las parejas. No utilicéis este aspecto básico

vuestro como arma arrojadiza ni como objetivo de un ataque. Por ejemplo, no es justo que tu pareja no-PAS recurra a la estrategia de hacer mucho ruido y generar un exceso de estimulación para forzar tu retirada, habida cuenta del exceso de excitación que va a suponer para ti el mero hecho de exponer tu punto de vista. Pero tampoco es justo que tú le amenaces con colapsarte o con una explosión por sobreexcitación si tu pareja expresa alguna necesidad, irritación o queja acerca de algo a lo que tú no quieres comprometerte. Normalmente, estas estrategias se deslizan en nuestro comportamiento sin que seamos del todo conscientes de ello, de modo que realiza algún que otro autoexamen de vez en cuando si tu propio comportamiento durante una discusión «te huele mal» por algún motivo.

Los problemas que genera tu mayor conciencia de las sutilezas

La siguiente serie de problemas, los resultantes de tu sensibilidad a las sutilezas, quedará bien ilustrada con el caso de Linda y Mark.

Linda y Mark

Linda mantuvo una buena relación con su madre cuando era niña, pero su padre se divorció de su madre cuando ella tenía seis años, para casarse a continuación con una prima de su madre. Después de aquello, Linda, su madre y el resto de la familia estuvieron mudándose de un lugar a otro con regularidad y, en cada escuela a la que asistía, Linda se mostraba silenciosa, le costaba mucho hacer amigas, y tenía la sensación de no encajar en ninguna parte. Alrededor de los ocho años llegó a la conclusión de que era «muy nerviosa», de que era diferente, y hasta cierto punto aceptó todo aquello como una realidad acerca de sí misma. Ya en la universidad conoció a Mark, que fue su primera y única experiencia romántica. A Linda le encandiló de inmediato su carácter amable, el hecho de que fuera tan cariñoso con ella y tan reconfortante, «tenía modales muy corteses, pero era también muy divertido».

Que Mark fuera divertido era importante para Linda, porque ella se aburría con facilidad –es, decididamente, una PAS/BSI–. Durante sus primeros años de juventud intentó entablar amistad con personas «buscadoras de aventuras», hasta que se dio cuenta de que estar cerca de ellas le «drenaba la energía». Mark es todo lo opuesto, uno de esos interesantes casos de una persona que ni es PAS ni es BSI. Como dice Linda, «él nunca se aburre, siempre sale con algo; pero, comparado conmigo, es capaz de tolerar más aburrimiento y de asumir una mayor estimulación». Dotado de un sistema nervioso muy estable, casi imperturbable, además de una inteligencia aguda y una sólida formación, Mark era para Linda un magnífico sostén.

Linda siempre tuvo la sensación de que Mark respetaba su sensibilidad «casi demasiado», porque ella, a diferencia de él, se dio cuenta con el tiempo de que no respetaba la escasa sensibilidad de Mark. Al principio, ella evitaba toda confrontación con él, adoptando incluso sus valores y su manera de pensar, sin reconocerse nunca en desacuerdo con él. Pero, posteriormente, en 1973, ella comenzó a meditar, algo que a Mark le traía sin cuidado. La indiferencia de él ante cualquier tema espiritual llevó a Linda a una intensa introspección. La meditación se fue haciendo cada vez más importante para ella, en tanto que la falta de interés de Mark por estos temas se le iba haciendo cada vez más inquietante. Finalmente, Mark dejó de gustarle; la crisis se cernía sobre ellos.

Linda comenzó a enamorarse desde la distancia de hombres más espirituales que Mark, hasta que finalmente tuvo un «asunto» con otro hombre. Linda y Mark se separaron en tres ocasiones. «Evidentemente, yo le juzgaba con dureza por no ser espiritual». Pero Linda no era capaz de dejar de amarle, por mucho que aquel amor le pareciera algo así como desperdiciar sus sentimientos.

Entonces conoció a su actual maestro espiritual, un sabio y dulce *swami*. Linda se sintió henchida de amor, pero no exactamente hacia Mark, que se resintió por aquella intrusión en su matrimonio. Él aún quería que Linda volviera a ser como en los viejos tiempos, cuando lo hacían todo juntos (es decir, cuando ella decía que sí a todo lo que él proponía). Pero Mark no podía compartir la búsqueda espiritual de su mujer.

El maestro le aconsejó a Linda que, simplemente, meditara y viera a Mark como parte de su sendero. «Lo que se nos da se supone que es lo que tenemos», le dijo. Mark fue a ver al *swami* y, como consecuencia de ello, suavizó considerablemente sus actitudes respecto a los intereses espirituales de Linda, mientras ella empezaba a tomar conciencia de que su intenso apego hacia el maestro se debía en buena medida al hecho de que su padre la hubiera abandonado a los seis años. El apego al maestro no se desvaneció; de hecho, incluso se fortaleció, pero ahora no era tan inconsciente ni devorador. Sin embargo, se hacía necesario un cambio, un cambio en ella. Animada por su maestro, que la instaba a respetarse a sí misma, Linda insistió a Mark en someterse juntos a una terapia marital, y entonces se hizo «respondona». Sigue sin enfadarse con él, «pero, cuando le hace daño, da un paso atrás y, poco después, dice con firmeza, "ése es tu punto de vista, no el mío"». Ahora, Linda se siente menos resentida y decepcionada con Mark. Le entristece la certeza de que Mark nunca compartirá con ella esa parte tan importante de su vida, pero le reconforta la compañía de todas las personas que, junto a ella, se reúnen para escuchar a su maestro espiritual. La mayoría de ellas son PAS, según cree ella, y «aquel ambiente me ayuda mucho».

Sin embargo, lo más importante es que, ahora, Linda es consciente de hasta qué punto se complementan Mark y ella. «He crecido mucho. Él me ha enseñado muchas cosas». Pero también es más consciente de sus semejanzas ahora. «Mis puntos débiles son también los puntos débiles de Mark, y le detesto por ello. Pero nuestras cosas buenas son también similares. Podría no haberle elegido a él, pero todo está bien como está».

Las diferencias: de cómo las razones para el amor se convierten en razones para el menosprecio

Linda y Mark son un ejemplo clásico de esas parejas PAS/no-PAS que se sienten atraídas mutuamente por su diferencia en el procesamiento de las sutilezas, una diferencia que le proporcionó a ella sus numinosas experiencias espirituales, en tanto le daba a él una visión práctica de las realidades superficiales de la vida. Esta disparidad, que les llevó a amarse y admirarse mutuamente en un principio, se convirtió en la mayor fuente de decepciones e irritación posteriormente. De hecho, en el punto más bajo de su relación, creo que llegaron a despreciarse debido a ello.

Tanto los investigadores de las relaciones de pareja como los profesionales de la terapia marital suelen encontrarse con que las diferencias operan de esta manera, sobre todo cuando se hallan implicados aspectos de la personalidad que son casi inaccesibles para el otro, como son las diferencias de temperamento. En un principio, A le gusta a B por ser una persona de éxito (B no es ambiciosa en modo alguno), y B le gusta a A por querer crear un bonito hogar (A no tiene talento para eso). Con el tiempo, B se cansa de que A siempre esté trabajando, y A piensa que B es aburrida. En el caso de las diferencias entre la conciencia de lo sutil y la conciencia de lo práctico, el potencial para el desprecio puede parecer enorme debido a la inmensa diferencia que existe entre talentos tan opuestos, que es como la distancia entre el cielo y la tierra.

Pero consideremos otros problemas que pueden surgir por el hecho de que tú seas consciente de lo sutil cuando tu pareja no lo es.

1. *Cuanto más realismo se introduzca en la relación, más crítica se hará tu sensibilidad, y tu pareja no-PAS se pondrá más a la defensiva.* En un principio, quizás sientas cierta decepción con la «superficialidad» de tu pareja, pensando que «está en las nubes» o que es «del todo inconsciente».

   Pero, en cuanto esta observación quede establecida en tu mente, lo llevarás todo al extremo. Sopesarás cada posible consecuencia vital de todo esto y cada uno de los «defectos» de tu pareja (defectos desde tu punto de vista, al menos). Entonces, tu pareja puede llegar a pensar que tienes razón en lo relativo a sus defectos, dada tu aguda intuición, y puede sentirse culpable o avergonzada. Sin embargo, también le va a parecer que en todo esto hay algo erróneo y terriblemente injusto, como de hecho así es.

   Coincido con la hipótesis de Peter Kramer en *Conflictos de pareja* de que, con la cercanía e intimidad que supone la vida en pareja, las personas sensibles se ven abrumadas por la miríada de pistas que reciben acerca de la otra persona. Todo el mundo tiene debilidades, y las PAS perciben de repente, con todo lujo de detalle, hasta los más pequeños matices de la idiosincrasia de sus parejas, cosa que no se percibía tanto cuando la relación no era tan estrecha. Esto hace difícil distinguir a una persona sólida con unos cuantos problemas (dado que tú estás captando todos y cada uno de sus problemas) de una persona con un verdadero problema.

Para acabarlo de arreglar, en tanto que PAS, tú eres capaz de captar muchos más defectos en tu pareja que tú pareja puede detectar en ti. Incluso serás más proclive a buscar defectos y a sentirte decepcionado si en tu infancia te sentiste decepcionado con alguno de tus progenitores, como le ocurrió a Linda con su padre. Hasta cierto punto, ella estaba programada inconscientemente para ejercer cierta vigilancia sobre las potenciales cualidades decepcionantes de Mark.

No es difícil imaginar el impacto que puede causar en tu pareja el hecho de que le hagas una relación, silenciosa o no tan silenciosa, de sus «puntos débiles». La autoestima de tu pareja se sentirá amenazada en su mismo núcleo pues, al fin y al cabo, tú eres demasiado sensible y le conoces demasiado bien como para equivocarte. De modo que ten cuidado: no hay nadie que pueda gestionar tal ataque durante mucho tiempo sin terminar levantando una sólida defensa o, incluso, sin lanzar una contraofensiva.

2. *También te puedes ir al otro extremo y evitar cualquier comentario acerca de las deficiencias que observas.* ¿Por qué? Porque la propensión a procesarlo todo en profundidad puede llevarnos a procesar también las críticas de nuestra pareja sobre nuestro comportamiento, y eso es algo que puede dolernos, y mucho. Así pues, para evitar las críticas, quizás decidas no criticar nunca a tu pareja, y mantenerte a salvo tú también por encima de toda crítica. Desde tu punto de vista, el no criticaros el uno al otro quizás se convierta en un acuerdo explícito. Pero el problema estriba en que, en toda relación a largo plazo, ambos miembros de la pareja se sentirán más pronto o más tarde insatisfechos, y tendrán que hablar de ello necesariamente pues, de otro modo, el resentimiento se irá acumulando. La ira reprimida socavará inevitablemente la intimidad. Con suerte, la ira estallará de cuando en cuando y podréis restablecer la intimidad, si bien con mucho dolor innecesario debido a la demora.

   En un escenario ligeramente diferente, los dos miembros de la pareja evitarán hacerse cualquier tipo de crítica de tal manera que terminarán creando, para uno de ellos o para ambos, una atmósfera aceptadora e infantilizadora, una situación que puede transformar a unos adultos razonables en personas con atribuciones infantiles que rara vez piensan en los demás. Esto quizás demore las explosiones de ira, que no obstante llegarán se producirán de todos modos.

Todo el mundo sabe esto de un modo conceptual, pero el problema puede surgir de todas formas en una relación en la que haya una PAS. Hasta aquellas de nosotras con la mejor de las infancias es sensible a las críticas, de tal modo que bien puede ser que decidamos evitarlas directamente. Cuando el pacto de «no agresión» por las críticas viene operando durante años y, de pronto, el dique se desmorona, las consecuencias pueden ir desde el fin de la relación hasta la renovación vital de la actual relación, al punto que casi puedes planificarlas.

3. *Tú pareces ser capaz de leerle la mente a tu pareja no-PAS, en tanto que ella no es capaz de leerte la mente a ti, lo cual lleva a todo tipo de problemas de comunicación.* Una consecuencia es que tu pareja no-PAS puede llegar a albergar la esperanza de ser del todo comprendida, cuando en realidad tu comprensión tendrá grandes lagunas. También puede que cometas el error de pensar que tu pareja se ha dado cuenta de algo acerca de ti de lo que en realidad no se ha percatado. Tú sí que te habrías dado cuenta, y por eso crees que ella lo ha notado. Y cuando te percates de que no has sido comprendido intuitivamente, quizás te sientas bastante decepcionado. También puede ocurrir que termines cansado de tener que explicar lo que debería ser obvio.
4. *En las conversaciones con más de una persona, tú podrías hablar menos, intentando profundizar en los temas, mientras tu pareja llena tus vacíos con una charla más «superficial».* O bien cambia todo el asunto: alguien estaba hablando de sus dolores de espalda, y tú estabas pensando en todo cuanto sabes acerca del dolor de espalda. Mientras tanto, el tema se desvía hacia la dieta, de manera que te pones a pensar en cuestiones de nutrición. Después pasa a los restaurantes, los viajes, la política exterior y la política en general. Tú no has dicho casi nada, y has escuchado bien poco que merezca una respuesta, según tu opinión, porque las no-PAS parece que hablen sin pensar demasiado las cosas. Tu silencio se puede interpretar como una cuestión de timidez o desinterés; pero, piensen lo que piensen los

demás, ellos llenarán el vacío que tú dejas, dando por supuesto que no te importa. De hecho, tú tenías muchas cosas que decir, y terminas sintiéndote excluida o enfadada.

5. *Cuando os enfadáis, tú probablemente contienes tus sentimientos y reflexionas sobre ellos, mientras que tu pareja reduce la tensión dando expresión a toda pequeña preocupación o molestia.* Al hacer las maletas para un viaje, quizás prefieras, por ejemplo, guardar silencio y concentrarte, en tanto que tu pareja se dedica a hacer comentarios de pasada con todo tipo de preguntas retóricas tales como «¿Qué tiempo estará haciendo allí?» o «¿Dónde están los billetes?». Pero, durante una crisis, vuestros comportamientos revelan los mismos estilos contrapuestos. Tú intentas mantener la calma, guardar silencio, mientras tu pareja se pregunta en voz alta si estáis tomando la decisión correcta y divaga sobre lo mal que os va a ir todo. Como eres una persona concienzuda, sientes que tienes que responder a todas y cada una de sus preguntas o preocupaciones, cuando tu pareja en realidad no está esperando respuesta alguna; lo único que busca es seguir hablándote mientras te devanas los sesos de aquí para allá. Pero la cháchara constante no hace otra cosa que añadir estimulación y minar tu concentración, fomentando tu irritación y el conflicto.
6. *Si tu desilusión te lleva a juzgar a tu pareja, y tus juicios llevan a tu pareja a ponerse a la defensiva, podéis terminar cayendo ambos en el «desdoblamiento».* El desdoblamiento es un mecanismo de defensa que se utiliza principalmente en la infancia, y que le permite a uno verse a sí mismo o ver a los demás en un momento dado de un modo completamente maravilloso o absolutamente terrible, sin tener que lidiar con aquellos aspectos, buenos o malos, que nos resultan difíciles de aceptar. La vida es así más fácil, al principio. Cuando uno se enamora, puede «desdoblar» todos los rasgos negativos de la otra persona para ver sólo lo maravilloso. Y, cuando nos desilusionamos o nos sentimos atacados, podemos «desdoblar» todos los rasgos buenos de la otra persona, y ver sólo los más terribles.

El mismo tipo de desdoblamiento o escisión se puede dar en nuestro interior, claro está, cuando sentimos que todo en nosotros es perfecto o todo es terrible, rechazando cualquier conciencia de experiencias que no validan tal percepción. Para mantener tal ceguera, nos «liberamos» de la mitad negada ocultándola en otra persona, ¿y quién mejor que nuestra tan distinta pareja?

En teoría, las PAS no tienen por qué utilizar demasiado los mecanismos de defensa del desdoblamiento y la proyección, dado que no se nos dan muy bien los mecanismos defensivos negacionistas y racionalizadores. El inconsciente se filtra en nosotras de formas que no suelen pasarnos desapercibidas, como a través de la disociación, la ansiedad difusa y los síntomas físicos. Pero nos podemos sentir muy mal cuando encontramos algún defecto en nosotras mismas o en alguna persona a la que hemos idealizado, pues un defecto puede tener muchas implicaciones, demasiadas. De ahí que quizás «desdoblemos» en un principio, mientras nos adaptamos a la nueva realidad.

Por ejemplo, supongamos que a un HAS le dice su esposa no-PAS que se siente abandonada porque él nunca está para ella. Quizás él vea algo de verdad en tal queja por unos instantes, para a continuación verse inundado por las implicaciones que conlleva; ya está dedicándole a ella todo el tiempo que puede, se siente agobiado por el trabajo y ahora parece que también está fracasando como marido. Tal imagen de sí mismo puede resultarle ciertamente insoportable, de modo que se defiende llegando a la conclusión de que el problema se halla en ella, que es demasiado exigente, controladora o dependiente. ¿Por qué se casó con tan terrible mujer? Ahora, todo en ella está mal, y todo en él está bien. ¡Qué alivio! Sin embargo, cuando reflexione un poco más probablemente se dará cuenta de que ambos tienen parte de razón, que ella está expresando una queja del todo justificable, y ni siquiera está enfadada con él; y que quizás él tiene que programar mejor su tiempo para mantener un equilibrio en su vida. (Nos detendremos de nuevo en el desdoblamiento en el capítulo 7).

Las relaciones íntimas traen normalmente consigo alguna forma curiosa de desdoblamiento en la que se da una especie de especialización extrema. En ocasiones es inofensiva, como cuando la pareja llega a la conclusión de que uno de ellos es un genio interpretando mapas y siguiendo direcciones, en tanto que el otro no lo es. Pero otras veces el desdoblamiento es más dañino, como cuando uno se considera muy competente con el dinero, mientras el otro es un caso perdido, con lo cual este último nunca llega a desarrollar cierta sensación de independencia económica. Dado que las parejas PAS/no-PAS presentan ya numerosas diferencias, el desdoblamiento de especialización ocurrirá con más frecuencia en estas parejas. De hecho, si nos centramos exclusivamente en la sensibilidad, la persona menos sensible pasará a ser vista por ambos miembros de la pareja como una persona insensible, lo cual es un grave error. Ten cuidado con esto en tu relación.

Algunas soluciones

1. *Refrena tu percepción de los defectos.* Tal como lo expresa el psiquiatra Peter Kramer, para que una PAS como tú se involucre en una relación, «se precisa de un esfuerzo consciente por ignorar lo que se percibe con gran precisión»;[2] es decir, por ignorar los defectos de tu pareja, que se ciernen amenazadores y en gran número. A medida que los procesas en profundidad, parece que vayan arrojando sombras en todas las áreas de tu vida debido a sus implicaciones. Sin embargo, puedes compensar todo esto en cuanto eres consciente de que tu elevada sensibilidad puede estar inflando el número y la gravedad de los defectos de tu pareja. Céntrate más bien en sus virtudes, procesándolas también en profundidad. Recuerda que cada pareja es un lote en el que va todo incluido. Y, en cuanto a los defectos, piensa en esto: cuando tú eliges una pareja, eliges también una serie concreta de problemas.[3] Mira a tu alrededor. ¿Existe en realidad alguna persona que conozcas bien con la que te resultaría más fácil vivir que con tu pareja? Si piensas que con otra PAS podrías vivir mejor que con tu actual pareja, no dejes de leer en el siguiente capítulo la sección en la que se habla de los problemas que puede tener una pareja compuesta por dos PAS.

   Idealizar a alguien a quien apenas conoces es fácil. Como decía Ethel Person, para encapricharse se precisa de la distancia suficiente como para que «el trabajo imaginativo de enamorarse pueda tener

2. Kramer, *Conflictos de pareja,* p. 198 (de la edición original).
3. Parafraseado de D. Wile, After the Honeymoon: How Conflict Can Improve Your Relationship (Nueva York: Wiley, 1988).

lugar».[4] Así, combate al fuego con fuego: utiliza tu imaginación PAS para imaginar cómo sería vivir con otra PAS, e imagina también todo lo que echarías de menos de tu querida no-PAS.

2. *Distánciate un poco de tu pareja; sus flaquezas no son las tuyas.* En una relación íntima podemos llegar a incluir a nuestra pareja en nosotros mismos hasta tal punto que podemos confundirnos con ella. Esto es algo estupendo si tienes que tomar la decisión de rescatar a tu pareja de un edificio en llamas o si tienes que donarle uno de tus riñones; pero no está tan bien cuando no sólo te preocupas de lo que tú haces que pueda estar molestando a los demás, sino también de lo que tu pareja no-PAS hace que pueda estar molestando a los demás. Añádele a ese «plato» una pizca de baja autoestima y espárcela hasta conseguir una baja autoestima en ambos, y ten la seguridad de que vas a pensar que vives con la persona más alborotadora e insensible del planeta.

   Prueba a pensar de otra manera cuando, sólo como ejemplo, creas que tu pareja no-PAS «no es inconsciente de lo que hace», hablando de forma impulsiva, sin darse cuenta de que los demás parecen (a tus ojos) cansados o aburridos de escucharle. Tú probablemente no lo harías pero, si él o ella lo hace, ¿qué tiene de malo? ¿De verdad está molestando a todo el mundo con su cháchara? ¿Puede ser que alguien esté disfrutando con lo que dice tu pareja? ¿Puedes confiar en que los demás pondrán a tu pareja en su sitio si es necesario? ¿Acaso tú juzgas a tus amigos por lo que sus parejas hacen? ¿Juzgas incluso a sus parejas hasta ese punto cuando hablan demasiado? Probablemente no.

3. *Para reducir el desdoblamiento, reclama a tu yo repudiado.* La psique utiliza el desdoblamiento para proteger al ego de toda verdad insoportable, pero a la psique no parece que le guste mucho esta solución, pues más pronto que tarde va a presionar para que la parte escindida regrese a la conciencia. Es de esperar que, al igual que ocurrió con Linda, tú aún mantengas tu relación para cuando eso ocurra. Así pues, cuando veas las cosas sólo «en blanco y negro», significará que ha llegado el momento de sentarse y reflexionar, en

---

4. Person, *Dreams of Love and Fateful Encounters*, 264.

lugar de tomar decisiones. Y es éste un momento crucial para considerar si los defectos de tu pareja que tanto te molestan, o sus idealizadas virtudes, pueden ser reales o no.

4. *Asimismo, para reducir el desdoblamiento, prueba a pensar en las cosas negativas y en las positivas al mismo tiempo.* En vez de procesar un atributo de tu pareja que saque a la luz todo lo negativo que hay en él o ella, intenta pensar en ese atributo en sus muchas implicaciones positivas, negativas y neutras, dependiendo de la situación o el entorno. (Profundizaremos en esto en el capítulo 7).
5. *Pídele a tu pareja que te invite a participar en las conversaciones en las que hay más personas que vosotros dos,* en lugar de llenar los vacíos que tú dejas. Tu pareja podría pedir tu opinión o llevar la conversación hacia alguna de tus especialidades o temas que más te interesan. Pídele también que fomente el desglose de conversaciones para que se desarrollen conversaciones paralelas, preferiblemente por parejas, ya que las PAS disfrutan más de las conversaciones de uno en uno.
6. *Pide silencio cuando de verdad lo necesites, y tolera el runrún de comentarios siempre que puedas.* Por encima de todo, hablad de vuestras diferencias en cuanto a la necesidad de silencio o de conversación como formas de comportamiento igualmente válidas, pero con consecuencias para ambos. Cuando tu pareja hable en un momento en que necesitas silencio, es él o ella quien terminará pagando las consecuencias de tu fatiga e irritabilidad, o de su sentimiento de ridículo por ponerse a hablar cuando a ti te desagrada. Por otra parte, si tu pareja tuviera que guardar siempre silencio por ti, apuesto a que finalmente echarías de menos sus comentarios, que pueden resultarte familiares y tranquilizadores. También, cuando la gente guarda silencio, las PAS comenzamos a preocuparnos por lo que puedan estar pensando realmente, preocupación que es menos habitual cuando se tiene una pareja no-PAS.
7. *Aprende a subir el volumen de tu voz hasta un nivel que las no-PAS puedan escuchar.* Es muy importante que tomes conciencia de que el modo en que te gustaría que se dirigieran a ti –sutil, suave, indirecto– no siempre es el más adecuado para una no-PAS. Mi marido suele decir bromeando que, en una escala de uno a diez, yo le pido que haga algo en un nivel de uno o dos, y que, si no me escucha,

entonces se lo digo con un nivel de diez y doy la impresión de estar enfadada y estar reprochándole. Un cinco la primera vez habría estado perfecto, aun cuando a una PAS le parezca excesivo. Por volumen me refiero literalmente a lo alto que hablas, pero también a hasta qué punto lo haces de un modo directo y asertivo. No digas, «¡Caray, me estoy quedando helada!», sino «¿Podrías subir la temperatura del termostato?». Las PAS «captan las insinuaciones» muy bien, pero a las no-PAS se les pueden pasar por alto. (Por cierto, esta sugerencia es asimismo esencial con las no-PAS con las que te relacionas en tu puesto de trabajo).

Los problemas que surgen por una baja PAS-estima

Por todos los motivos de los que hablé en el capítulo 1, las PAS no se tienen por ideales en nuestra sociedad. El hecho de que, en la primera parte de tu vida, hasta las personas que más te querían te sugiriesen amablemente que, por tu propio bien, intentaras ser menos sensible, debió de llevarte, cómo no, a crecer con la idea de que había algo mal en ti, algo que no podías cambiar porque era un componente básico: tu aparentemente *a*-normal sistema nervioso. De modo que probablemente sigas padeciendo una profunda carencia de autoestima, por muy bien que intentaras compensar todo aquello desde entonces con todo tipo de logros.

En un principio, puede resultar difícil comprender hasta qué punto una baja autoestima es un obstáculo para el verdadero amor. Esa sensación de ser fundamentalmente defectuoso es muy peligrosa para el ego, pues lo sitúa muy cerca de la depresión y la autodestructividad, de ahí que la psique tenga que darle prioridad a la protección de tu frágil ego por encima de cualquier otra cosa. Las respuestas de a quién amas, hasta qué punto intimas, o cómo respondes al flirteo o al rechazo están determinadas por las posibilidades que ofrezcan de apuntalar la autoestima de tu ego, o bien debilitarla aún más. No importa el efecto que pueda tener sobre tu pareja el modo en que respondes ante él, ella o los demás; eso vendrá siempre en segundo lugar.

Además, no te atreverás a juntar tu acuario de peces con el acuario de otra persona en tanto creas que tus propios peces son pequeños y huidizos (como ya vimos en el capítulo 3). Sin embargo, quizás elijas a alguien cuyo acuario esté lleno de peces brillantes, pues nada te haría sentir mejor contigo misma ni te compensaría más por tus supuestas carencias. Si los peces de la otra persona son también pequeños y huidizos, quizás te alegres para tus adentros, pero también puede ser que tu baja autoestima te lleve a buscar en otro acuario.

O quizás elijas a alguien con un acuario casi vacío, lo cual hará que te sientas mejor, o al menos a salvo por tener a alguien a tu lado, aunque no dejarás de sentirte insatisfecha.

En resumen, la baja autoestima puede llevarte a elegir a la persona equivocada, a ser deshonesto o a traicionar a alguien a quien dices amar, cosas que difícilmente van a mejorar la opinión que tienes de ti mismo. Pero, además, para las PAS con parejas no-PAS en concreto, la baja autoestima puede generar otros problemas especialmente significativos.

1. *El hecho de estar con una no-PAS puede tener para ti unos significados adicionales ciertamente peligrosos.* Como ya he explicado, al menos inconscientemente, tienes la tendencia a ver a las no-PAS como personas normales, adecuadas, afortunadas y merecedoras de esa estima que tú crees no merecer. Desde esta perspectiva, la de un pensamiento en blanco y negro exclusivamente, es posible que en un principio escindas todos tus rasgos positivos y los proyectes sobre tu pareja no-PAS, impidiéndote así ver tus propias virtudes y sus defectos, y cediendo demasiado poder a tu pareja. Pero el poder corrompe, y un exceso de sumisión por tu parte puede hacer que la mejor de las personas considere perfectamente justificable controlarte o criticarte siempre. Aunque tal persona pueda vacilar en un principio, es terriblemente tentador jugar el papel de sabelotodo si tú, inconscientemente, la invitas a bailar esa danza contigo. Aunque él o ella no conozca los pasos de tal danza, con tu actitud se lo pondrás muy fácil.

   Pero, por debajo de toda esta idealización de las no-PAS, las PAS con baja autoestima pueden sentir además una envidia terrible. La envidia opera por lo general en el inconsciente, lo cual la convierte en una emoción poderosamente destructiva. Al igual que la madrastra y las hermanastras de la Cenicienta, las personas envidiosas desean poseer aquello que es bueno, que se les antoja que sólo se encuentra en las personas que las rodean. Desean esclavizar lo Bueno o, en su defecto, intentarán destruirlo, junto a aquella persona que piensen que lo posee. Y lo harán de forma literal, o simbólicamente, o bien una y otra vez en su imaginación. Si te descubres un día sintiendo tal envidia en tu interior, ten la seguridad de que no eres la única.

2. *Los comentarios de amigos y familiares adquieren demasiado peso.* Cuando uno no se siente seguro de sí mismo puede recurrir a los demás en busca de consejo respecto a su relación. Pero los demás no sólo no os conocen suficientemente bien a ambos como para ofrecer buenos consejos, sino que es también probable que refuercen los estereotipos y prejuicios que ya te han hecho sentir mal respecto a ti mismo y a tu pareja.

   Art ha sido siempre una persona plena de energía. Cuando era pequeño, a su cuna le tuvieron que añadir un segundo nivel de barandillas para que no se saliera de allí. Cuando tenía seis meses, el médico le insistió a su madre en que se tomara unas vacaciones sin el niño porque la estaba volviendo loca. Y dice la leyenda que, cuando la madre se fue, hicieron falta otros cinco miembros de la familia para atenderle. No era un mal chico, tan sólo era un niño con demasiada energía.

   La mayoría de la gente se agota sólo con ver a Art en directo durante una hora de su vida, y suelen pensar que el hecho de que vaya de aquí para allá constantemente en pos de sus objetivos debe de tener un origen neurótico. Precisamente por no tener un temperamento así, yo también puedo caer en tal perspectiva sobre Art, y pensar que todas esas personas quizás tengan razón y que todos sus proyectos no son más que una defensa frente a su angustia existencial. Cuando alguien me pregunta cómo puedo vivir con él, si ese día estoy insegura de mí misma y de Art, quizás responda que no sé muy bien cómo lo hago, y puede que incluso empiece a sentir pena por mí misma.

   Sin embargo, esto no es más que temperamento. Él vive con mi temperamento y yo vivo con el suyo. Él se beneficia de nuestras diferencias y yo también lo hago. Él hace mucho por mí, gracias precisamente a su inmensa energía. Pero todo esto es fácil de olvidar cuando las personas manifiestan sus prejuicios y su incomprensión respecto a su temperamento.

A su vez, también hay personas que le preguntan a Art cómo puede vivir con una persona tan absorta en su vida interior, tan quisquillosa y delicada, una persona que no tiene su avidez por relacionarse y divertirse. Todo esto son prejuicios acerca de las PAS, que no hacen más que pasar por alto sus virtudes. Sin embargo, Art admite que debe tener mucho cuidado en no dejarse llevar por estos prejuicios, sobre todo cuando no se siente demasiado bien consigo mismo y duda de haber hecho bien al decidir compartir su vida conmigo.

3. *Las PAS se ven también más afectadas por los grandes prejuicios culturales existentes sobre el temperamento, especialmente por los relacionados con la valía de los cuatro géneros.* Dado que éste fue el tema del capítulo 2, sólo te recordaré que a todos se nos ha imbuido la idea de que los no-HAS son los hombres ideales, de que las no-MAS son casi tan ideales como mujeres, y que los HAS y las MAS son otra cosa. Si te crees estas necedades vas a tener problemas. Si aceptas a tu pareja no-PAS como la ideal te vas a ver a ti mismo como una persona de segunda división, lo cual será negativo para ambos. Tu pareja se verá forzada a pensar que se equivocó eligiendo a una PAS y a tener que vivir de acuerdo a una imagen que le impedirá ser auténtica contigo.

Algunas soluciones

1. *Trabájate tu baja autoestima* de los modos que indico en mis libros *El don de la sensibilidad* y *The Highly Sensitive Person's Workbook,* recontextualizando tus «fallos» y valorando tu rasgo.
2. *Sé consciente de tus prejuicios internos en lo relativo a tu propio temperamento.* Analiza quién reforzó en tu pasado ese sentimiento de ser una persona defectuosa por ser sensible, e intenta escuchar y responder a esa voz interiorizada. Observa el impacto que tuvieron en ti tus padres, tus años en la escuela, los medios de comunicación y otros libros de autoayuda que puedas haber utilizado. *The HSP's*

Workbook también puede ser útil en esto. No lo dudes: todo cuanto hagas por valorar tu sensibilidad es también un acto de amor por tu pareja no-PAS.

3. *Elimina la envidia con realismo.* Intenta no perder de vista tus puntos buenos, pues ciertamente tienes mucho de lo Bueno, y fíjate en los problemas que tienen los demás, incluida tu pareja, pues sus vidas no son tan maravillosas ni tan buenas como pueda parecer. ¿A qué santo, pues, esa envidia?
4. *Ten cuidado con la influencia que los demás puedan ejercer sobre ti.* Lee de manera crítica todo cuanto te llegue acerca del temperamento, la timidez, la introversión y todo lo demás. Y pronúnciate cuando escuches a alguien expresar prejuicios acerca del temperamento, no sea que tu pasividad permita introducirse a esos prejuicios en tu sistema de creencias.
5. *Sé consciente de tus propios prejuicios relativos al temperamento de tu pareja.* A medida que te sientas mejor por ser una PAS quizás empieces a encontrar defectos en tu pareja no-PAS. Sin embargo, esta escisión no es en modo alguno necesaria para que te sientas mejor y te respetes a ti mismo. De hecho, a largo plazo volverías a criticarte a ti mismo, pero ahora por haber elegido mal a tu pareja. Sois dos personas distintas, y muy posiblemente ambas sois personas perfectamente adecuadas, cada una a su manera. No olvides que tu pareja te ha amado a pesar de los prejuicios culturales existentes sobre las PAS, que probablemente ha aprendido a ignorar estos prejuicios y a verte como un todo maravilloso, a pesar de los defectos que sobre ti le hayan señalado otras personas. Por tanto, tu pareja puede ser un modelo excelente a imitar mientras aprendes a valorarla también como un todo maravilloso.

Una sugerencia para las mujeres sensibles (MAS) que tienen por pareja a hombres supuestamente no sensibles (no-HAS)

Como ya dije en el primer párrafo de este capítulo, son muchas las PAS que creen que su pareja es no-PAS cuando en realidad también es una

PAS, y esto suele suceder mucho en el caso de las MAS. El problema clásico en la guerra de géneros viene a resumirse en que la mujer es demasiado sensible si se compara con los sentimientos del hombre, y que esta incapacidad del hombre para corresponder la saca de quicio. Pero supongamos que tu compañero supuestamente no-HAS es en realidad un HAS que ha encubierto hábilmente su sensibilidad debido al intenso adoctrinamiento precoz en el código masculino (*véase* el capítulo 2). Pero, además, supón que tuvo también problemas en su primera infancia. Siendo un hombre, es más probable que haya adoptado un estilo de apego evitador-displicente y que no parezca estar interesado en tener o en mostrar sentimientos, sobre todo sentimientos de necesidad o de atención y cuidado por los demás.

Para un hombre así puede resultar especialmente amenazador compartir la vida con una MAS como tú, tan interesada en los sentimientos más profundos. Puede que tema verse arrastrado hacia esa peligrosa zona en la que puede verse expuesto como un hombre vulnerable, y no como un «hombre de verdad». ¿Le dejarías si se pusiera a llorar o te necesitara desesperadamente? ¿O le dejarías porque parece que nunca vaya a hacerlo? ¿O utilizarías más bien tu propia sensibilidad para conectar con sus defensas y persuadirle con el fin de que exponga al aire libre su sensibilidad y su vulnerabilidad? Y, si no fuera capaz de atreverse a dar ese paso contigo, ¿intentarías convencerle para que hiciera psicoterapia? Si te fijas bien en los problemas de nuestro planeta te darás cuenta de que son muchísimos los hombres que necesitan de la ayuda de una MAS. No es tu obligación ayudarlos a todos; ni siquiera es tu obligación ayudar a éste, si consideras que no debes hacerlo. Pero, quizás, si él es capaz de apreciar tus esfuerzos por ayudarle, si puede prestar atención a tus propios forcejeos sin juzgarte demasiado, y si puede dar un poco a cambio, quizás termines pensando que valió la pena.

Cambia lo que no puedas aceptar y acepta lo que no puedas cambiar

Por encima de todo, desarrolla la sabiduría de conocer la diferencia entre lo que puedes y lo que no puedes cambiar. Sí, tú quieres crecer y cambiar, y se supone que tu pareja desea también lo mismo. Y ambos queréis ayudaros mutuamente en este empeño instándoos al cambio. Pero uno de los grandes logros del crecimiento es el de la aceptación mutua: aceptar la inevitable decepción que sentirás al constatar las limitaciones heredadas de tu pareja, apreciar que cada persona es un «lote» en el que van cosas buenas y no tan buenas, y que «cuando eliges a alguien por pareja, eliges una serie de problemas».

Aceptar los límites de la vida y de la mortalidad, y emocionarte con lo que ya posees, por tantos momentos del día como puedas estar consciente y enamorado, viene a ser la esencia de la sabiduría.

Así pues, ahora que las parejas PAS/no-PAS han ponderado ya sus gozos y sus sombras, vamos a tomar en consideración las circunstancias de las parejas PAS/PAS.

CAPÍTULO 6

Cuando ambos sois altamente sensibles: cómo mantener la paz entre dos guisantes de la misma vaina

Podría parecer innecesario escribir un capítulo acerca de los problemas que se pueden presentar entre dos personas con temperamentos similares. Después de todo, en este libro he estado resaltando el impacto que tienen las diferencias de temperamento, y no las similitudes, en el éxito de unas relaciones íntimas. Pero, aunque pueda parecer que las parejas PAS/PAS no pueden sufrir de otra cosa que de una gran abundancia de riquezas, en realidad también tienen sus problemas, gracias precisamente a su doble ración de sensibilidad.

Además, como ya he dicho anteriormente, mis investigaciones indican que muchas PAS mantienen relaciones con personas que ellas creen que son no-PAS, cuando en realidad son bastante sensibles, o incluso verdaderas PAS, aunque sean menos sensibles que la persona que se tiene por altamente sensible. La ilusión de tal diferencia suele tener su origen en la escisión de la que hablé en el capítulo anterior. Si ambos miembros de la pareja son sensibles, pero uno de ellos lo es un poco más, pueden llegar a la conclusión de que uno de ellos es sensible y el otro no. Pero esto tiene una matización, pues habrá momentos en que el miembro menos sensible de la pareja se esté viendo realmente más afectado por su rasgo, y el miembro más sensible dé un paso al frente y se vuelque con su pareja, sabiendo exactamente lo que tiene que hacer. Pero para esto hace falta que la persona más sensible reconozca hasta qué punto su pareja puede ser también sensible.

Así pues, aunque no tengáis la impresión de ser una pareja PAS/PAS, puede que lo seáis más de lo que creéis, o al menos no estará de más que toméis en consideración tal posibilidad. Además, puede que en un futuro tu pareja sí que sea una PAS, y sin duda que debes tener relaciones con amigos y familiares sensibles, de modo que sigue leyendo.

Lo bueno de todo esto

Evidentemente, lo bueno de todo esto ya se ha expuesto: que si tu pareja es otra PAS, tenéis más posibilidades de mantener una relación satisfactoria que si tu pareja es una no-PAS, y esto es especialmente cierto con los HAS. Los miembros de parejas PAS/PAS suelen decir también que sintonizan mejor con sus parejas.

Asimismo podríamos decir que es una buena noticia que tantas PAS hayan podido encontrarse unas a otras, dadas las enormes probabilidades de ser personas introvertidas, tímidas o que simplemente les gusta quedarse en casa a solas los sábados por la noche. Para explicar lo que pretendo transmitir voy a presentar a tres parejas PAS/PAS, y comentaré cómo se conocieron y se enamoraron. Sus relatos te llevarán a pensar que debe existir algún Cupido especial o algún ángel guardián que tenga asignada la tarea de hacer que las PAS se junten.

El encuentro de mentes y corazones comunes

Kate y Alex, ambos en los veintitantos, se conocieron por e-mail, pero para llegar a conectar les llevó mucho tiempo. Ambos se leían mutuamente sus *posts* en Internet e intercambiaban imágenes, luego empezaron a escribirse directamente hasta que, mucho después, se conocieron en persona. Kate me comentó que, cuando se conocieron, no le gustó la aguda voz de Alex, en tanto que a Alex le gustó Kate casi demasiado para lo que hubiera deseado Kate, pues gustar de tal modo era algo a lo que ella no estaba acostumbrada. Kate había pasado por cinco o seis relaciones, todas ellas con no-PAS; y, cuando las cosas no habían funcionado, sus exparejas le habían echado la culpa a ella, aunque ella misma aceptaba en gran medida tal culpabilidad. Era como si su subconsciente estuviera diciendo, «A los hombres de verdad (los únicos hombres que había conocido eran no-PAS) no les gusto». Sin embargo, Alex la vio perfecta para él, y por eso mismo ella pensó que aquello era un tanto extraño.

De hecho, según Kate, todo con Alex había sido diferente. Sus sentimientos por él, al principio, no fueron tan intensos como con sus antiguos novios, pero el agrado mutuo fue creciendo progresivamente a lo largo de los años. Y en tanto que la familia de Kate había visto con agrado a sus novios anteriores, esta vez tanto ella como Alex tuvieron que ignorar a sus respectivas familias, que no podían comprender qué veían cada uno de ellos en el otro. Pero Kate, que se había dado cuenta en el instituto de que era una PAS porque no le gustaba la música estridente ni las fiestas nocturnas, está ahora plenamente convencida de su elección. De hecho, no puede imaginarse otra pareja que no sea una PAS.

Teresa y Juan se conocieron en la universidad cuando ambos tenían treinta y tantos años. Teresa había pasado por varias relaciones románticas intensas que habían terminado mal, dejándola cada una de ellas más recelosa que la anterior. Se veía a sí misma como una persona enamorada de la idea del amor, casi adicta a la euforia y las crisis. Pero, para cuando conoció a Juan en una de sus clases, había sufrido tanto que no quería establecer relaciones en modo alguno, aunque no había dejado de anhelar tener un compañero de vida e hijos.

Teresa estaba realizando un curso de psicología, de modo que decidió que quizás pudiera intentarlo una vez más buscando a alguien desde una perspectiva más científica y racional, alguien que se ajustara más a sus necesidades. Al cabo de unas cuantas citas con él, Juan le pareció que encajaba en el perfil buscado, aunque no fuera perfecto en elocuencia, rasgos físicos o actitudes románticas. Pero era un hombre atento y concienzudo, con quien se sentía en calma. Teresa comprende ahora que, al igual que ella, Juan es una PAS.

Después de siete años, Teresa aún se calienta la cabeza pensando que quizás se engañó a sí misma, al no haber experimentado la euforia que ella deseaba en el amor, pero Juan «siempre está ahí cuando le necesito. Si le pido que cambie, lo intenta. Es un buen padre. Es emocionalmente saludable. Nuestra relación mejora con el transcurso de los años».

En el capítulo 2 ya conociste a Diane y a Stan. En su mayor parte, hablé del desdichado matrimonio de Diane con Ron, un no-HAS, matrimonio que estuvo motivado exclusivamente por la necesidad que tenía Diana al terminar la universidad por encontrar un refugio para su yo sensible, que no estaba preparado para vivir una vida independiente. Tras divorciarse, Diane conoció a Stan en un seminario, y año y medio después se volvieron a encontrar en un retiro de yoga. Como la mayoría de las parejas PAS/PAS, se fueron aproximando poco a poco. Ambos protegen celosamente su tiempo de soledad, de ahí que no vivan juntos. Pasan juntos los domingos, además de la tarde y noche de los lunes y los martes, pero nada más.

De hecho, tal necesidad de soledad fue el problema que a punto estuvo de llevar al traste la relación. Poco después de comenzar a verse, Diane descubrió que Stan le estaba mintiendo acerca de lo que hacía en los días libres. Él le decía que estaba trabajando, en vez de admitir que prefería no quedar con ella en aquellos días. Evidentemente, ella se disgustó mucho con sus mentiras, pero él había mantenido una prolongada relación anterior en la cual su pareja, una no-PAS, se había mostrado vehementemente molesta por el hecho de que él quisiera estar solo, sin ella. Stan simplemente había desarrollado el hábito de mentir para evitar conflictos. Al darse cuenta de que Diane era diferente, Stan abandonó de inmediato su antiguo hábito. De hecho, Stan afirma que Diane sabe cuándo él necesita tiempo para sí mismo antes incluso de que él lo sepa, y ella está encantada de concedérselo, un tiempo a solas del que Diane también disfruta.

Lo que escucho en cada una de estas historias es que estas parejas han tenido que ajustarse a la libertad de estar con alguien similar, lo cual supone una necesidad menor de plantear las cosas, explicarlas y discutirlas. Al mismo tiempo, su amor crece de forma pausada pero constante. Esto es hasta cierto punto paradójico, dado que las PAS tienen la tendencia a enamorarse con locura; pero, al parecer, no se enamoran con rapidez, al menos no de otras PAS. Aunque la mente (y quizás el sistema nervioso) sabe de inmediato que una ha encontrado a una persona buena, las valoraciones del corazón pueden crecer lentamente con el tiempo, sobre todo si tenemos en cuenta los prejuicios culturales existentes contra las PAS, como descubrieron Kate y Alex. Nuestra cultura nos ha dado un ideal no-PAS de amor instantáneo, impulsivo e intenso; pero, por algún motivo, quizás dos PAS no pasen por tal tipo de historia de amor.

Podría parecer importante apreciar este guión amoroso potencialmente diferente cuando estás conociendo a una PAS; puede hacer falta tiempo para establecer la relación, y quizás el afecto entre vosotros sea mayor de lo que os pensáis. Así pues, vamos a considerar algunas de las razones por las cuales crece ese afecto.

De qué modo os beneficiáis ambos de vuestra semejanza

1. *Os comprendéis el uno al otro.* Quizás la prueba definitiva de la comprensión estribe en que puedas comprender y perdonar que te hayan mentido. Por supuesto, Diane se disgustó mucho con las mentiras de Stan sobre los días que no pasaba con ella, pero ella lo comprendió plenamente, y no por ello perdió la confianza en él.

   ¿Te acuerdas de lo que decía en el capítulo 3 sobre lo de llegar precipitadamente a la conclusión de que un error es debido a una personalidad defectuosa en la otra persona en vez de atribuirlo a una situación difícil? Dado que Stan era muy parecido a Diane, ella pudo empatizar con él y comprender su necesidad de pasar cierto tiempo a solas, de ahí que no atribuyera su mentira a una personalidad básicamente deshonesta, sino a la situación. Así, Diane vio la reacción de Stan como lo que era, como una respuesta reflexiva del pasado frente las presiones de una pareja no-PAS (como el propio ex de Diane, Ron) que quería que Stan estuviera permanentemente disponible para ella. Diane podría haber hecho lo mismo, y una no-PAS probablemente no habría sido no podría haber sido– tan comprensiva.
2. *Os sentís cómodos juntos.* Os sentís físicamente cómodos al tener más o menos los mismos niveles de excitación por estimulación. Uno no sube el volumen, mientras el otro lo baja. (Aunque, claro

está, no existen dos personas con *exactamente* el mismo nivel de sensibilidad). Por otra parte, podéis coincidir en más valores, en más percepciones. Uno de vosotros dice, «¿Has visto eso?» y el otro responde, «Claro», y no «¿El qué? ¿Estás loca?». En esta relación no se dicen cosas como «Eres demasiado sensible». Es algo que se lleva con agrado. Probablemente estáis de acuerdo en la importancia de la justicia social, de la protección del medio ambiente, en la necesidad de un trabajo interior, espiritual, y en ponderar el significado de la existencia. No hay peleas acerca de estos temas, ni tienes una sensación de soledad en aquellas cosas que te interesan.

3. *Ambos sois muy cuidadosos a la hora de comunicaros.* Stan y Diane dedican un tiempo cada semana a hacer «chequeo», momento en el cual discuten acerca de sus «banderas rojas», de los problemas potenciales de la relación que hayan podido percibir. El hecho de tener este plan, e incluso el término que utilizan para identificar los posibles problemas que observan, «banderas rojas», son un buen ejemplo de la atención concienzuda que dos PAS están dispuestas a prestarle a su relación. Las PAS no necesitan convencerse una a otra de que una buena relación hay que trabajársela, y que una buena comunicación no es fácil.

De qué modo os beneficiáis personalmente de vuestra similitud

1. *Tu pareja elevará tu autoestima.* Aunque no sea algo automático, a través del amor mutuo la mayoría de las PAS aprenden a amarse más a sí mismas. Ésta puede ser una batalla de por vida en nuestra cultura; piensa en Alex y Kate, empeñados en mantener su amor a despecho de la incomprensión de sus respectivas familias. Alex debió de sentir que tenía algún defecto básico cuando Kate le dijo que no era del agrado de sus padres, y viceversa. Pero Alex vio que Kate le prefería personalmente más que a todos los no-PAS que había conocido en el pasado, aunque a su familia le gustarán más los no-PAS. Esto le permitió comprender mejor sus aspectos valiosos, y ambos aprendieron a mantener a raya los prejuicios acerca del temperamento con el fin de no interiorizarlos.

2. *Seréis capaces de profundizar en vuestros sentimientos, especialmente en los que precisen de sanación, y normalmente los comprenderéis a la perfección.* Tanto si tu pareja tiene problemas parecidos a los tuyos como si no, probablemente será una persona capaz de escuchar de un modo profundo y curativo.

Así pues, con tantas cosas buenas, ¿dónde podríais tener problemas?

Los retos

Como ya he dicho, las PAS parecen ser un poco más felices con otras PAS como pareja que con no-PAS. No obstante, en general, y con independencia del temperamento que pueda tener tal pareja, las PAS muestran una probabilidad ligeramente mayor de ser desdichadas en sus relaciones que las no-PAS. Así pues, dos PAS, aunque más felices de lo que podrían ser con una no-PAS, pueden con todo ser menos felices por término medio que dos no-PAS.

Este nivel de satisfacción, ligeramente inferior en promedio en el caso de las PAS, podría deberse a que éstas tienden a reflexionar a fondo las preguntas que se les formulan en los test de satisfacción en las relaciones. Quizás las PAS dan respuestas más ambivalentes, serias, concienzudas y de múltiples facetas; si bien, visto desde fuera, podríamos decir que las PAS son tan felices en sus relaciones como las no-PAS.

Por otro lado, la ligera tendencia a estar menos satisfechas en sus relaciones podría ser también un reflejo del hecho de que en torno a la mitad de las PAS han tenido una infancia difícil y dan cuenta de estilos de apego inseguros en la edad adulta, y las PAS se ven más afectadas por todo esto. Una vez más, las investigaciones sobre satisfacción marital son muy claras. Cuanto mayor sea la inseguridad, las emociones negativas o el «neuroticismo» (ansiedad y depresión) en cualquiera de los miembros de la pareja, menor será la felicidad en la relación.[1] Esto afecta a la satisfacción en la relación de ambos miembros de la pareja,

1. B. R. Karney y T. N. Bradbury, «Neuroticism, Marital Interaction, and the Trajectory of Marital Satisfaction», *Journal of Personality and Social Psychology* 72 (1997): 1075-1792.

tanto de la persona con problemas como de su pareja, que puede tener también o no problemas de este tipo.

La implicación obvia es que, cuando dos PAS están juntas, la probabilidad de que existan emociones negativas que interfieran en la relación es más elevada, y esto bien puede explicar que sus informes ofrezcan resultados ligeramente inferiores en promedio sobre su felicidad en la relación.

Los problemas que puede originar el tener un nivel óptimo de excitación igualmente bajo

1. *Es probable que ninguno de los dos corrija los pequeños inconvenientes que supone una confrontación con otra persona.* Dos PAS juntas suelen disfrutar cuando coinciden en sus apreciaciones, como por ejemplo cuando valoran negativamente la manera de conducir de un taxista o cuando consideran que determinado restaurante es excesivamente ruidoso. Pero, ¿cuál de los dos miembros de la pareja va a asumir el riesgo de provocar una escena altamente estimulante, como la de pedirle al taxista que se detenga para bajarse del vehículo sin pagar la carrera? ¿Cuál de los dos va a pedir una mesa en un lugar más tranquilo del restaurante o, en su defecto, va a insistir en abandonar el local sin sentirse culpable? Con esto no quiero decir que las PAS no puedan actuar de manera decidida cuando sea necesario, pero éstos pueden ser retos difíciles, excitantes, que ambos miembros de la pareja pueden dejar pasar, pero que una no-PAS podría afrontar para deleite de su pareja PAS. Cuando estos pequeños asuntos quedan sin resolver, ambos podéis sufrir, y puede que ambos deseéis en el fondo que el otro hubiera actuado de una manera más decidida. Por otra parte, y como sería de esperar, las MAS emparejadas con HAS pueden albergar este sentimiento con más intensidad.
2. *A ninguno de los dos le gusta ocuparse de «los marrones».* Por ejemplo, es muy probable que a ninguno de los dos le gusten las llamadas telefónicas a desconocidos, ni siquiera para pedir información. Indudablemente, no os gustan las confrontaciones. No os gustan los días de intenso estrés ni los grandes cambios en vuestra vida. Probablemente ni siquiera os gusta ir a hacer recados ni ir de compras.

Pero, adivina qué: a las no-PAS sí que les suele gustar o, al menos, no les supone un problema grave, sino que se lo plantean como algo divertido o como un reto. En una relación con una PAS, tendrás que hacer más cosas de éstas que con una no-PAS, de modo que es muy posible que de vez en cuando te descubras con el secreto deseo que tu pareja no fuera tan sensible.

3. *Ninguno de los dos puede trabajar durante muchas horas seguidas ni disfrutar del hogar en una casa llena de niños ruidosos.* Vuestro estilo de vida será –debería ser– diferente del de aquellas parejas en las cuales uno o ambos miembros son no-PAS, y será inevitable que surjan las comparaciones y las decepciones debido a vuestras limitaciones.
4. *Tendréis la tendencia a evitar abordar vuestros propios conflictos.* Ciertamente hay personas que disfrutan de «una buena pelea», pero no es probable que ése sea vuestro caso. Podéis aceptar de forma intelectual que los desacuerdos son inevitables, que las críticas deben ser expresadas, y que una discusión puede limpiar el ambiente. Pero es muy posible que pospongáis de manera indefinida la resolución de vuestros conflictos larvados, hasta el punto de deciros a vosotros mismos que todo funciona de maravilla.
5. *Sois proclives a utilizar vuestra mutua compañía como puerto seguro donde relajarse, buscando la satisfacción de emociones intensas en cualquier otra parte.* Hay muchas cosas emocionantes en el mundo exterior; pero afirmáis que en casa lo que queréis es descansar. De modo que descansáis juntos, y os gusta que así sea.

Cuando os conocisteis, os emocionasteis el uno con el otro. Cada uno veía en el otro la provisión de nuevas perspectivas, oportunidades y placeres. Vuestra vida se enriqueció y vuestros yoes se expandieron. A medida que la excitación por conoceros fue declinando con la familiaridad, mantuvisteis no obstante la idea de que vuestra relación era una fuente de expansión personal. Quizás conseguisteis esto mediante un trabajo interior conjunto, hablando de vuestras esperanzas, temores, percepciones y sueños. Pero es muy probable que, para sentiros completos, ambos necesitéis poneros en medio del alboroto del mundo de vez en cuando. El mundo entero te llama, y tú lo sabes. Sentirse bien ahí fuera suele ser la mayor fuente de expansión personal para una PAS, y tu relación tiene que llevarte ahí también, no sólo a la serenidad del hogar o de vuestro propio interior.

Algunas soluciones

1. *Si existen ciertas tareas que no os gustan a ninguno de los dos, recurrid a vuestra intuición y a vuestra creatividad para sortearlas.* Principalmente, simplificad vuestra vida. En la actualidad hay muchos libros sobre este tema, probablemente escritos por PAS. O bien buscad formas creativas de incrementar vuestros ingresos ligeramente, sin demasiado esfuerzo, para luego contratar a alguien que se haga cargo de las cosas que no os gusta hacer. Un brillante alumno de instituto o de la universidad puede hacer llamadas telefónicas y recados, pagar facturas o incluso gestionar muchos de vuestros enredos y malos tragos, todo ello sin grandes costes. Pídele al director del instituto o al orientador de la facultad que te recomiende a alguien, a un alumno aventajado que necesite un empleo (la mayoría de los jóvenes lo necesitan). Claro está que no se quedará mucho tiempo contigo, y tendrás que entrenar a otro estudiante para que haga a tu gusto las cosas que le encomiendas, pero estos jóvenes no te van a salir demasiado caros y están deseando tener sus primeras referencias laborales. (Pero ten cuidado de no involucrarte en sus vidas).
2. *Que en vuestros planes no entren demasiados hijos. Y, si vuestra idea es tener muchos hijos, aceptad que uno de vosotros se tendrá que quedar en casa.* Y que el que se quede en casa tenga ayuda, que pueda disponer de respiros a diario. De hecho, es mejor que las parejas PAS/PAS se repartan el cuidado de los niños de tal modo que ambos dispongan de tiempo para asumir otras responsabilidades no relacionadas con la crianza.
3. *Sacadle el máximo partido a vuestras diferencias.* Repartíos las tareas en función de vuestras preferencias. A uno de vosotros siempre le resultará algo un poco más fácil que al otro. Aunque esta sugerencia pueda parecer obvia, hay que tener en cuenta que las PAS tienden a hacer aquellas cosas que son más difíciles o engorrosas para ellas, en lugar de las más fáciles y agradables; y esto porque se sienten cul-

pables haciendo que otra persona haga lo que ellas más aborrecen, sin darse cuenta de que quizás esa otra persona no aborrezca tal cosa ni tenga problemas en hacerla. Además, recuerda que, en ocasiones, ciertas tareas se hacen más fáciles cuando una adopta el estado mental y de ánimo adecuados. Teniendo esto en cuenta, podéis llegar a un acuerdo sobre cuánto tiempo podéis dejar pasar hasta que uno de vosotros se encuentre en tal estado de ánimo.

4. *Daos cuenta de que, precisamente porque las tareas «mundanas» y muy excitantes son difíciles para vosotros, en ocasiones son, justamente, lo que más os conviene hacer.* Las llamadas telefónicas y los recados no sólo hay que hacerlos porque hay que hacerlos, para que la vida sea menos estresante a largo plazo, sino también porque pueden formar parte de tu trabajo interior de desarrollo personal. Puedes añadirlas a aquellas otras tareas en las que te desenvuelves bien y te ayudan a crecer, como la expresión artística, la educación superior en tu campo, la reflexión psicológica o las prácticas espirituales. De modo que toma al toro por los cuernos y haz lo que tengas que hacer, y deja que tu pareja haga lo mismo en la siguiente ocasión. Tu pareja quizás se lamente y lo vaya postergando, pero no te apresures en intervenir ni te sientas culpable. A ambos os vendrá bien esta práctica.
5. *Discutid cómo vais a gestionar los conflictos antes de que surjan, y cómo los vais a resolver una vez aparezcan.* Teresa y Juan se sienten muy afectados cuando tienen una fuerte discusión, al punto que, en cierta ocasión, Teresa me dijo impactada que una noche habían estado discutiendo ¡durante una hora y media! (Sólo dos PAS tendrían una discusión así sólo una vez en siete años de matrimonio.) Teresa se esforzó mucho por no verse superada por la excitación, hablándose a sí misma a lo largo de toda la discusión, intentando no reaccionar en exceso, «haciendo el papel de terapeuta» y dejando hablar a Juan, sin tomarse las cosas como si hubiera sido culpa de ella. Al final durmieron en dos habitaciones distintas. Ella hizo respiraciones profundas, rezó y estuvo dándole vueltas al tema una y otra vez. «Nos llevó meses superarlo». Teresa y Juan no han vuelto a discutir ese tema en concreto desde entonces.

Teresa es como muchas PAS, que piensan que más vale prevenir que curar, por muy necesarias, aunque casi fatídicas, que sean las curas. Ella y Juan tienen que hablar más, y no menos, de todas estas cosas que les perturban, y también tienen que hablar más acerca de cómo y cuándo hablar.

Diane y Stan desarrollaron estas habilidades preventivas en sus relaciones previas con no-PAS, que no estaban dispuestas a hablar en absoluto. Diane y Stan programaron chequeos semanales para hablar de las «banderas rojas» percibidas en los últimos siete días.

Sin un programa como el de Diane y Stan, las PAS pueden angustiarse mucho con los inevitables estallidos que intentan evitar, pero que les pueden llevar en un futuro a discutir más que nunca. Es una difícil lección que tenéis que aprender, pues tendréis menos peleas, y no más, si discutís vuestros conflictos de forma abierta y consciente, en vez de intentar esconderlos debajo de la alfombra, ser buena gente y recuperarse por las buenas de decepciones y enfados.

Discutid cómo vais a tratar vuestro temor a las peleas. Por ejemplo, os podéis tomar tiempos muertos (se hablará más de esto en el próximo capítulo). Determinad qué tácticas de combate os molestan más a cada uno, y no las utilicéis. Y, decididamente, planteaos la posibilidad de tener a mano un terapeuta marital de confianza que os ayude a «refrenaros» durante las grandes discusiones.

También podéis intentar sacar a colación los problemas sin insistir en resolverlos en una única y extenuante discusión. De este modo le podéis sacar partido a vuestro rasgo común de procesar las cosas en profundidad. Esto supone, claro está, que tendréis que vivir con la tensión propia del desacuerdo mientras continuáis con vuestras vidas y reflexionáis sobre el tema, pero si aprendéis a hacer esto os puede resultar sumamente beneficioso.

En el siguiente capítulo detallaremos la adaptación para PAS del habitual consejo que insta a mejorar la comunicación y la resolución de conflictos en una relación íntima.

6. *Reserva parte de tu mejor energía para hacer cosas emocionantes con tu pareja.* Emocionante para vosotros puede ser leeros mutuamente un libro en voz alta o discutir una película que acabáis de presenciar. Significa que *no* os aburráis el uno al otro todas y cada una de las noches con el soso relato de lo acaecido durante el día (tampoco os sobreestimuléis mutuamente con las malas noticias), para luego

iros a la cama y leer en soledad. Programad cómo vais a escapar de la monotonía juntos, cómo generar un cambio de ritmo fácil, y aseguraos de hacerlo. Con frecuencia, es una buena manera de pasar la noche.

Los problemas que surgen por vuestra similar conciencia de las sutilezas

Las decisiones se nos antojan desesperantemente lentas cuando somos conscientes de cada uno de los detalles y de las implicaciones de una situación. Así es como lo vivimos las PAS. Por otra parte, debido a esta sensibilidad a las sutilezas, cuando las PAS nos vemos sobreestimuladas con tantos detalles podemos perdernos por completo las cuestiones más obvias. Nos convertimos en el «profesor distraído», que pierde las llaves o el paraguas porque está absorto en sus reflexiones. Cuando los dos miembros de una pareja lo procesan todo a fondo, tanto las ventajas como los inconvenientes se multiplican.

1. *Os resulta complicado tomar decisiones.* Quizás penséis que todas las parejas tienen problemas para tomar decisiones, pero no es así. La mayoría de las parejas dejan que uno de sus miembros tome la decisión. Normalmente, una PAS no va a poder soportar tal responsabilidad, pero tampoco va a poder soportar arriesgarse a delegarla. La mayoría de las parejas se lanza también impulsivamente a hacer cosas de vez en cuando, mientras que a lo único que una pareja PAS/PAS está dispuesta a lanzarse es a una piscina de agua caliente.

   Las parejas PAS/PAS pueden caer en el miedo a tomar decisiones, lo cual significa temer a una parte importante de su vida en común. Vuestra estima como pareja se puede ver afectada si empezáis a pensar que sois una pareja de fracasados que ni siquiera sois capaces de elegir un restaurante, arruinando la velada mientras pensáis que quizás habría sido mejor ir a un restaurante italiano en vez de a uno chino. A una MAS quizás le gustaría que su HAS fuera más audaz, que liderara más, en tanto que a un HAS quizás le gustaría que su MAS se pareciera más a una princesa/estrella de cine, capaz de conocer su propia mente. Pero lo cierto es que ninguno de los dos va a sentirse bien si el otro decide por él o ella antes de haber tenido la oportunidad de reflexionar sobre el asunto.

2. *La sensibilidad ante las más pequeñas necesidades de la pareja e intentar satisfacerlas puede dejaros exhaustos, y con cierta sensación de culpabilidad ante el más ligero malestar del otro, reduciendo así vuestro sentido de responsabilidad personal.* Teresa me hizo consciente de esto cuando me dijo que tenía que aprender a buscar el equilibrio entre lo que daba, lo que tomaba y la medida en que ella y Juan mantenían la independencia en sus necesidades. Pero dos PAS pueden establecer una estrecha interdependencia con tal rapidez que nunca lleguen a determinar el equilibrio que prefieren. Como ya se dijo en el capítulo 2, el hecho de sintonizar constantemente hasta con la más mínima necesidad del otro hace que las PAS intenten satisfacer tales necesidades, a menos que hagan un esfuerzo consciente por no caer en ello.

Por ejemplo, Teresa se sentía en la obligación de hacerle la cena a Juan todas las noches. Aquello era lo que su madre había hecho con su padre y, por otra parte, ella se había dado cuenta de que Juan llegaba a casa hambriento, de que le gustaba llevar un horario fijo de comidas y de que era un tanto quisquilloso con los alimentos. Mientras tanto, Juan era consciente de que a Teresa no le gustaba cocinar. Sin embargo, durante años, ninguno de los dos sacó a discusión el tema. En cuanto lo hicieron, no tardaron en acordar que Teresa sólo cocinaría cuando tuviera ganas de hacerlo, y que en el resto de las ocasiones sería Juan quien cocinaría para ambos o se prepararía su propia comida cuando tuviera hambre.

De forma similar, a Teresa le gusta participar de vez en cuando en reuniones sociales, mientras que a Juan no le interesan en absoluto. Cuando tienen que ir los dos a una reunión, Teresa no le pierde el ojo a Juan, controlando hasta qué punto puede sentirse incómodo, e intenta presentarle a otras personas que puedan ser de su agrado, así como abandonar la reunión antes de que Juan llegue a plantearlo. Por su parte, Juan acompaña a Teresa y permanece en la reunión durante más tiempo del que le gustaría porque sabe que aquello es importante para ella. Sin embargo, todavía no han hablado de este tema ni han buscado soluciones.

La línea que separa la generosidad del martirio es muy fina, y cada persona tiene que decidir dónde se halla esa línea en su caso y asumir la responsabilidad de su decisión, negociándola si es necesario. Ceder una y otra vez no lleva a otra cosa que a acumular resentimiento con el transcurso del tiempo. Y sí, es muy amable por tu parte satisfacer las necesidades de tu pareja, y es conveniente para ella, pero no es tu obligación. Tu pareja es una persona adulta, no un bebé en brazos. Sé consecuente con eso.

3. *Ambos podéis tener problemas si sois prácticos y realistas, y ponéis los pies en el suelo acerca de lo que pasa en el mundo exterior.* Aunque las PAS son muy intuitivas y, por tanto, muestran una clara preferencia por el uso de su intuición, habrá que recordar que la intuición no es infalible. No es más que una forma de conocer el mundo, mediante un procesamiento cuidadoso, consciente o inconsciente, de la información que tienes y que te llega sobre cómo son las cosas o qué puede ocurrir. Pero existe otra forma de conocer el mundo: obtener más información. Sin embargo, como PAS que sois, tu pareja y tú es muy probable que prefiráis recurrir a la intuición. Preguntar o echar un vistazo no va tanto con vuestra naturaleza, pues es más excitante y precisa de más esfuerzo; y probablemente parece menos elegante e inteligente. Pero toda intuición que no se asiente sobre alguna experiencia no dejará de ser pura conjetura.

¿De qué modo afecta a una pareja PAS/PAS el uso excesivo de la intuición? En parte, añade estrés sobre ambos miembros de la pareja cuando la intuición no va acompañada de información y experiencia, de manera que, por ejemplo, el negocio no te funciona o no puedes conseguir un empleo en el campo para el cual te pasaste varios años formándote. O bien te cruzas la ciudad con el coche dando por hecho que determinada tienda estará abierta, sin llamar primero por teléfono para averiguar si cierran pronto los domingos. Por otra parte, la intuición, utilizada de este modo, puede ser una fuente de problemas en la comunicación, tanto entre vosotros dos como con los demás. Y, finalmente, es otro motivo más para que la pareja desarrolle una baja autoestima, al llevaros a pensar que sois unos fracasados, tras fracasar física, económica, profesional o socialmente una vez más.

4. *Ambos podéis ser demasiado susceptibles, se os puede herir con facilidad, os podéis ver seriamente afectados por las críticas, o ser excesivamente proclives a pedir disculpas.* «Lo siento, ha sido culpa mía». «No, es culpa mía. Haremos lo que sea necesario por compensar el error». «No, yo quiero hacer lo que tú quieras».

   Al procesar las sutilezas hasta su máxima expresión, puedes terminar tomándote demasiado en serio asuntos sin importancia. Ves más consecuencias posibles para ti mismo y para los demás de las realmente probables, y cuanto más procesas algo con contenido emocional, incluyendo las críticas o el malestar de otra persona, más te afectará emocionalmente. Por ejemplo, Kate me contó que se sintió muy molesta en cierta ocasión en que Alex no hacía más que pedir disculpas por cualquier error que ella le pudiera señalar, pues aquello le hacía más difícil formular hasta la más mínima queja o enojo.

Algunas soluciones

1. *Cuando toméis decisiones, aseguraos primero de que la información de la que disponéis se basa en hechos y no es el resultado de una intuición sin fundamentos.* Buscad ayuda para tomar decisiones. Si es una decisión vital, id a un asesor. Si es una decisión de negocios, contratad a un consultor. ¿Una decisión de viajes? Preguntad a alguien que haya estado allí. Si guarda relación con una compra, buscad información en las organizaciones de consumidores. Todo esto hará que los dos miembros de una pareja de PAS se sientan mucho mejor a la hora de tomar una decisión. Simplemente, aseguraos de que la persona a la cual preguntáis no tenga ningún interés personal en lo que vosotros podáis decidir. Y tened en cuenta el temperamento; no le preguntéis si el agua está fría a personas del tipo «en cuanto llego me zambullo».
2. *Tomaos vuestro tiempo, si podéis, para llegar a una decisión.* Las PAS suelen tomar sus decisiones de forma inconsciente o espontánea. En un momento determinado no sabéis qué hacer, pero entonces un día os despertáis por la mañana y lo sabéis. En el interludio, probablemente habréis puesto a prueba en el subconsciente cómo

sería vuestra vida con una decisión concreta, y luego con otra, todo lo cual nos sume en la indecisión y la preocupación. Pero por lo general llegamos finalmente a una conclusión, y entonces sabemos lo que tenemos que hacer. Tenemos que sobrellevar la prolongada tensión de la incertidumbre si queremos llegar a ese punto final en el que nos sentimos intuitivamente seguros.

Si la decisión debe ser tomada con premura, intentad pensar en una salida que permita la marcha atrás o en la cual el impacto sea menor si os equivocáis, y pensad bien lo que haréis si vuestros peores temores se hacen realidad. Quizás las consecuencias de tal decisión equivocada no sean tan negativas. Si no fuera así, el estrés de la toma de decisiones puede llegar a hacerse muy duro en una pareja PAS/PAS.

3. *Si no conseguís tener certidumbre alguna después del tiempo suficiente, puede que haya llegado el momento de seguir adelante de todos modos con la mejor información disponible.* En ocasiones, las certidumbres no llegan por causa del miedo, sobre todo el temor al cambio y la novedad. Si sospecháis que el miedo pudiera estar afectando a vuestra intuición, «intercambiad las funciones» (*véase* más abajo). Quizás tengáis que ayudaros mutuamente a superar vuestro temor si todos los datos, la lógica y los sentimientos os indican que sigáis adelante.

Cuando ambos (o si se trata de una decisión personal, uno de vosotros) lleguéis finalmente a una decisión, intentad detener todo procesamiento posterior de la decisión. Ayuda a tu pareja a que lo detenga también no sacándolo a colación una y otra vez. Dejadlo así. Sí, quizás al final puede que os equivoquéis, pero con las decisiones difíciles uno nunca dispone de toda la información ni sabe en qué acabará todo con el transcurso del tiempo. Si, pasado el tiempo, descubrís que os equivocasteis, simplemente aceptad que eso es lo que hay. En tu caso, no es nada fácil imaginar todas las formas en que te puedes equivocar sin disponer de alguna información que te aporte algo de seguridad.

Por cierto, las PAS suelen tomar excelentes decisiones. De modo que no sólo deis por sentado vuestro buen historial personal y como pareja en este aspecto, sino recordad también vuestros éxitos del pasado.

Si la decisión que tenéis que tomar ahora es de gran transcendencia, daos permiso para tratarla como un duro trabajo que tenéis que realizar, pero un trabajo en el que sois unos expertos. Yo suelo decir que nuestra cultura admira más una decisión rápida, aunque errónea, que una decisión correcta, aunque haya sido largamente meditada. A las PAS les gusta tomar las decisiones del segundo modo, y normalmente lo hacen así. Al mismo tiempo, como expertas, quizás no necesitéis procesar las cosas demasiado, si estáis ya habituadas a ello.

4. *Refrenaos mutuamente el procesamiento cuando se vuelva excesivo.* Resulta extraña la idea de procesar menos las sutilezas, pero en ocasiones ésa será vuestra tarea de algún modo. Por ejemplo, quizás necesites escuchar una crítica simplemente como lo que es, una queja acerca de algo, sin procesarla hasta el punto en que llegues a la conclusión de que eres una persona terrible. Hasta puede que no sea culpa tuya; pero, si lo fuera, consiéntete cometer errores. Yo sé lo difícil que es, pero es sumamente importante hacerlo. Cometerás errores todos y cada uno de los días de tu vida. Y si puedes evitar ponerte a la defensiva o despreciarte por ello, será mucho mejor para tu pareja y para vuestra relación. Si te dejas caer en alguno de esos estados, cuando salgas de él, discúlpate y comprométete a mantener mejor la perspectiva la próxima vez.

   También puede estar bien que te tomes tiempo para digerir las críticas y los «fracasos». Para ello, recurre a tu pareja en busca de ayuda. Frecuentemente, tus errores son errores menores o del todo excusables, o bien reversibles, o incluso puede que ni siquiera haya habido error alguno. Yo aprendí esto de la manera más dura. Tres semanas después de los exámenes escritos de doctorado, llegué a casa una noche, abrí el buzón y me encontré con una carta en la que se me decía que había suspendido; ¡yo, una de las mejores alumnas de mi clase según todo el mundo! ¡Pasé una noche de perros! Sin embargo, a la mañana siguiente, me di cuenta de que tenía que haber habido un error. Y así fue. Finalmente, resultó ser que no había suspendido, en absoluto.

5. *Con el fin de expandir la flexibilidad de vuestro procesamiento sutil, pensad en los términos de las cuatro funciones de Jung.* Según Jung, la

mente consciente tiene cuatro funciones, cuatro formas de aproximarse al mundo.[2] Cada función constituye un tipo de inteligencia, y cada uno de ellos tiene su propia especialidad o función dominante. La mayoría, pero no todas las PAS, son del tipo intuitivo. Los tipos intuitivos escuchan y observan, procesan todas las sutilezas inconscientemente, y luego comienzan a dar saltos intuitivos más allá de la información dada. Lo opuesto a la intuición es la sensación, los sentidos, procesar la «superficie» de la información viendo y escuchando atentamente. Comparados con los tipos intuitivos, los tipos sensitivos dedican menos tiempo a la reflexión acerca de lo que ven o escuchan, y más tiempo a observar lo que hay realmente presente. No intuyen posibilidades adicionales. Lo que ven es lo que es. Los magos depositan su confianza en estos tipos, que no se preguntan demasiado cómo han hecho el truco. Prefieren leer direcciones, seguir recetas, piden «simplemente los hechos», e incluso pueden darse algún placer tan sólo rellenando un formulario.

Las otras dos funciones, el pensamiento y el sentimiento –también opuestos entre sí– tienen más que ver con los motivos de nuestras decisiones que con cómo procesamos la información. A mí me parece que las PAS se sienten divididas por igual respecto a cuál de estas funciones es más fuerte en ellas. La función del pensamiento utiliza principios abstractos o teorías como normas para la toma de decisiones. La función del sentimiento no tiene nada que ver con decidir de forma emocional, sino con evaluar el impacto humano, personal, en el que se incluye el impacto emocional. «Pensadores» y «sentimentales» pueden ser igualmente compasivos (o egoístas), pero difieren en el modo en que prestan su ayuda: una persona del tipo sentimiento puede recoger a un niño lesionado y consolarlo; una persona del tipo pensamiento podría revisar las normas de primeros auxilios para terminar llamando al 112. Necesitamos ambos tipos de respuestas en el mundo.

Existen ciertos test que determinan tu función dominante, pero también puedes determinar cuál es tu función más débil (aquella que, cuando tienes que usarla, te hace sentir indefensa, frustrada, sensible

2. Jung, *Tipos psicológicos,* ed. Sánchez Pascual, A. (Barcelona, Edhasa, 2008).

y avergonzada). Tu función dominante es su opuesto. Si tu función dominante es la intuición, el desarrollo de los sentidos será para ti un trabajo de por vida. También podrás utilizar tu pensamiento y tu sentimiento, que probablemente estarán más equilibrados en ti, para potenciar tu intuición. Por ejemplo, pensar o sentir las consecuencias de una decisión te dirá normalmente cuándo ha llegado el momento de buscar más información –cosa que haría también un tipo sensación– en vez de utilizar la intuición.

En una relación íntima, puede ser de gran utilidad saber en cuál de las cuatro funciones os encontráis cada uno, dado que os podéis compensar mutuamente las debilidades y podéis sacar partido de las fortalezas de ambos. Pero en el caso de dos PAS resultaría aún más útil, en la medida en que la intuición puede ser la función dominante de cada uno. Y cuando los dos tenéis la misma función dominante, terminaréis reforzándoosla uno al otro, reduciendo vuestra práctica con las otras funciones y confabulándoos para ignorar vuestra función inferior hasta que os pille el toro a los dos.

Trata a tu función inferior como un trabajo de desarrollo, como un proyecto psicológico, o incluso como un sendero espiritual, tu significado en la vida. Las PAS se motivan normalmente enmarcando las cosas de este modo, y yo creo que hacemos bien. Jung veía la función inferior como una puerta hacia el inconsciente. Por ejemplo, si eres del tipo intuitivo y te sumerges en la sensualidad (la música, el sexo, la comida), en esos momentos estarás más abierto al inconsciente. (El tipo sensación se transportará menos a través de los sentidos por estar «habituado a ellos»). Jung consideraba que el desarrollo de la función inferior era una ruta muy importante hacia la totalidad. Ser capaz de mirar, y nada más, de permanecer presente y consciente, de escuchar sin explorar el significado, este camino de las sensaciones como forma de ser define prácticamente la iluminación para un tipo intuitivo.

Podéis ayudaros uno a otro en gran medida si no sacáis a vuestra pareja de su estado de absorción cuando se halle trabajando la función inferior. Deja que tu intuitiva pareja forcejee con el mapa sin ti; y cuando salga de sí planteando posibilidades salvajes y haciendo suposiciones injustificadas, sugiérele simplemente que esté presente. Si tu pareja es del tipo sentimiento, necesitará pensar a través de la lógica de una situación sin tu ayuda. Si es del tipo pensamiento, convendrá que sienta qué le gustaría, con independencia de si es algo práctico o no. Si es del tipo sensación, tendrá que mirar más allá de la superficie hasta llegar a infinitas posibilidades alternativas.

Los problemas que surgen de una baja PAS-estima

Dos PAS pueden fomentarse entre sí la autoestima simplemente con que una de ellas sea consciente de sus prejuicios interiorizados contra la sensibilidad y los combata. De otro modo, ambas PAS caerán en barrena juntas para grave perjuicio de su autoestima. En este caso, podrían darse los siguientes problemas:

1. *Que os faltéis al respeto.* Ya he hablado de la importancia de amarse a uno mismo para amar a otra persona, principalmente porque todos tendemos a ver a nuestra pareja casi como una parte de nosotros mismos, llegando a mezclar incluso sus rasgos con los nuestros. Y esto es aún más probable con una pareja que se parezca mucho a ti. Por tanto, cuanto más te veas como «demasiado» sensible (inferior, fracasado, o cualquier otra cosa) más verás a tu pareja PAS de la misma manera. Llegarás a devaluar tu propia elección de pareja, tanto por el hecho de que fue tu propia elección como por haber elegido a alguien como tú.

   Una baja autoestima puede llevarte también a proyectar sobre tu pareja lo que te disgusta de ti mismo pero que no te atreves a enfrentar, tal como expliqué en el capítulo 5. Si tú, inconscientemente, sientes que tu sensibilidad te hace débil o neurótico, que no te permite ser «un hombre de verdad» o una «mujer competente», quizás intentes liberarte de este sentimiento viendo a tu tan parecida pareja como débil, neurótica o como un fracaso de hombre o mujer. Si te quejas de que tu pareja se regodea en la autocompasión, por ejemplo, es posible que tu propia historia esté preñada de un sufrimiento que has estado ignorando mientras ahogabas las lágrimas. Por otra parte, no tendrás paciencia con una persona que se consienta algo que tú no te permites a ti mismo.

Aunque haya un «gancho» adecuado o verdad objetiva para tu proyección, vas a tener que sentir un poco más de simpatía, tanto por ti como por tu pareja. Si tú o tu pareja sois «débiles» o «neuróticos», se debe probablemente a una infancia turbulenta, o bien a un exceso de estrés que se haya prolongado a lo largo de la vida, en combinación con un sistema nervioso sensible que estaba necesitando algo más. A medida que te aceptes a ti mismo, también crecerá en ti la tolerancia hacia tu pareja.

2. *Uno de vosotros, o ambos, es proclive a la ansiedad y la depresión, que terminará por afectar al otro.* Una baja autoestima lleva típicamente a sentimientos negativos en general, al miedo o la desesperanza en tu relación con el mundo y en el modo en que deberás enfrentarte a ello. Yo he visto a personas sensibles depresivas, ansiosas, inseguras que se conducían de forma normal en el trabajo y con los amigos, pero nadie puede ocultarle a su pareja estos sentimientos de forma permanente, sobre todo si su pareja es otra PAS. Ni siquiera la más silenciosa retirada pasará inadvertida. Tu pareja se puede desenvolver bien cuando te halles en problemas, o puede tener la sensación de que ha perdido el ancla, en cuyo caso ambos caeréis en barrena.

Algunas soluciones

Ya he dicho suficiente sobre lo importante que es que respetes tu propia sensibilidad, por lo que sólo añadiría ya algo que estaría dirigido exclusivamente a las parejas PAS/PAS.

1. *Asegúrate de valorar siempre la sensibilidad de tu pareja tanto como la tuya.* En ocasiones puede parecer que sólo estás insatisfecho con tu propia sensibilidad, o sólo con la sensibilidad de tu pareja. Pero en un nivel menos consciente, lo más normal es que estés enjuiciando tanto tu sensibilidad como la de tu pareja. La valoración que hagas de tu rasgo se incrementará o se reducirá en función de los acontecimientos, de algo que veas en la televisión, de un recuerdo del pasado, de algo que escuchas a una persona conocida, etc. Kate no se lo pasa bien en las salas de fiestas ni escuchando música a todo volumen, pero le gustaría poder pasárselo bien. A Alex no le importa no

disfrutar de todo eso. Sobre esta base, yo podría imaginarme a Kate culpando a Alex por no salir más a menudo después de escuchar a otra pareja hablar de sus excitantes noches en la ciudad. Resulta fácil asignarle a la otra PAS tu propia sensibilidad para luego despotricar contra ella; así no tendrás por qué sentirte culpable. Pero la verdadera solución se halla en recordar que somos un «lote»: valora todo lo bueno que tiene tu sensibilidad, que va en el mismo paquete que los inconvenientes, como el de no disfrutar de lo que otros consideran una noche excitante, y siéntete bien contigo misma y con tu pareja.

2. *Sana tus heridas en la medida de lo posible.* Si tienes problemas y tienes una pareja muy sensible, la psicoterapia y el trabajo interior, sean del tipo que sean, constituyen un acto de amor y una deuda moral con respecto a tu pareja. Tu pareja no puede evitar ser tan vulnerable a tus estados de ánimo, de modo que convierte en un objetivo de tu vida el incremento de tu seguridad y tu esperanza. Si, en cambio, es tu pareja quien padece de ansiedad y depresión, será conveniente que te distancies un poquito y que le permitas disponer de una habitación para que realice su trabajo interior. No te tomes sus estados de ánimo como algo personal, ni dejes que sus momentos de temor o desesperanza te afecten a ti. El mantenimiento de esta estabilidad a distancia, de esta calma frente a la depresión, te exigirá que trabajes en tu propia sanación y que realices un diligente trabajo interior. No es simplemente una cuestión de fuerza de voluntad. Pero, si tú te mantienes firme por tu pareja, y tu pareja hace lo mismo por ti, ambos os convertiréis en una sociedad de buscadores de razones para la alegría y significados en la vida.
3. *Plantéate la posibilidad de medicarte.* Si tú o tu pareja estáis depresivos o ansiosos, y el médico te ha dicho que la medicación te puede ser de ayuda, ésta puede ser la decisión que salve vuestra relación. No estoy diciendo aquí que la sensibilidad sea una enfermedad o un síndrome; y, si un médico intentara sugerir esa idea, niégate a trabajar con él o ella. La mayoría de las PAS afirman que experimentan más plenamente su sensibilidad cuando toman un antidepresivo (que es normalmente el tratamiento de elección para las PAS que padecen de depresión o ansiedad). Así pues, probablemente descubrirás que, con un poco de medicación, combinada con algo de

psicoterapia u orientación, no sólo te sentirás mejor contigo misma y con tu pareja, sino también con tu sensibilidad. Sí, existen otras maneras de tratar la depresión y la ansiedad, y convendría que te informaras bien acerca de las opciones que dispones. Pero elige una de ellas y ponte en marcha. Cada episodio de dos o tres semanas de depresión o ansiedad persistente incrementa el riesgo de que aparezca otro episodio más adelante.

Kate, la de Alex, es un buen modelo de rol. Kate cayó en una profunda depresión mientras estaba en la universidad, hasta que escuchó finalmente lo que le decía su cuerpo, que no podía dormir ni comer, y comenzó a tomar antidepresivos. Cada vez que deja de tomarlos, la depresión cae de nuevo sobre ella, de modo que vuelve a tomar la medicación y desaparecen los problemas. Puede ser que Kate heredara alguna vulnerabilidad de su madre –una «persona ansiosa, muy nerviosa»–, o bien que determinadas tensiones extremas durante su infancia, debidas a las profundas depresiones de su madre, le afectaran neurofisiológicamente. También puede ser que, cuando se presenta la ocasión, Kate necesite explorar sus sentimientos respecto a su madre, que pocas veces estuvo disponible para ella durante aquellos años. Sea cual sea el motivo de su depresión, yo creo que su manera de abordar el asunto, tan directa, tiene pleno sentido.

No obstante, habrá que hacer una advertencia, la que ofrece Peter Kramer en su libro *Conflictos de pareja* (también es autor de *Escuchando al Prozac,*[3] tema en el que también está muy versado). Hay parejas que han fundamentado toda su relación en ayudarse mutuamente para superar la depresión y la ansiedad. Si uno de ellos comienza a mejorar, el otro bien puede seguirle, y nos encontramos así con un final feliz. Pero el otro miembro de la pareja puede negarse a la sanación o ser incapaz de seguirle por muchos motivos. Esto deja a aquel miembro de la pareja que mejora ante una difícil elección. Por una parte, sentirá la irrefrenable urgencia por abandonar esa vida basada en la depresión, pero abandonar a su pareja se le puede hacer también insoportable. Por tanto, si ambos habéis

3. Libro publicado en castellano por Seix Barral, 1994.

sido ansiosos o depresivos, intentad buscar tratamiento al mismo tiempo.

Una reflexión final para ambos

En conclusión, alégrate por haber encontrado a alguien como tú. Si esto significa un mayor esfuerzo curativo para ti y para tu pareja, debido a tu pasado y al trato que le da nuestra cultura a este rasgo, tendrás que asumir que eso forma parte del «lote» que asumiste al iniciar vuestra relación, del mismo modo que una PAS con una pareja no-PAS tiene su propio lote de ventajas e inconvenientes. Afortunadamente, vosotros dos estáis bien diseñados para ayudaros el uno al otro convirtiéndoos en verdaderos expertos en la sutil psicología del otro y en la psicología de las relaciones. Potenciar tal pericia será el objetivo de nuestro siguiente capítulo.

CAPÍTULO 7

Cómo desarrollar un compañerismo sensible y satisfactorio: consejos para las relaciones revisados para las PAS

Comencemos con el relato de una PAS a punto de casarse. A la manera típica en una PAS, este joven quería empezar su matrimonio con el pie derecho, de modo que se puso a leer «siete de los ocho mejores libros» existentes en el mercado acerca de las relaciones, libros que le habían recomendado su orientador prematrimonial, sus amigos y una búsqueda en Internet. También estaba compartiendo los trabajos de planificación de la boda y, cómo no, aún estaba profundizando en su relación con su novia. Este joven me llamó por teléfono porque había venido a verme en el pasado, buscando psicoterapia en relación con su sensibilidad, y ahora quería conocer mi opinión sobre él como marido en perspectiva. Estaba comenzando a temer que no fuera a ser un buen marido. De hecho, estaba viendo todas las señales que mencionaban en los libros sobre los malos maridos: todo tipo de problemas en su familia cuando estaba creciendo, indicaciones de problemas inconscientes, además de una creciente irritabilidad, ansiedad, depresión y cambios súbitos en el estado de ánimo, todo ello señales seguras de neuroticismo, la ruina de cualquier matrimonio feliz.

Y mientras contemplaba aquel torbellino de aguas profundas, constató también un problema bastante más grave, aunque sencillo e inmediato: estaba sobreestimulado y sobreexcitado, y se sentía agobiado ante la inminencia de la mayor iniciación de su vida. La sobreexcitación le hacía sentirse desdichado, y probablemente estaría haciendo desdichada a toda persona que estuviera con él. Las personas desdichadas no tienen emparejamientos ni matrimonios felices, por muchos y buenos consejos que reciban, de modo que le pregunté si tenía alguna duda acerca de su elección de pareja. Él dijo que en realidad no, que sólo dudaba de la elección que ella había hecho de él. Le dije que nadie puede saber a ciencia cierta cómo va a ir un matrimonio, y que su incertidumbre era la que le estaba llevando a aquel estado de nerviosismo, pero que eso formaba parte de la vida. Le dije que quizás podría esperar a leerse aquellos libros, que tendría muchos años para hacerlo, y que debería darle máxima prioridad a intentar permanecer en su nivel óptimo de excitación durante aquellos tiempos, inevitablemente estimulantes. Le dije que él y su novia ya tendrían tiempo de trabajar juntos por ese objetivo. Según me había comentado, ella se sentía tan agobiada como él, y probablemente más al descubrir las aprensiones de él. De hecho, le dije que, de entre todas las cosas que podrían aprender ambos sobre qué podrían hacer uno por el otro, ésta podría ser la más importante.

Te cuento esta historia porque no quiero que termines agobiándote como él, de modo que en este capítulo te ofreceré sólo seis de las muchas buenas ideas que se pueden encontrar para que las relaciones funcionen; las seis que, desde mi punto de vista, son las más pertinentes para las PAS. Se trata de sugerencias que se aplican tanto si tu pareja y tú tenéis temperamentos similares como si no. Simplemente, son puntos importantes que conviene que las PAS recuerden.

Después de hablar de ellos, te indicaré cómo puedes encontrar un buen consejero de relaciones, un profesional que toda pareja va a necesitar, al menos tanto como el médico de familia, pero sobre todo si eres una PAS intentando reflexionar en profundidad en lo relativo al amor. Y también consideraremos cuándo dejar de remendar una relación y simplemente dejarla, algo que para las PAS es especialmente difícil de hacer.

Comenzaremos con una sugerencia que es muy probable que no hayas escuchado antes, dado que es el resultado de investigaciones recientes que hemos realizado mi marido y yo.

La importancia de hacer cosas excitantes juntos

En el capítulo anterior mencioné que las parejas compuestas por dos PAS deben tener cuidado en no convertir su relación en un sereno refugio que las lleve al aburrimiento, si bien éste es en realidad un problema común de las PAS en todas sus relaciones. Aunque dos PAS pueden dejar que su relación se haga anodina permaneciendo demasiado tiempo en casa, el hecho de tener una pareja no-PAS no es una garantía contra el aburrimiento; pues, si le encomiendas a tu pareja todas las actividades que haya que hacer fuera de casa, tu pareja se encontrará en su nivel óptimo de excitación, pero vuestra relación en sí dejará de pareceros excitante y expansiva.

Una forma de comprender vuestros sentimientos cuando os enamorasteis es que ambos os sentíais excitados, llenos de la energía de un espíritu esencial (tal como se explica en el capítulo 4), expandido por la aparición de esa persona que estabas incluyendo en tu vida. Probablemente os pasabais las noches en vela, charlando durante horas, hechizados con las historias que contaba el otro acerca de su vida y con las nuevas percepciones que teníais de vuestra propia existencia. (Para capturar a través de la investigación parte de este efecto autoexpansivo del amor, Art y yo recogimos las descripciones semanales de un buen número de jóvenes sin pareja durante varios meses, tiempo durante el cual algunos se enamoraron.[1] Aquellas personas que se acababan de enamorar se describían profusamente y con una mayor diversidad de conceptos. Parecían literalmente expandidas).

Evidentemente, después de conoceros el uno al otro, esa sensación de excitación y expansión decreció, y, de hecho, la mayoría de las parejas, sean o no sean PAS, dan cuenta de un declive progresivo de la

1. A. Aron, M. Paris y E. N. Aron, «Prospective Studies of Falling in Love and Self-Concept Change», *Journal of Personality and Social Psychology* 69 (1995): 1102-1112.

satisfacción en la relación con el paso del tiempo.[2] Casi instintivamente, la gente empieza a intentar corregir esto haciendo cosas juntos que resulten excitantes, como viajar, ir a lugares distintos, conocer a los amigos del otro, etc. Construir una vida juntos puede ser excitante de por sí (decorar la casa, tener hijos, trabajar juntos en determinados proyectos, etc.). Pero las parejas que no se involucran en actividades así, o en cualquier otra cosa que resulte excitante, es muy probable que terminen sintiéndose insatisfechas con la relación. Quizás no se planteen que el aburrimiento puede ser un problema para su relación, pero lo es, aunque fuera de ella, en sus propias profesiones o con sus amistades, disfruten de todo tipo de experiencias interesantes.

Investigaciones innovadoras sobre la necesidad de abrir nuevos caminos

Nada de lo dicho hasta aquí acerca del aburrimiento es pura especulación. Hace alrededor de diez años, Art y yo llevamos a cabo unos sondeos en los que descubrimos que el aburrimiento en las relaciones puede ser un potente indicador de una insatisfacción generalizada en la relación.[3] Por otra parte, una de las alumnas de doctorado de Art, Charlotte Reissman, llevó a cabo un experimento para intentar corroborar este descubrimiento de una manera más rigurosa.[4] En su investigación, Charlotte le pidió a un determinado número de parejas casadas que revisaran una lista de posibles actividades e indicaran cuáles de ellas les parecían «placenteras» o «excitantes» para hacerlas los dos juntos. Posteriormente, un tercio de las parejas fue designado aleatoriamente para que hicieran algunas de aquellas actividades juntos que habían considerado excitantes durante una hora y media cada semana a lo largo de diez semanas. Otro tercio de las parejas se asignó

2. Karney y Bradbury, «Neuroticism, Marital Interaction, and the Trajectory of Marital Satisfaction».

3. A. Aron, C. C. Norman y E. N. Aron, «Couples Shared Participation in Novel and Arousing Activities and Experienced Relationship Quality», *Journal of Personality and Social Psychology* (2000).

4. C. Reissman, A. Aron y M. R. Bergen, «Shared Activities and Marital Satisfaction: Causal Direction and Self-Expansion Versus Boredom», *Journal of Social and Personal Relationships* 10 (1993): 243-254.

a otro grupo para que llevaran a cabo juntos, durante el mismo lapso de tiempo, las actividades placenteras que habían señalado. Por último, un tercer grupo no hizo nada especial. Al cabo de las diez semanas, en las parejas que habían hecho actividades excitantes juntos se apreció un incremento significativo de la satisfacción marital. Las parejas que dedicaron el mismo tiempo juntos, pero haciendo actividades placenteras, y los del tercer grupo, que no hicieron actividades extra, no mostraron incremento alguno en su satisfacción marital después de las diez semanas. Es decir, el mero hecho de pasar algún tiempo extra juntos, si no supone la realización de actividades excitantes, no trae consigo beneficio alguno, si se compara con el no dedicar tiempo extra juntos.

En otro experimento,[5] las parejas vinieron a nuestro laboratorio y fueron asignadas aleatoriamente para que tomaran parte juntos bien en una tarea excitante y complicada o bien en una tarea monótona, mientras que a otro grupo no se le asignaba tarea alguna. Posteriormente, cada pareja fue grabada en vídeo mientras planeaban un viaje, y sus discusiones fueron evaluadas por parte de unos observadores entrenados que no sabían que las parejas habían llevado a cabo una actividad distinta. Las discusiones de aquellas parejas que habían realizado juntos una tarea excitante y complicada fueron significativamente más positivas y menos hostiles. Por otra parte, a las parejas de este experimento se les realizaron test antes y después de la tarea para averiguar su satisfacción matrimonial y el amor que sentían entre sí. Pues bien, las parejas que hicieron la tarea excitante y complicada mostraron posteriormente un incremento significativamente mayor que las demás parejas en sus puntuaciones de satisfacción y amor.

Esta investigación ha levantado bastante revuelo entre los estudiosos de las relaciones íntimas, dado que siempre se había considerado que la calidad de la relación era el resultado de las personalidades o de las historias de cada uno de los miembros de la pareja combinadas con sus habilidades de comunicación. Sin embargo, parece muy posible que gran parte de los problemas que pueden tener las parejas se deban al aburrimiento. Al igual que ocurre con los perros cuando llevan mucho tiempo sin salir a pasear, las gente, cuando está aburrida, puede provo-

5. Aron, Norman y Aron, «Couples Shared Participation in Novel and Arousing Activities and Experienced Relationship Quality».

car todo tipo de problemas personales e interpersonales para hacer que la relación siga siendo interesante.

Cuidado al aplicar excitación a una PAS

Claro está que, como PAS que sois, vais a necesitar tener la garantía de que hacer cosas excitantes juntos no significa llegar a la sobreexcitación y la sobreestimulación juntos. Significa que estéis en vuestro nivel óptimo de excitación, en lugar de pasar vuestro tiempo juntos descansando, recuperando fuerzas para la próxima vez que cualquiera de vosotros tenga que salir solo al mundo. De este modo asociáis vuestra relación con la excitación, además de con el reposo.

Elegid actividades que sean interesantes y excitantes para ambos. Si tu pareja es también una PAS, esto no debería resultaros difícil, dado que ambos tenéis más o menos el mismo nivel óptimo de excitación. Con una no-PAS, convendrá que elijáis algo que te resulte lo suficientemente familiar a ti como para que sea excitante, pero no excesivamente estimulante, y que le resulte a tu pareja muy poco familiar, para que le proporcione suficiente excitación. Por ejemplo, yo me siento cómoda cabalgando, pero subirse a un caballo resulta bastante excitante para Art. María, una PAS, y Dan, un no-PAS (sabrás más de ellos en breve), suelen ir de viaje a la patria natal de María, Perú, y a otros países latinoamericanos porque ella se siente allí como en casa, pero le sigue resultando excitante volver a casa y recorrer nuevos lugares. En cambio, para Dan, que no habla español, cualquier parte de América Latina le resulta plenamente excitante.

Compartir actividades excitantes como medio para mejorar vuestra relación es especialmente valioso si cualquiera de los dos no es demasiado proclive a hablar, ¡o bien si os da la impresión de que eso es lo único que hacéis! También puede ser una buena manera de incrementar los sentimientos positivos generales, por lo que os puede dar una buena ocasión para tomar o retomar vuestros conflictos y gestionarlos adecuadamente.

Por cierto, ¿qué tal gestionáis vuestros conflictos? Ése será nuestro próximo tema.

El diálogo como medio para valorar la perspectiva del otro

Ya he dicho que el diálogo es muy importante para tratar las diferencias de género y de temperamento, pero me gustaría enfatizarlo un poco más aquí. Hay diferencias entre los seres humanos que son tan fundamentales que generan muy diferentes sentimientos y respuestas ante el mundo, y a dos personas que difieran en alguna de ellas –como son el género, el temperamento, la etnicidad, la religión o las experiencias con la pobreza o el racismo– les puede resultar muy difícil creer que su querida pareja, o cualquier otra persona, pueda sostener puntos de vista tan demenciales. Pero incluso los conflictos ordinarios, como en qué gastar el dinero o cómo educar a los hijos, pueden hacer en ocasiones que os sintáis como si fueseis de universos completamente distintos. La solución es la misma: toma la determinación de escuchar la perspectiva de la otra persona, considerándola perfectamente válida por el mero hecho de que la sostiene una persona a la que respetas. Y dialoga.

Escucha con empatía, habla con empatía

Las personas que asesoran a las parejas, entre las cuales me incluyo, solían poner antes el énfasis en una escucha reflexiva y empática. Pero se ha demostrado que eso no es suficiente, porque puede ocurrir que, aunque tu pareja sea muy hábil en la escucha, puede que no exprese su propia perspectiva con la suficiente fuerza como para hacerla respetar, o bien se da por vencida con demasiada facilidad. Esto se observó por vez primera en el caso de las mujeres,6 pero en mi experiencia con las PAS, tanto hombres como mujeres son muy proclives a no levantar la voz, dejando que sus parejas hablen y hablen, con el temor de que, si reúnen suficientes evidencias que contradigan el punto de vista de su pareja, la situación se pueda hacer excesivamente excitante. Así pues, las PAS terminan por seguir los planes de los demás. Pero eso no funcionará por mucho tiempo, mis queridas PAS. Son muchas las investigaciones que indican que ninguna pareja es feliz a largo plazo si todo el poder y la influencia reside en sólo uno de los miembros de la pareja, de modo que será mejor que aprendas a defender tus posturas en un diálogo.

En un diálogo, la escucha empática es la mitad de lo que se necesita.[6] El que escucha atiende a los sentimientos tanto como a los contenidos, y no interrumpe, interpreta o aconseja, ni siquiera ofrece su propia experiencia ni hace preguntas. (Esto se describe bien en mis libros *El don de la sensibilidad* y en *The Highly Sensitive Person›s Workbook*). Pero aquí viene la otra mitad del diálogo: cuando tu pareja es quien escucha, tú das tu propia perspectiva sin retraerte un ápice de tu auténtica verdad. Tú hablas llana y honestamente, sin culpar, utilizando «declaraciones yo»: «Yo necesito eso» o «Yo lo veo así». Después, escuchas la respuesta o la defensa de tu pareja, siguiendo las reglas habituales: nada de interrupciones, consejos o interpretaciones de lo que tu pareja está «haciendo realmente» o «queriendo decir realmente».

El diálogo: una cuestión de honor y de confianza

Para dialogar, cada uno de vosotros tiene que confiar en el otro no sólo para escuchar sin hacer juicios apresurados ni interrumpir, sino para decir toda la verdad acerca del tema que se está tratando. El punto de vista de la situación de cada persona es igualmente válido, y debería ser respetado. No debería corregirse, criticarse o invalidarse de ninguna de las maneras; y esto no sólo debe respetarlo tu pareja, sino también tu propia voz crítica interior del miedo a la sobreexcitación.

Si tu pareja opta por no dialogar y lo único que acepta es salirse con la suya, tendrás que explicarle que tal actitud puede ser un gravísimo error a largo plazo. Simplemente dile que, si quiere mantener una relación íntima contigo, tenéis que confiar el uno en el otro, y la confianza exige que ninguno de los dos se sienta dominado, y esto a su vez requiere que ambos os escuchéis respetuosamente y tengáis una influencia equivalente en los resultados finales.

Evidentemente, existen temas acerca de los cuales tú nunca podrás estar de acuerdo, y es por esto por lo que es aún más importante que te aferres al principio fundamental del diálogo: en asuntos de valores y sentimientos (no en cuestiones como la de por dónde está el norte), ambos puntos de vista pueden ser correctos y son igualmente válidos

---

6. J. Gottman y N. Silver, *Siete reglas de oro para vivir en pareja* (Barcelona: Debolsillo, 2010).

como tales. Al escuchar lo que tengáis que deciros el uno al otro comprenderéis mejor los asuntos subyacentes, y tú comprenderás a la perfección por qué tu pareja no está dispuesta a dar su brazo a torcer. Después de un buen diálogo, quizás incluso sientas que, de haber estado en el lugar de tu pareja, habrías sostenido el mismo punto de vista sobre ese asunto. Pero tú no eres tu pareja, de modo que quizás no sostengas ni puedas sostener tal visión de las cosas. Y esto también es importante.

Dan y María

En cierta ocasión, tuve el privilegio de presenciar un ejemplo de fino uso del diálogo. Los protagonistas fueron Dan y María, de los que ya he hablado. Dan, el no-PAS, era judío, abogado en leyes medioambientales. María, la PAS, era peruana, una bailarina de talento que había sido educada en la fe católica. Cuando se conocieron, ninguno de los dos era practicante de su religión. Pero, cuando decidieron casarse, discutieron durante alrededor de dos minutos cómo iban a educar a sus hijos. Daniel estaba convencido de que sus hijos debían ser educados como judíos, a pesar del hecho de que sólo eran en parte judíos. María se encontraba en una fase de dudas profundas acerca de su fe, y por otra parte no quería tener un conflicto con Dan, de modo que finalmente accedió a lo que él proponía.

Sin embargo, para cuando María se quedó embarazada, ella había reencontrado su fe y había regresado a sus raíces peruanas. Pero, para Dan, un acuerdo era un acuerdo; no sólo no quería educar a su hijo en la fe católica, sino que ni siquiera aceptaba que María pensara que podía cambiar de opinión en algo tan importante. Para María, aquélla era una situación con la que ya había lidiado antes; ella accedía a algo para hacer feliz a Dan y evitar una discusión acalorada porque, de todos modos, iba a perder; pero posteriormente se daba cuenta de que no podía acatar tal situación. En cierta ocasión, María le había mentido incluso a Dan para ocultar que había hecho lo que quería hacer después de decirle que no lo haría, algo por lo que se avergonzó sobremanera y que, por supuesto, Dan terminó descubriendo. Después de aquel episodio, él la estuvo acusando de ser un poco laxa en lo relativo a mantener su palabra, y aún estaba más decidido a no permitir que ella rompiera su acuerdo con él respecto al tema religioso. Ésas eran las posturas en las que se encontraban cuando vinieron a verme, según el relato contado en su mayor parte por Dan.

Obviamente, era a Dan a quien le tocaba sentarse y escuchar, sin interrumpir a María para criticarla o con el fin de defenderse, mientras María le hablaba de sus reencontrados sentimientos acerca del cristianismo como la vía de vida que ella deseaba para sus hijos. También tuvo que escuchar por qué María había aceptado sus condiciones, no sólo en aquella ocasión en que habían hablado de la orientación religiosa de sus futuros hijos, sino en otras muchas ocasiones, siempre con el fin de evitar discusiones con el hábil abogado que no se detenía hasta que ganaba su caso, por muy exhausta o disgustada que ella estuviera. Y en cuanto aquella ocasión en que le había mentido, María creía que se había disculpado lo suficiente y, ciertamente, no lo había vuelto a hacer. ¿Acaso él no le había mentido a ella nunca, en modo alguno? A María le dolía sobre todo que Dan hubiera dejado caer en más de una ocasión que, debido a aquella mentira, quizás ella no era la más adecuada para enseñar valores religiosos a sus hijos. Pero lo que mejor recordaba era una pelea que habían tenido antes de casarse, cuando discutían sobre dónde vivirían, en la que ella, frustrada y furiosa con la implacable lógica de Dan, había estallado finalmente y le había dicho a voz en grito que lo odiaba. Él, con calma, le había dicho que era una latina emocional, como si aquélla fuera la prueba definitiva de que él tenía razón, de que la equivocada era ella, y después se fue. Después, María se disculpó, vivieron donde Dan pensaba que era mejor, y la prometió que nunca más volvería a comportarse así. Y cumplió lo prometido. Sin embargo, puedo decir que Dan empezaba ya a darse cuenta de que quizás hubiera sido mejor explorar por qué motivo ella había llegado a tal punto o, aún mejor, escuchar su punto de vista desde un principio, en vez de tener que vivir ella temiéndole a él y ocultando su resentimiento.

Después fue el turno de Dan, y María tuvo que escuchar lo que su marido sentía acerca de sus raíces judías, la pérdida de la mayor parte de su familia en el Holocausto, su ira ante el hecho de que los cristianos y el papa en particular no hubieran hecho casi nada para ayudar a los judíos, y su deseo de que sus hijos se vieran a sí mismos como judíos, con todo lo que eso significaba para él. Y Dan contó cómo recordaba aquella antigua pelea sobre dónde vivirían, cuando la ira de María le evocó los estallidos de cólera de su padre borracho, cuando él era un niño. También le habló del profundo horror que sentía ante la idea de que María le hubiera podido mentir, o que quizás incluso le hubiera podido traicionar de algún otro modo; un angustioso temor del que ni siquiera había sido plenamente consciente hasta aquel diálogo.

María se conmovió en lo más profundo al escuchar los ardientes sentimientos que subyacían a las frías posiciones lógicas de Dan. También se dio cuenta de que, si ella hubiera defendido sus posiciones con determinación desde un principio, podría haberle evitado lo que para él había sido una gran traición, la única mentira que le había dicho.

Creo que te habrás dado cuenta de la enorme importancia que tiene el diálogo a través de este ejemplo. Aunque los diálogos que Dan y María mantienen con regularidad probablemente no les lleven a solucionar el tema de la educación religiosa de sus hijos, sí que pueden llevarles a albergar la sensación de que, hagan lo que hagan, el mismo proceso seguido para llegar a ésta y a toda futura decisión hará honor por igual a las perspectivas de ambos. Eso es lo que el diálogo puede lograr.

Contén los estados de sobreexcitación durante los conflictos

Mi tercera sugerencia es una que los investigadores matrimoniales consideran cada vez más como determinante, sea cual sea el temperamento de la persona, pero es probablemente la más importante para las PAS.[7] La sobreexcitación de María durante sus discusiones con Dan fueron tan aversivas para ella que, con el fin de evitarlas, estaba dispuesta a apaciguarlo, a ignorar sus propios puntos de vista y necesidades, e incluso a mentir, algo que decididamente no sentía como propio de su auténtico yo. Las PAS pueden sentir verdadero pavor a la sobreexcitación, como tú ya sabes. Ese pavor puede en verdad impedirte hacer aquello que tú sabes que tienes que hacer –expresar tu opinión en un

7. Young-Eisendrath, *You're Not What I Expected.*

diálogo, por ejemplo–, con independencia de cuán sensible seas a lo que deba ser hecho.

Las no-PAS también sienten pavor ante la sobreexcitación. Aunque Dan era menos consciente de su incomodidad con ella, él también debió de sentirse sobreexcitado cuando María perdió los estribos y le gritó. Quizás aquello fue tan aversivo para él que ha estado controlando sus expresiones emocionales con argumentos racionales desde entonces. En el caso de Dan, los argumentos emocionales llevaban rápidamente a la sobreexcitación debido a su semiconsciente temor de que alguno de ellos perdiera el control, como su padre solía hacer. La cuestión es que, una vez alcanzada la sobreexcitación, sea cual sea el motivo o el proceso, el estado es igualmente desagradable para las no-PAS, y es probable que puede llevar a cometer errores al enjuiciar la relación. Pero la sobreexcitación es más frecuente en las PAS, punto al que normalmente llegan antes que las no-PAS.

Las señales de la sobreexcitación

El psicólogo John Gottman, de la Universidad de Washington en Seattle, autor de *Siete reglas de oro para vivir en pareja,* así como de numerosos artículos de investigación, estudia lo que constituye la diferencia entre los matrimonios que funcionan y los que no funcionan (un ingenioso enfoque, dado que la mayoría de los libros están escritos por terapeutas de relaciones que de forma rutinaria observan casi exclusivamente relaciones deterioradas). Gottman estudia a las parejas mientras interactúan en su laboratorio, y es tan consciente de los perjudiciales efectos de la sobreexcitación en las conversaciones de las parejas que las tiene cableadas en su laboratorio para poder detectarla y entrenar a las parejas a reducirla. Aunque Gottman no habla de diferencias de temperamento, yo sí lo voy a hacer: las PAS son más proclives a experimentar sobreexcitación, de modo que en tu caso es de todo punto esencial que te conviertas en una experta a la hora de abordar la sobreexcitación en tus relaciones. Vosotros sabéis muy bien cómo os sentís cuando estáis sobreexcitados, pero revisaremos otras señales de sobreexcitación, especificadas por Gottman y otros investigadores, para que podáis detectarlas en vuestra pareja y prevenir la escalada del conflicto.

Si le tomas el pulso a una persona que está sobreexcitada, probablemente contarás entre 95 y 100 pulsaciones por minuto (lo que es alto para cada persona dependerá de la tasa cardíaca en reposo). La persona sobreexcitada tendrá los ojos entrecerrados (para intentar reducir la estimulación) o bien se percibirá un leve aleteo en los párpados. Puede que se cruce de brazos por delante del pecho, o que gire las caderas, como alejándose de su pareja. Puede ponerse a jugar con su cabello o con un objeto, como un lápiz o un pañuelo, o cubrirse la cara con las manos. Los músculos faciales parecen estar excesivamente controlados –la barbilla metida y los labios apretados, de tal modo que la parte roja del labio superior no está a la vista. El «músculo de la pena» está tenso: los extremos de las cejas se elevan y se juntan frunciéndose el entrecejo, o bien las cejas cruzan rectas la frente. La voz se hace más aguda y la respiración más superficial, procediendo de la garganta, no del pecho. Se observan suspiros o trastornos de la palabra tales como frases inacabadas, repeticiones, lapsus, omisiones, tartamudeo o muchos «Ahs».

En un sentido más global, las personas sobreexcitadas muestran muy poco sentido del humor, interés o ánimo en sus expresiones en respuesta a algo. Se muestran hipervigilantes ante las amenazas; y, cuando se pone en marcha un tren de pensamientos negativos, éste persiste durante mucho tiempo. Toda nueva información y percepción deja de procesarse, de tal modo que todo lo que se le puede decir a una persona sobreexcitada se desperdicia en gran medida. Si esperas que emplee algún comportamiento nuevo, olvídalo; las personas sobreexcitadas no van a aplicar ningún aprendizaje nuevo, a menos que se haya hecho casi automático mediante sucesivas repeticiones.

En gran medida, las personas sobreexcitadas lo que desean es abandonar la discusión, tal como le ocurría a María, o bien buscan controlarla por completo, como hacía Dan. Si dejas que se salgan con la suya, es muy probable que se quejen de todo tipo de cosas y que caigan en lo que Gottman llama los «cuatro jinetes»: la crítica, actitudes defensivas, el desprecio y la evasiva o la retirada emocional (siendo esta última la más habitual en las PAS).

Cómo prevenir la sobreexcitación

Obviamente, estarás deseando evitar los episodios de sobreexcitación. He aquí algunas maneras de lograrlo:9

- No te dejes llevar a una discusión en la que es probable que haya excitación si estás cansado, sobreestimulado o estás ya estresado por alguna otra cosa.
- Retiraos a un entorno recogido y tranquilizador para discutir, como puede ser un bosque o las orillas del océano.
- Saca el tema a discutir con suavidad, con tacto, así como cualquier apreciación que tengas acerca de lo que tu pareja haya hecho ya para minimizar el problema.
- Cuando las cosas se descarríen o sientas que te has equivocado, intenta corregir la situación, y recibe positivamente todo intento de tu pareja por hacer lo mismo.
- Busca puntos en los que puedas comprometerte o ceder sin quedarte con la sensación de que has violentado tus propias necesidades.
- Comprobad las pulsaciones cardíacas cuando la sobreexcitación amenace. Lo digo muy en serio, pues es una forma muy objetiva de acordar un tiempo muerto para uno de vosotros.
- Que los tiempos muertos duren al menos veinte minutos; ése es el tiempo que se precisa para recuperar el estado normal.
- Acordad en qué momento reanudaréis la discusión, y no la pospongáis demasiado.
- Ambos tenéis que acordar hacer todo lo posible a título individual para mantener un nivel óptimo de excitación, para recobraros de episodios pasados de sobreexcitación crónica, y para sanar viejas heridas emocionales.
- Como un preventivo más, intentad por todos los medios que los acontecimientos y sentimientos positivos asociados con vuestra relación superen mucho en número a los negativos.

Respecto a corregir errores en el modo en que habéis llevado la discusión: un buen ejemplo de error sería insultar o etiquetar a tu pareja («eres un patán» o «eres una neurótica»), en vez de atenerse al tema.

Esto va decididamente contra toda regla de una buena lid. Decir «Yo no debería de haber dicho eso. Lo siento» es todo lo contrario de estar a la defensiva. Según Gottman, el 83 por 100 de los matrimonios perduran en el tiempo si los miembros de la pareja exhiben esta habilidad reparadora, de modo que apréndetela bien y, cuando tu pareja admita un error, reconóceselo, dale las gracias y elógiala, para que ambos aprendáis a utilizarla.

Recuperarse de la sobreexcitación mediante retiros de meditación, masajes, dietas especiales o psicoterapia puede ser de gran utilidad para que la persona mantenga una perspectiva más amplia y tranquila durante los conflictos (todo lo contrario del estado constreñido y amenazador que uno siente cuando está sobreexcitado). Así pues, estas atenciones con uno mismo no deben entenderse como un acto egoísta. Son simplemente necesarias, sobre todo para una PAS; es una inversión.

Cuando una PAS mantiene la positividad (cuando el sistema nervioso de una PAS emite un zumbido sereno y constante), la persona se convierte en una gran depositante de lo que John Gottman llama la «cuenta bancaria marital». Cada vez que os sucede algo positivo a alguno de vosotros, podéis hacer un depósito, sea con buen sexo, una especie de intercambio, una agradable conversación durante la comida o unas agradables vacaciones. Por otra parte, tiene lugar una retirada cada vez que sucede algo negativo, tanto si se trata de una discusión menor como si es la muerte de un hijo. Si nuestra cuenta bancaria está vacía, sólo un episodio de sobreexcitación puede ser suficiente para terminar con una relación, porque simplemente no hay motivo alguno para continuar con ella. Debido a que las PAS parecen ser proclives a sobreexcitarse más con menos, y a tener episodios de intensa alegría o tristeza, se podría decir que esto nos convierte en los grandes magnates del mundo de las relaciones –lo que llega fácil, fácil se va–; es decir, resulta fácil añadir buenos sentimientos a la cuenta bancaria, y fácil también tener una quiebra. (Las PAS pueden ser las últimas en irse, en abandonar una relación). La sobreexcitación crónica o el temor crónico a la sobreexcitación, de tal modo que se evita el diálogo, constituyen las formas más seguras de terminar en una depresión económica marital.

Conecta: hazlo a tu manera, pero no desconectes

El conflicto y la ira no son predictores del divorcio. De hecho, tanto las parejas felices como las desdichadas tienen el mismo número y tipo de problemas sobre los cuales disienten. Lo que predice el divorcio es el modo en que te comportas durante un conflicto. Es más probable que las PAS eviten el conflicto o se retiren durante un conflicto, lo cual es una de las peores estrategias. La mayoría de las relaciones terminan debido a este tipo de desconexión; hasta un 80 por 100 de las parejas que se divorcian admiten que, simplemente, había entre ellos un «progresivo distanciamiento», en tanto que sólo el 40 por 100 dan como motivo las peleas o los conflictos de opinión.[8] Las peleas pueden llevar a una resolución; no hablar acerca de un conflicto sólo puede llevar a ese «progresivo distanciamiento», como ocurría con María... o con Jack.

Jack y Raven

En esta pareja, Jack era la PAS, un padre joven que estaba criando trillizos con la ayuda de una niñera a tiempo completo, mientras Raven, la madre, trabajaba como médico de familia. Jack tenía también un exitoso negocio, trabajaba desde casa como consultor de práctica para médicos. Como disponía de una mente brillante y sensible, no le había costado mucho medrar en este trabajo después de abandonar la facultad de medicina, donde él y Raven se habían conocido. Pero su negocio sólo le daba a Jack una sensación de logro superficial. Todavía no sabía lo que quería hacer con su vida.

La llegada de los trillizos había sido un duro golpe para Jack, que no estaba seguro de que su relación de dos años con Raven pudiera soportar la llegada de un hijo, y mucho menos de tres. Al menos, él no estaba preparado. Toda su vida adulta había transcurrido bajo presión. Primero, para entrar en la facultad de medicina; luego, para permanecer allí y, finalmente, para tomar la angustiosa decisión de abandonarla. Pero Raven, siete años mayor que él, había escuchado el tictac de su reloj biológico, de modo que Jack había accedido a que

8. J. Gottman y N. Silver, *Siete reglas de oro para vivir en pareja.*

utilizara fármacos para la fertilidad, cuando vieron que a ella le costaba concebir. Cuando se enteraron de que Raven llevaba trillizos, Jack hizo una insinuación que dejaba entrever su desdicha, y Raven explotó. Ella tenía la sensación de que él la estaba culpando y de que, obviamente, no la quería, o bien no quería a los bebés que venían en camino. Jack no había podido olvidar sus gritos, «¿Acaso quieres que aborte? ¿Es eso lo que quieres?». Jack se sintió avergonzado e impactado, y ya no volvió a hablar con ella de lo que sentía. Raven parecía no darse cuenta, o que no le importaba. Como se sentía profundamente afectado por cómo la vida le había tratado, Jack decidió entregarse en cuerpo y alma a los trillizos, sacrificarlo todo por ellos. Parecía que su vida había terminado y, por otra parte, intentaba no pensar nada en absoluto acerca de su matrimonio.

Las señales de la desconexión

Jack, y probablemente Raven, estaban experimentando las clásicas señales de la desconexión.[9]

- Tú crees que los problemas de relación que tienes son demasiado graves como para poder resolverlos, y decides que es mejor buscar una solución tú solo en vez de pasar por más episodios de sobreexcitación intensa.
- Intentas adaptarte, reducir tus expectativas. Pero no estás sintiendo una aceptación y un amor verdaderos –diría Gottman si te tuviera en su laboratorio, porque estaría observando una excitación fisiológica crónica, aunque pudieras parecer tranquilo y resignado–. En promedio, el ritmo cardíaco de las personas casadas que terminarán divorciándose es diecisiete pulsaciones por minuto más elevado.
- Los dos miembros de la pareja comenzáis a llevar vidas paralelas.
- Tú te sientes solo. En este punto, a menos que existan otras razones que te impidan terminar con la relación –como tus creencias religiosas, tu situación económica o unos trillizos recién nacidos–, este paso se te antojará inevitable.

9. Seis de ellas son de Ibíd., adaptadas para PAS.

La desconexión no siempre es tan extrema. Puede ocurrir sólo en un área de vuestra relación (quizás habéis renunciado a pasar vuestro tiempo de ocio juntos, o a discutir vuestra situación en el trabajo, o a tener sexo). Parece tolerable; pero, aunque sólo un área de tu vida sea tan angustiosa como para no hablar de ella, tu relación se hallará sobre un terreno ciertamente precario.

La reconexión

La mejor solución para la desconexión es prevenirla. Para ello, tendrás que detectar las señales que anuncian el problema antes de que la cosa vaya más lejos.[10] Como buena PAS, posiblemente te percatarás de estas señales cuando aún son bastante sutiles: sentimientos de irritación, ira, futilidad, distancia o preocupación acerca de la relación; sabiendo que tu pareja no sabe lo que tú estás pensando y viceversa; sobreexcitación ante la idea de lo que ocurriría si discutierais determinados temas; o bien carencia del deseo de tocar o de mostrar afecto físico.

Para superar la desconexión, ambos tendréis que admitir que os enfrentáis a un problema grave y que tendréis que esforzaros por cambiar las cosas. Para ello hará falta, en primer lugar, que la persona que ha desconectado, normalmente la PAS, hable de aquello que provocó el inicio de su desconexión. Por lo general, fue una discusión en concreto, donde la PAS probablemente se sobreexcitó mucho, o bien escuchó un comentario que terminaría procesando de tal modo que el tema se le antoja ahora demasiado peligroso, doloroso, finiquitado o del todo arruinado. Sea lo que sea que anduvo mal en aquella discusión se debe revisar, y no se debe volver a caer en ese error. La próxima vez tendrá que haber un diálogo, sin culpabilizaciones ni actitudes defensivas, y tiempos muertos cuando la sobreexcitación se eleve demasiado.

En segundo lugar, y en pos del cambio, la persona que ha desconectado tendrá que dialogar de una forma abierta y argumentar vehementemente en defensa de su postura. Si esa persona eres tú, tendrás que hacer todo lo contrario a una escucha reflexiva o a intentar sintonizar con tu pareja. Deberás sintonizar a fondo contigo mismo, expresando

10. Ibíd.

tus propias necesidades, sentimientos y perspectivas, en vez de guardarte todo eso para ti y de asumir que es inútil hablar de ello.

En el caso de Jack, tendría que comenzar por expresar, por tarde que pudiera parecer, todos los motivos que le habían llevado a desear no haber tenido hijos tan pronto en su relación, y toda su desesperanza acerca de su futuro. Raven habría tenido que escuchar –como hizo Dan con María– sin enjuiciar ni ponerse a la defensiva. Después, habrían invertido los papeles.

Sin embargo, en algunos temas, una actitud serena de escucha puede ser muy difícil de lograr, incluso para la más amorosa de las personas, a menos que se lleve a cabo algún trabajo interior posterior sobre los motivos existentes para sentirse tan afectada. Por ejemplo, a Raven le hubiera ido bien enfrentarse a la posibilidad de que su hiriente estallido acerca del aborto podría ser un reflejo de sus propios pensamientos íntimos, que eran totalmente inaceptables para ella, aunque bien pudieron venirle a la cabeza cuando Jack tan sólo insinuó sus preocupaciones. Esto llevará hasta el siguiente tema.

Cómo descubrir esperanzas y temores no reconocidos de toda una vida

Tras aquellos conflictos que parecen especialmente intensos y recurrentes solemos encontrar esperanzas no satisfechas o miedos no resueltos de toda una vida.[11] En el caso de Raven, podríamos encontrar que el tipo de vida que los trillizos les iban a imponer y su trabajo como médico echaban por los suelos su esperanza de llevar una relación profunda con su pareja –¿de dónde iban a sacar tiempo?–; y, en el caso de Jack, lo que desaparecía era su esperanza de una nueva vida después de abandonar la facultad de medicina.

Las PAS son especialmente proclives a buscar un significado a su trabajo[12] y a albergar esperanzas de por vida acerca de ello. Precisando tanto de un significado y un propósito, sufriremos mucho si algo se nos interpone en el camino, aun cuando deseemos también complacer

11. Ibíd.
12. Ibíd.

a nuestra pareja. Y también podemos albergar miedos profundamente enraizados, habiendo procesado las experiencias más aterradoras que hayamos tenido o de las que hayamos oído hablar con gran detalle –como los miedos a las catástrofes (por ejemplo, haciendo que nos neguemos a mudarnos a una región en la que hay terremotos o tornados), miedos relacionados con nuestros seres queridos (que nos lleven a pelearnos con nuestra pareja por si se le consiente o no aprender a conducir a nuestro hijo adolescente), o miedos relacionados con nuestro mundo (el que nos causa una gran agitación si nuestra pareja, por ejemplo, no recicla).

Por otra parte, puede que nos sintamos avergonzados por la intensidad de algunas de nuestras esperanzas y temores; avergonzados por las «fobias», el idealismo o el «egoísmo» de nuestros planes más privados.

De cómo las esperanzas y los miedos ocultos hacen una montaña de un grano de arena

Supongamos que olvidaste conservar ciertos recibos que podríais haber utilizado en las deducciones de los impuestos. De repente, oyes a tu pareja preguntarte a voz en grito cómo has podido desperdiciar de ese modo parte de vuestros salarios, tan duramente ganados. ¿Qué hay detrás de todo esto? Quizás sea el miedo a la pobreza de tu pareja, que posiblemente experimentó en su infancia. O puede ser que esté intentando ahorrar con la secreta esperanza, quizás semiconsciente, de hacer alguna compra o viaje, de jubilarse unos años antes o de cambiar de profesión. Quizás piensa que no valoras demasiado sus objetivos. Y hasta puede que sea cierto, y que te estés resistiendo a ahorrar hasta el más mínimo céntimo de los impuestos. Quizás tu esperanza sea poder vivir una vida sin preocupaciones por el dinero, una vida plena cada día, antes de que la muerte o una enfermedad se mofen de vosotros por todos esos ahorros acumulados para el futuro. Y así termináis gritándoos por unos estúpidos recibos de nada.

¿Te acuerdas de Chris y Jordan, en el capítulo 1? Jordan, un buscador de sensaciones intensas (BSI), quería aceptar un traslado a la sucursal de Londres de su empresa –no era precisamente un grano de arena, pero tampoco es que no fuera razonable su deseo–. En respuesta, Chris le propuso a Jordan que fueran a un orientador para que éste se diera cuenta de que padecía un trastorno de déficit de atención y se quedara quieto. Si la estrategia no funcionara, Chris no tenía ninguna intención de mudarse. ¿Por qué esa actitud obstruccionista? De hecho, en lo más profundo de su corazón, Chris siempre había albergado la esperanza de vivir en un pueblo pequeño, echar raíces y desarrollar vínculos con la comunidad y con el territorio. Mientras tanto, los planes de Jordan pasaban desde hacía mucho tiempo por vivir en diversos lugares a lo largo de su vida, especialmente en atractivas ciudades extranjeras. Cada uno de ellos se interponía en la visión global de vida del otro; no tenían más remedio que comenzar a hablar de ello.

Por detrás del conflicto de Dan y María, lo que había era una visión de familia arraigada en el legado judío que parecía oponerse a la esperanza de formar una devota familia católica. ¿Cómo no iban a caer en aquellas ásperas discusiones?

Cuando tú albergas una esperanza durante media vida y los planes de tu pareja se interponen en el camino para que la satisfagas, podéis pelearos con un vigor que ninguno de los dos creíais posible, aunque tal esperanza y tal obstáculo en el camino nunca se hayan hecho explícitos o, incluso, conscientes. De forma parecida, cuando tú tienes un miedo de toda la vida que tu pareja parece ignorar, o bien espera que lo superes, puede ocurrir que te niegues a hacer determinadas cosas con una obcecación inusitada. Así, cuando uno o ambos estáis peleando, defendiéndoos u obstaculizando al otro como si estuvierais poseídos, preguntaos, «¿Existe alguna esperanza o miedo no expresado tras este alboroto?». Casi siempre lo hay, y lo único que tenéis que hacer es darle nombre.

Por otra parte, como buena PAS, es posible que pelees muy poco y que montes muy poco alboroto, como hizo Jack, para a continuación desconectar de tu pareja.

Cuidado con los momentos en los que el espíritu esencial se marcha

En el capítulo 4, hablé del punto de vista de John Desteian acerca del amor como de la emergencia del espíritu esencial, de ese rico e instintivo nivel de la vida que se superpone al espíritu dominante, el nivel colectivo y civilizado de la vida. También dije que uno de los motivos para la gran expansión que sentimos cuando nos enamoramos puede ser porque nos sentimos inundados por ese espíritu esencial, algo que perdimos en parte durante la infancia o incluso antes, cuando los seres humanos nos reprimimos y perdimos el contacto con la naturaleza. El espíritu esencial suele alimentar nuestras esperanzas y sueños más profundos, sobre todo en las PAS. Asfíxialo, y correrás el riesgo de provocar una gran resistencia, poco habitual en las PAS, o una desconexión del amor.

El problema estriba en que las PAS absorben también el espíritu dominante por el hecho de ser tan concienzudas y por su facilidad para la socialización. Sentimos la presencia del espíritu esencial en lo más profundo de nuestra alma, tal como las personas que localizan pozos sienten el agua en lo más profundo de la tierra. Y cuando nos arriesgamos a amar, damos con ese espíritu esencial y sentimos el más puro deleite. A partir de ese momento, haremos cualquier cosa para conservarlo. Y, debido a esta misma determinación, podemos perderlo de nuevo. Sucede en determinados momentos críticos, cuando nos volvemos hacia el espíritu dominante en busca de respuestas.

Supongamos que te encanta la música clásica y que esta noche te gustaría ir a un concierto de una orquesta de cámara, que van a interpretar dos piezas que te conmueven profundamente, hasta las lágrimas, pero sabes que te pueden conmover aún más en estos días en que estás enamorada. Pero resulta que tu amado no tiene ningún interés por la música clásica, y preferiría quedarse en casa y trabajar un poco, mientras tú «vas si te gusta».

Tú no tenías ni idea de hasta qué punto habías estado alimentando esa fantasía en la que te veías con tu amado escuchando aquella música, transportados, sin necesidad de palabras. Las palabras venían después, con una profunda conversación en el entreacto, y el saboreo de las sensaciones y emociones experimentadas, tras salir de la sala de conciertos, en una cafetería. Después quizás podría haber un final de velada sensual, encarnando la música mientras hacíais el amor.

Pero, como una PAS típica que eres, reflexionas sobre tu decepción e intentas hacer lo que es correcto, que parece ser aquello que tu pareja quiere. Sí, eso está bien. Rebuscas desesperadamente en tu memoria intentando discernir qué te aconsejarían tus padres, o qué diría el autor o la autora de un libro como yo. No seas egocéntrica, infantil, exigente... Las diferencias son comprensibles. En las relaciones íntimas tienes que comprometerte.

En esos momentos estás mirando directamente al espíritu dominante, buscando la respuesta correcta para preservar tu amor; el peor lugar donde deberías mirar, aunque tú aún no lo sabes.

Así pues, ¿qué vas a hacer con vuestra diferencia, con tu pasión por la música de cámara y el desinterés de tu pareja? Pero la pregunta reside íntegramente no en si te vas a adaptar o en cómo lo vas a hacer, sino en por qué. El diálogo, por ejemplo, se puede utilizar para proteger el espíritu esencial, tal como se pretende, o para obedecer al espíritu dominante, como cuando silencias a tu yo más auténtico. Silenciarte o no dependerá de si tienes el suficiente valor, en armonía con tu espíritu esencial, o de si te sientes como una niña, sucumbiendo ante el espíritu dominante parental por un antiguo temor al abandono. Esa niña no tiene elección, salvo la de reprimir sus deseos y adaptarse, sofocando así al espíritu esencial.

Tal como lo expresa Desteian, «La persona que es consciente de su propio poder y autoridad, y de su derecho a formar parte de una familia o un grupo, puede optar por sacrificarse»,[13] y hacer lo que la otra persona quiere sin dañar al espíritu esencial en la relación. El mismo compromiso –«de acuerdo, olvidémonos del concierto»— puede ser el resultado de trabajar con vuestras mutuas diferencias, en el que cada uno de vosotros siente el poder, la autoridad y el derecho de elegir hacer un sacrificio consciente, o puede ser el resultado de una potente defensa contra el reconocimiento de límites personales, diferencias y el temor a la individualidad, con todo el distanciamiento y el miedo a la pérdida que esto conlleva. Ese necesario sentido de poder personal, autoridad, derecho y coraje se consigue con el trabajo interior que se sugiere a lo largo de todo este libro como primera llamada vocacional de las PAS. Pero también hay implicadas aquí algunas habilidades.

13. Ibíd.

Expón tu esperanza o tu miedo, dialoga y sé creativo

Aunque el sentirte obligado a satisfacer la esperanza del otro o a vivir en función de los miedos del otro (es decir, sofocar tu propio espíritu esencial por el otro) es una estrategia que no funcionará, ninguno de los dos tiene por qué renunciar a una esperanza o negar un miedo, pues esto también estrangularía al espíritu esencial en la relación. De ahí que las parejas sensatas terminen aprendiendo a desvelar las esperanzas y los temores existentes tras un persistente conflicto, para después protegerlos y honrarlos tanto como puedan. Dialogan acerca de ellos, para hacerlos del otro en la medida de lo posible, o bien hacen concesiones, pero siempre con un ojo puesto en el espíritu esencial. El trabajo de las PAS en estas situaciones consiste en ser creativas hasta el punto de que pueda parecer más absurdo.

Por ejemplo, Art y yo nos mudamos a Long Island en 1994 para que él pudiera aceptar un empleo académico que era perfecto para él. Pero, para mí, Long Island resultó ser de todo menos perfecto. Al cabo de unos pocos meses me di cuenta de que no me apetecía echar raíces en un lugar nuevo, y menos a mi edad, pues podría estar allí para el resto de mi vida. En particular, no quería poner en marcha una consulta de psicoterapia en Long Island, proyecto que resulta muy difícil de abandonar una vez lo has puesto en marcha. Yo nací en California, y quería volver a California. (Por cierto, esta experiencia me convenció de que las PAS se ven más afectadas que las no-PAS por el lugar donde viven. El contacto que establecemos con el entorno natural determina en gran medida nuestro contacto con el espíritu esencial).

Pues bien, un día di con un brillante aunque inesperado plan. Art podría estar en California durante las seis semanas de sus vacaciones de invierno y durante los cuatro meses de las vacaciones del verano; y yo podría estar en Long Island durante dos estancias de dos meses, en primavera y otoño, de manera que sólo estaríamos separados durante dos períodos de seis semanas, antes y después de las vacaciones de invierno. Parecía arriesgado. ¿Nos distanciaríamos? ¿Se resentiría Art por mi necesidad de un estilo de vida tan radical? Cuando se lo contamos a nuestros amigos y familiares, las reacciones fueron desde las advertencias puras y duras hasta la envidia, pero en ningún momento fueron suaves.

Bien, pues ha resultado ser un compromiso creativo que no sólo ha funcionado, sino que ha resultado más placentero para ambos que si nos hubiéramos propuesto seguir cada uno por su camino. Eso es lo que yo quiero decir con soluciones creativas.

Cada pareja tiene que encontrar su propio sendero en estos temas, y éste es un punto en el que se puede desarrollar el carácter, así como la creatividad, en la medida en que te esfuerzas por adoptar una perspectiva más amplia. ¿Dónde encajan tus esperanzas y tus temores dentro del gran proyecto de tu vida y de la vida humana, de ti y de tu pareja este año y dentro de veinte años? ¿Cómo cuadra un coche nuevo con tener otro hijo, comprar una casa, obtener el doctorado o enviar a tu pareja a su país natal para ver a sus ancianos padres antes de que fallezcan? Las decisiones difíciles, si se toman juntos, respetuosamente, fortalecen el vínculo entre los miembros de la pareja.

Hazte sofisticada con los complejos

Dialogar, reducir la excitación durante el conflicto y combatir la desconexión son herramientas muy útiles para muchas parejas. Pero aquellas personas que recomiendan estas técnicas eminentemente racionales admiten también que, de vez en cuando, no funcionan. John Gottman, por ejemplo, descubrió que el 85 por 100 de los matrimonios se muestran angustiados porque uno o ambos miembros de la pareja se sienten mal consigo mismos o con las personas con las que intentan mantener una relación estrecha[14] (tienen una baja autoestima o, utilizando los términos del capítulo 3, son personas inseguras). La gente que se siente así lo pasa mal durante los diálogos, por ejemplo. Sus temores de inadecuación se interponen en su escucha. Inmediatamente se sienten criticadas, y critican a su vez. De ahí que, como un añadido al entrenamiento en habilidades del que venimos hablando hasta aquí, muchas terapeutas de relaciones intenten explorar los motivos inconscientes por los cuales algunas personas no se gustan a sí mismas ni les gustan sus parejas o, en general, tienen dificultades en sus relaciones cercanas.

14. B. Jaeger, «The Highly Sensitive Self-Employed», *Comfort Zone: The HSP Newsletter* 4 (2) (1999): 13.

El apego inseguro es una forma de expresar esos motivos inconscientes, pero un enfoque más amplio y profundo es el de la teoría junguiana de los complejos (una teoría muy bien sustentada en la experiencia clínica, incluida la mía propia).

Los dos lados de cada complejo

Los complejos son esas regiones de nuestra personalidad que devoran nuestra energía y distorsionan nuestras percepciones, de un modo parecido a como lo hacen los agujeros negros en el espacio. Un complejo típico con el que muchos están familiarizados es el complejo de madre, o quizás un término mejor para identificarlo sea el de complejo de hijo, o complejo madre-hijo. En la infancia, todo el mundo desarrolla determinados sentimientos hacia la madre pero, en algunos casos, ciertas experiencias pueden producir un verdadero complejo, un «punto caliente» de nuestra personalidad. Dices «mamá» y se nos saltan las lágrimas, nos ponemos de mal humor, nos quedamos callados, nos conmovemos, nos ponemos a hablar sin parar, nos ponemos nerviosos, nos deprimimos, enfadamos o disociamos, o adoptamos una actitud fieramente despectiva sobre el tema.

Los complejos parecen tener siempre dos polos –por ejemplo, la madre positiva y la madre negativa–, aunque nunca se muestran los dos a la vez, pues sólo uno de ellos es consciente, activo o prominente. Sin embargo, el otro pugna por abrirse paso, mientras la psique busca la integridad y un final para la unilateralidad. He tenido a muchos clientes que han venido a mi consulta y se han puesto hablar incesantemente sobre sus maravillosas madres para, no mucho después, terminar conversando sobre sus madres como un problema de gran alcance o, incluso, determinante (y también me he encontrado con todo lo contrario).

Tú sabes que tienes un complejo en relación con un tema concreto cuando ese tema suele activarte o preocuparte. (Un complejo suele hallarse en el centro de la propia profesión). Todos nos encontramos hasta cierto grado en un complejo en todo momento, pero sólo sabes que te has identificado plenamente con él, que actúas en función de él, que has sido absorbido por ese agujero negro, cuando un tema te lleva a hablar en demasía, te vuelve obstinado y absoluto en tu pensamiento y tu lenguaje. Sólo pensar en ello puede deprimirte, ponerte ansioso, sobreexcitarte o disponerte para asumir extraños riesgos. Te conviertes en una especie de «loco furioso» o un «potro desbocado».

Por lo general, claro está, la pareja de una persona que tiene el complejo es la primera en detectar su activación, y probablemente está bastante familiarizada con sus efectos. Sin embargo, decirle a una persona que se halla en un complejo justo cuando se halla en su complejo es jugar con fuego; aunque habrá que decírselo con sumo cuidado más tarde, cuando hayan pasado los efectos. «¡Chico, qué mal humor te embargó anoche! ¿Eso no te hace preguntarte que quizás esté pasando algo por ahí dentro? Me he dado cuenta de que sueles ponerte así cada vez que llama tu madre».

He aquí algunos complejos típicos en las PAS. El complejo de «estrella», una parte de la persona que es decidida, competente, exitosa y admirada que se oculta o que intenta compensar a otra parte sensible que amenaza con volverse dramáticamente loca bajo presión. O el complejo de niño prodigio, con un polo reprimido que es el niño huérfano a quien nadie podría ver ni amar si el niño no fuera un prodigio. También está el complejo de héroe/chivo expiatorio, en el que el grupo ensalza y envidia en secreto las visiones y las ideas del héroe, aunque luego pueden convertirlo fácilmente en un chivo expiatorio, simbólicamente lapidado hasta la muerte cuando determinada visión se hace impopular. Un destino similar recae en la PAS que vive según el complejo genio-excéntrico/rarito-estúpido, en el cual el grupo te admira un día para rechazarte o incluso meterte en la cárcel al día siguiente. Después está el complejo que te convierte en un ciudadano trabajador, honesto y concienzudo, hasta que te percatas del tramposo traidor que llevas dentro. O el del trabajador obediente, hasta que te descubres interpretando el papel de rebelde o de sindicalista.

Muchas PAS padecen un complejo de víctima-dominador. Se identifican con el polo de víctima de este complejo, sintiéndose débiles e impotentes después de tantos años oyendo decir que son «demasiado sensibles», y pueden emplear una gran cantidad de energía intentando liberarse de sus dominadores, ser más fuertes, ver que se hace algo de justicia. Sin embargo, lo que han reprimido e ignorado es su propia fuerza, así como su capacidad para dominar a los demás, los cuales pueden ser perfectamente conscientes de ello. (Quizás te hayas dado cuenta de que todos los complejos están vinculados y se solapan entre sí, y son tus sentimientos quienes te dicen qué complejos son tuyos, y no regla o descripción alguna procedente del exterior).

El desdoblamiento y la proyección, de nuevo

La mitad reprimida de un complejo suele escindirse, desdoblarse (tal como se describe en el capítulo 5), dejándola así en libertad para causar problemas, en particular cuando la proyectas sobre tu pareja.

Pero, cuando proyectas, te excitas, dado que detectas ese terrible rasgo en el otro. Tienes un destello de fatídica certeza. Ese amor u odio tan intenso suele ser una advertencia de que te hallas inmerso en la defensa de algo que es vital para tu status quo psicológico, la defensa frente a alguna información acerca de ti mismo.

Si lo que proyectaras sobre la otra persona fuera algo maravilloso, todo podría ir bien –podrías vivir perfectamente en tu dichosa ilusión–, si no fuera porque el otro polo del complejo entra más pronto o más tarde en erupción. No hacen falta más que unas cuantas decepciones. Ésta es otra de las maneras de comprender cómo aquella diferencia que tanto nos gustaba se termina detestando, cómo el amor se transforma en odio, como se vio en el capítulo 5 con la percepción de Linda de las sutilezas espirituales y la atención de Mark hacia lo práctico y lo obvio. Había un complejo operando en cada uno de ellos.

Pero lo que hace más intenso todo esto es que da la impresión de que terminemos eligiendo parejas con complejos coincidentes, en los que su polo consciente es nuestro polo inconsciente. Una persona que desea ser rescatada y cuidada se siente atraída por (y resulta atractiva para) alguien que está deseando rescatar. Pero, en cuanto el rescatador manifiesta la más mínima debilidad, éste no sólo va a tener problemas con la persona que quería ser rescatada, sino también con su propio crítico interno, que cree que la otra mitad de su complejo (que quiere ser rescatada) es un terrible pecado. Ambas personas se enfrentan al terror y a la oportunidad de revisar por completo sus identidades habituales hacia algo más íntegro y realista.

Echando la vista atrás sobre Jack y Raven, Jack padecía el complejo de madre. Su madre, inmersa en una carrera de éxito, le había dejado en manos de una serie de cuidadores casi desde el nacimiento. Aunque no del todo consciente de ello, Jack tenía la esperanza de que Raven, como era una mujer tan fuerte, cuidaría un poco de él, de la forma en que él había querido que su madre lo hiciera; con Raven, pensaba, él era al menos el niño adorado. Así, cuando Jack se encontró ante la expectativa externa de que fuera él quien tuviera que cuidar y hacer de madre de los trillizos, mientras que Raven se pasaba los días trabajando fuera de casa, tal como había ocurrido con su madre, emergió el polo negativo del complejo de madre: él era el niño abandonado. La resignación sin esperanza alguna es la emoción típica cuando nos hallamos bajo el hechizo de la madre negativa.

Mientras tanto, en Raven también estaba operando el complejo de madre. Su desdichada madre jamás había podido trabajar y había instado a Raven, su única hija, a vivir la vida que ella no había tenido. Raven era el progenitor fuerte y anhelante de logros para su madre, de tal modo que ella sabía perfectamente cómo ser eso para Jack. Pero en lo más profundo anhelaba que alguien cuidara de ella... que Jack cuidara de ella. Sin embargo, Raven tenía muchas veces la sensación de que cada vez se parecía más a su desdichada madre, principalmente cuando mostraba alguna necesidad de cuidados. Pero, si ella había sido capaz de mostrar tal necesidad el día en que se enteró de que llevaba trillizos, también podría haberse venido abajo, en vez de estallar contra Jack por su primera reacción, una reacción comprensible (en realidad, muy parecida a la suya propia). Jack y Raven se podrían haber consolado el uno al otro por esa mezcla de bendiciones que se les ponía por delante tan pronto en su matrimonio y en sus jóvenes vidas llenas de trabajo.

La sombra lo sabe

Todas estas mitades escindidas y desdobladas, estos polos de los complejos –todo lo que hemos amontonado en el inconsciente y hemos rechazado en nosotras mismos–, terminan en lo que los junguianos llaman «la sombra». La sombra es un término muy adecuado para ese lado oscuro y desagradable de nuestra personalidad. (Si bien las personas con una baja autoestima, como muchas PAS, no reconocen como propias sus buenas cualidades y, por tanto, tienen una «sombra blanca»).

Llegar a conocer tu sombra –es decir, integrarla en tu mente consciente para que ya no se acumule en el inconsciente– es importante por múltiples razones. En primer lugar, porque libera energía, tanto la energía requerida para controlar las cualidades de la sombra como la energía de las mismas partes no reconocidas. Esas partes codiciosas, débiles y autoritarias que hay en ti, por ejemplo, disponen de conocimientos y de formas de estar en el mundo que son útiles, siempre y cuando no te dominen.

Además, en cuanto descubres algo acerca de tu sombra, es menos probable que actúes inconscientemente a partir de ese polo de tu complejo o que lo proyectes sobre los demás. Al reconocer tu propia codicia, asumes tu carga compartida y dejas de ser tan crítico cuando ves a otra persona comportándose de una forma codiciosa. Al reconocer tu propia debilidad, la criticarás menos en tu pareja y será menos probable que haga presa en ti en el momento más inoportuno. Al reconocer tu tendencia a ser esa madre absorbente y controladora, guardarás tolerantemente silencio cuando los demás se comporten de un modo un tanto autoritario, y aún guardarás más silencio cuando los demás necesiten encontrar sus propias soluciones.

La sombra, con sus mitades negativas desdobladas de complejos, puede evidentemente hacer estragos en una relación. Pero, en la medida en que las relaciones íntimas padecen por culpa de las sombras, hay que decir también que son los únicos tipos de relación en los que puedes aprender de ellas. Las relaciones con amigos ocasionales no traen consigo tales oportunidades, lo cual es un buen motivo para profundizar en las relaciones. Pero tu pareja, o cualquiera con quien vivas o viajes durante un tiempo, podrá tolerar tu desposeída sombra sólo hasta cierto punto, y tú también te verás obligado a hablarle de su sombra a la otra persona.

Tal como lo expresó Jung, «Una «visión de los propios errores» general y meramente académica carece de efecto alguno». No sentimos su impacto en los demás.

> Pero aparecen intensamente cuando la relación humana los pone en primer plano y cuando no pasan desapercibidos para la otra persona, ni tampoco para uno mismo. Entonces, y sólo entonces, se pueden sentir y reconocer en su verdadera naturaleza. De forma parecida, las confesiones hechas ante el yo secreto de uno tienen generalmente poco o ningún efecto, en tanto que las confesiones hechas a otra persona son mucho más prometedoras.[15]

Conocer tus defectos sólo en un sentido «académico», fuera de una relación, es como soltar bombas desde diez mil pies de altitud y volver volando seguro a la base aérea. Pero ver en realidad la devastación que causa tu comportamiento en tu pareja es como recorrer las zonas bombardeadas después de tu ataque. Y hacerle saber a tu pareja que te ha hecho daño y describirle tu dolor es hacerle recorrer la zona de destrucción que ha provocado en ti.

Cuando el desdoblamiento es más grave

Todos tenemos complejos y podemos sentirnos totalmente poseídos por la parte escindida de un complejo de cuando en cuando, sobre todo cuando las PAS nos sentimos agobiadas por el miedo, la necesidad, la culpa, la vergüenza o la sensación de haber sido culpadas injustamente. La pregunta es, ¿durará tal «posesión» unos cuantos minutos, una hora, días o años? ¿La podremos atemperar tras una buena reflexión, o después de que nuestra pareja nos la haya señalado? ¿Podremos impedir que oscile entre uno y otro extremo?

Los extremos típicos de un complejo significan que uno ha perdido de vista el hecho obvio de que la mayoría de las personas, incluida tu pareja, son por lo general personas relativamente buenas, en vez de del todo buenas o del todo malas. Pero no siempre es tan fácil llegar a esta sensata conclusión acerca de la condición humana. A medida que los niños maduran, se supone que los progenitores les ayudan poco a poco a aceptar sus propios defectos y los defectos de aquellas personas a las que quieren. Si un niño se decepciona profundamente con sus proge-

15. Desteian, *Coming Together-Coming Apart*, 37.

nitores o lo hace a una edad demasiado temprana, o si siente que ha sido él quien les ha decepcionado mucho a ellos, el niño desarrolla el desdoblamiento como defensa frente a una verdad insoportable –otra forma de comprender los estilos de apego inseguros.

Como vimos en el capítulo 3, el niño llega a la conclusión de que es completamente malo, y crece con la esperanza y la creencia de que debe haber alguien completamente bueno, una persona dotada de una profunda aceptación, que lo acogerá y rescatará, suministrándole todo aquello que le faltó en la infancia. En otros casos, los mismos progenitores ven al niño como completamente malo o completamente bueno, o bien prolongan el culto de sus hijos por ellos. Los hijos de tales progenitores desarrollan el desdoblamiento a modo de una defensa precoz, potente y primitiva, una escisión que precisará de paciencia y tal vez de psicoterapia para mitigarla. Pero al menos te esbozaré el trabajo que tendrás que realizar.

Cómo tiene lugar el desdoblamiento o escisión: sólo saberlo puede ser de ayuda

Tengo la esperanza de que lo que estás leyendo aquí te ayudará a darte cuenta de aquello que estás desdoblando y proyectando (en el capítulo 7 de mi libro *The Highly Sensitive Person's Workbook* se ofrece también una tarea que te puede ser útil). Si tú verdaderamente reconoces estas defensas, quizás seas capaz de contener algunas de las proyecciones más obvias que sitúas sobre tu pareja, aunque el desdoblamiento en tu interior y los motivos de tal escisión estén aún en proceso de sanación. Tu pareja te puede ayudar considerablemente rechazando lo que tú has estado proyectando, bueno y malo, y admitiendo su propio complejo coincidente, su gancho con el tuyo. Esto mitigará en ti parte de tu vergüenza y culpabilidad, de las cuales no necesitas más dosis. Pero lo más importante es que esto hará también que tu pareja acepte la propiedad de sus complejos y vea cómo operan en la relación, porque sin duda lo hacen. También puede ayudar la comprensión de cómo tiene lugar la escisión en tu mente.

Las investigaciones demuestran[16] que algunas personas almacenan todos los descriptores negativos de sí mismas en un archivo de memoria, por decirlo así («lenta con los idiomas», «demasiado seria», «vivo solo, pero no quiero vivir solo»). En otro archivo de memoria se almacenan todos los descriptores positivos («buena en matemáticas», «concienzuda», «he tenido algunas relaciones buenas en el pasado», etc.). Las personas que no utilizan el desdoblamiento de forma regular como defensa guardan para sí mismas sus términos descriptivos en categorías relacionadas con contenidos; por ejemplo, «lenta en idiomas» y «buena en matemáticas» irían a lo que podríamos llamar la categoría de «capacidades», en tanto que «vivo solo» y «he tenido algunas buenas relaciones» entrarían en la categoría de «situación romántica actual».

Cuando los seres humanos nos encontramos con alguna información negativa acerca de nosotros mismos, los que almacenan todos sus autodescriptores negativos juntos se ven más afectados por la información, porque esto saca a la luz todos los demás descriptores negativos que ya tienen almacenados. Por ejemplo, si a una persona así se le dice que es lenta en una tarea, almacenará «lenta en una tarea» con «lenta en idiomas», «demasiado seria» y «vivo sola pero no quiero vivir sola», y esto probablemente hará surgir también otros descriptores como «estúpida», «mala», «fracasada», «impopular», «rechazada» y «desdichada». Obviamente, sería mejor que reorganizaras el modo en que almacenas las descripciones que tienes de ti mismo, y quizás puedas hacerlo con un esfuerzo consciente.

En investigaciones ulteriores,[17] se descubrió que este fenómeno se aplica también al modo en que las personas piensan en su pareja. Así pues, intenta reorganizar también las descripciones que tienes de tu pareja. No pongas todas las descripciones negativas juntas, de modo que la observación de que tu pareja quizás haya «hablado demasiado esta noche» no tenga necesariamente que llevar a «desconsiderado», «estúpido», «inconsciente», «mala pareja», «la estúpida soy yo por haber elegido a esta pareja», «la mala soy yo que me merezco esta pareja», y así sucesivamente. Podría llevar a una categoría más centra-

16. Gottman y Silver, *Siete reglas de oro para vivir en pareja.*

17. C. G. Jung, *The Practice of Psychoterapy,* vol. 16, *The Collected Works* (1985), 194-195.

da, que sea tanto positiva como negativa: «extravertido», «divertido», «le gusta la gente», «aburre a la gente». Esfuérzate por ver el «lote completo», lo bueno y lo malo que vienen juntos. Es el enfoque del todo opuesto a la escisión, aunque requiere de tiempo para su desarrollo.

Sobre todo tengo que recalcar que, si tú o tu pareja tenéis motivos muy arraigados en vuestra historia personal para desdoblar y proyectar, ambos tendréis que ser muy astutos psicológicamente como para hacer que la relación dure y sea satisfactoria; o, al menos, una relación satisfactoria para una PAS. Esto no ocurrirá a menos que se ponga mucha atención y mucho empeño en aprender, porque supone reconocer la inseguridad, los complejos y los problemas de la infancia no resueltos que existen detrás de los desconcertantes conflictos y emociones actuales.

Como PAS debo decirte que puedes hacer muy bien esta reorganización de descripciones, pero tendréis que seguir reemplazando vuestras proyecciones a través de una comprensión total mutua. Tendrás que atemperar los complejos basados en la infancia que insisten en que tu pareja te dé lo que necesitas, o que es un terrible progenitor que te castigará o te rechazará si expresas tus necesidades. Si cada uno de vosotros da la impresión de amenazar tal comportamiento, el otro deberá insistir en mejorar el tratamiento, en vez de convertirse en un niño asustado y colérico.

Discutid abiertamente lo que cada uno de vosotros pueda estar proyectando sobre el otro desde su pasado, y luego prometeos que intentaréis no hacerlo. Recordáoslo, con cariño. Raven podría decirle a Jack, «Yo no soy tu madre, aunque puedes decirme que esté más tiempo en casa, y lo haré». Y Jack podría decirle a Raven, «Yo no soy tu madre, aunque no tienes por qué ser fuerte en todo momento, ni tienes por qué demostrarme lo buena que eres en todo».

En ocasiones, necesitaréis ayuda

Las parejas suelen necesitar ayuda en sus relaciones. Sin embargo, las investigaciones demuestran que sólo el 1 por 100 de las parejas que se divorcian buscaron previamente orientación marital.[18] Así pues, no seáis parte del 99 por 100 restante.

Tampoco seáis unos ingenuos consumidores. En una encuesta realizada a personas que han recurrido a diversas formas de psicoterapia se observó de que la orientación marital había resultado ser menos útil que la terapia individual.[19] Una de las razones para ello podría ser que las parejas acuden a orientación cuando ya es demasiado tarde, o también puede ser que problemas individuales tales como una baja autoestima o una depresión se hallen en la base del problema. Pero, por encima de todo, hay muchos terapeutas que no disponen de las habilidades adecuadas para trabajar con parejas, debido a que fueron entrenados con el fin de realizar terapia individual y pensar que podrían aprender por sí solos cualquier cosa que necesitaran saber para trabajar con parejas; o puede ser que se trate de eclesiásticos o educadores sin entrenamiento formal alguno, ni en terapia individual ni en orientación de parejas. Sin embargo, trabajar con parejas requiere de unas habilidades especiales. Así pues, elegid a alguien con una buena formación en este trabajo en concreto, alguien con una titulación profesional reconocida en vuestro país como psicólogo, orientador marital o lo que sea apropiado.

Evidentemente, las titulaciones y el entrenamiento no garantizan nada, por lo que también convendrá que obtengáis recomendaciones de otras parejas, y puede estar bien que habléis con dos o tres orientadores antes de elegir el vuestro. Se trata de una importantísima decisión, puesto que esa persona puede influir de una forma poderosa en vuestra vida, para bien o para mal. El orientador deberá ser del agrado de ambos, y deberéis tener la sensación de que podéis confiar en esa relación de trabajo a tres bandas. Si tú ves a un profesional que te gusta pero no le gusta a tu pareja y te sales con la tuya, quizás ganes la batalla para luego perder la guerra, por decirlo de algún modo. Por otra parte, acordad de antemano que, si en algún momento, uno de vosotros co-

18. C. J. Showers, «Compartmentalization of Positive and Negative Self-Knowledge: Keeping the Bad Apples out of the Bunch», *Journal of Personality and Social Psychology* 62 (1992), 1036-1049.

19. C. J. Showers y S. B. Kevlyn, «Organization of Knowledge About a Relationship Partner: Implications for Liking and Loving», *Journal of Personality and Social Psychology* 76 (1999), 958-971.

mienza a sentir intensamente que el terapeuta ha tomado partido por el otro, lo discutiréis con él o ella. Y si el problema continúa, buscaréis a alguien más imparcial. (Por lo general, los buenos terapeutas evitan diestramente parecer que apoyan a un miembro de la pareja más que al otro, aunque en privado consideren que uno de ellos tiene más «razón» que el otro. Por supuesto, si uno de vosotros termina siendo visto como el problema tras el juicio de varios orientadores, convendrá que empecéis a preguntaros a vosotros mismos y al orientador por qué).

Tampoco recomiendo que vayáis a un terapeuta que esté tratando ya de manera individual a uno de vosotros, seas tú o tu pareja; el «cliente» de tu terapeuta de relaciones es vuestra relación, vosotros dos, y no debería tener divididas sus lealtades entre la relación y uno de vosotros.

Cuándo dejarlo

A veces, uno no puede ver el bosque por culpa de los árboles; estás tan absorbido intentando resolver los problemas de la relación que no te das cuenta de que estás tratando con una persona muy perturbada, a quien tal vez no vas a poder cambiar y con quien en realidad ya no deseas seguir viviendo. El mundo está lleno de personas muy perturbadas con excelentes defensas y formas de encubrir sus perturbaciones. Hay suficientes personas de este tipo como para que a cada uno de nosotros nos caiga al menos una de ellas, al menos una vez (o una vez detrás de otra, en aquellas personas que tienen el complejo de víctima).

¿Son mejores las PAS a la hora de detectar y evitar a personas muy perturbadas? Seremos mejores, sí, pero con experiencia. Sin embargo, sin experiencia, podemos captar sus potentes necesidades y caer en la trampa por nuestro deseo de ayudar, sin anticipar todas las consecuencias que se pueden derivar de una relación estrecha con una persona así.

En estos casos, la solución no estriba en aprender habilidades que te permitan desenvolverte mejor, o en retirar una proyección y ser más consciente. Darte cuenta de los defectos del otro no es el resultado de la proyección de tu propia sombra. Es que, simplemente, esta relación es un error. Tienes que hacer uso de la suficiente astucia psicológica como para diferenciar bien los problemas que puedes trabajar tú solo, o que podéis trabajar ambos como pareja, de aquellos otros que no se resolverán sin la ayuda de un profesional. Pero, a su vez, también tendrás que diferenciar entre estos problemas y aquellos otros que no se pueden resolver en absoluto en este momento.

Para aprender a discernir de este modo, convendrá que sepas que, casi siempre, un problema que no se puede resolver dentro de una relación o de una terapia de relaciones termina impregnando la vida de la persona, y puede afectar a otras de sus relaciones. No pueden conservar un empleo durante demasiado tiempo ni a sus amigos. También oirás contar una historia que se te hará obvia a la vista de los resultados, una historia de negligencias graves, malos tratos o traumas reiterados en la infancia.

Como eres sensible, no tardarás mucho en detectar todas estas heridas, pero la cuestión crucial estriba en no creer que podrás sanar a esa persona tú solo, pues este tipo de personas precisan de ayuda profesional individualizada. Por otra parte, apostar por una persona así como pareja es sin duda una mala apuesta, sobre todo si no han hecho nada hasta el momento por intentar sanar. Y aunque una persona así se implique en una terapia, puede pasar mucho tiempo antes de que observes mejoría alguna, además de que la necesidad que pueda tener de ti se desvanezca durante ese tiempo. Sin embargo, si se niega a buscar ayuda, al menos una terapia de pareja, más vale que te vayas olvidando de ella.

No es fácil hablar de esto, pero en realidad tampoco te sorprenderá. En el capítulo 3 nos referíamos al estilo de apego inseguro, y en el capítulo 4 a las señales de una «buena apuesta» en el amor. Basta con que pienses en los peores casos, los casos extremos que, indudablemente, no vas a poder gestionar tú solo. En un extremo están las personas que «maximizan» el apego, con tanto miedo al abandono que se ponen frenéticas si necesitas un poco de soledad o quieres cambiar en algún aspecto. Si lo intentas, su respuesta puede ser bien unos celos patológicos o bien la más absoluta sumisión a tu voluntad, en cuyo caso esta persona no va a tener espíritu esencial alguno que ofrecerte.

En el otro extremo están los minimizadores, los evitadores displicentes y narcisistas extremos, los que han decidido que no necesitan a nadie. Como eres sensible, tú sientes que esta persona «simplemente necesita amor», e intentas arrastrarla a una relación. Pero le tiene tanto miedo a la intimidad que no aguanta mucho tiempo en la relación. Estas personas suelen carecer de lo que tú y yo llamamos reacciones emocionales «humanas» ante los acontecimientos de tu vida o la suya.

En cualquiera de los dos extremos de arriba pueden estar también los del tercer tipo, aquellos que, cuando hay tensiones en la relación (p. ej., separaciones, peleas, enfermedad), se vuelven iracundos y violentos contigo, o bien manifiestan tendencias suicidas. Éstos tenderán a verlo todo en blanco y negro, en absolutos. Se desdoblan a todas horas. «Tú siempre» haces esto y «yo siempre siento» aquello. Pero el blanco se puede volver negro y el negro, blanco en un momento. Tú eras un ángel, ahora eres la encarnación del mal. Estas personas han perdido el contacto con sus sentimientos de vulnerabilidad de una manera excepcional, aunque parezca que están en contacto con algunas emociones, como la ira, con el fin de defenderse. Pero cualquier intento por hacer cambios, o el mero hecho de sugerir la necesidad de sanar, se les va a antojar como un ataque directo a su yo más profundo, y su única opción será devolver el ataque.

Una vez más, discernir bien a qué te estás enfrentando no es fácil. Hay personas que pueden ponerse muy a la defensiva o mostrarse muy resistentes al cambio por razones menos problemáticas; quizás simplemente porque no tienen una mentalidad demasiado psicológica, o porque temen que su pareja les «analice». Éste puede ser un temor justificable, sobre todo cuando el «analizador» eres tú, una PAS, y tu pareja no lo es. Él o ella sabe por experiencia cuán asombrosa puedes llegar a ser a la hora de ver algo que parecía privado. Pero tu pareja debería tener la suficiente fortaleza de carácter como para escucharte cuando dices alto y claro que la relación no está funcionando para ti y que tenéis que hacer algo, los dos, juntos, para cambiar las cosas.

Si tu pareja o cualquier otra persona te maltrata verbal o físicamente, la única conclusión que deberías sacar en este caso es obvia: tienes que abandonar la relación, al menos hasta que ambos hayáis recibido ayuda. Pero si tu pareja no puede ser sincera y honesta, y no puede admitir que tenéis un problema en el cual cada uno de vosotros ha jugado su papel, y no es capaz de buscar ayuda de algún tipo, al menos leyendo algún libro relevante, en mi opinión tienes motivos suficientes como para abandonar la relación, al menos hasta que tu pareja entre en razón. Sin embargo, tienes el deber de decirle a tu pareja por qué no eres feliz, y de darle la oportunidad de cambiar o de buscar ayuda contigo. Pero, si rechaza tal oportunidad y niega la necesidad de cambio, yo, en tu caso, consideraría mis alternativas.

Una sencilla sugerencia final

Al igual que todos los libros de autoayuda, este libro te ofrece muchas y buenas oportunidades para culpar a los demás o a la situación (como tu temperamento) de los problemas que tienes, en vez de mirar dentro, en tus propios complejos y a aquello que quizás tendrías que hacer con ellos. Por desgracia, con los libros no hay un personaje externo, alguien que sea relativamente objetivo, como un terapeuta, que te ayude a discernir en qué momentos estás haciendo eso. Sin embargo, te digo lo siguiente desde lo más profundo de mi corazón: por favor, por favor, por favor, no utilices tu temperamento como excusa para convertirte en un incordio para tu pareja.

CAPÍTULO 8

Nuestra sexualidad: las personas sensibles en la cama

Este capítulo es la primera exploración que conozco de cómo el temperamento heredado afecta a la sexualidad. Va más allá de las conjeturas, pues se basa en entrevistas y datos procedentes de 443 personas, tanto PAS como no-PAS (para poder comparar). Por otra parte, también discute los efectos que tiene sobre la sexualidad ese otro rasgo básico, el de la búsqueda de sensaciones intensas.

Como cualquier PAS podría haber anticipado, nuestras experiencias y preferencias sexuales difieren de las propias de las no-PAS en aspectos importantes, pero son demasiado similares entre sí como para considerarlas anormales. En definitiva, somos todo lo normales que podemos ser las PAS.

La posibilidad de que el temperamento heredado amplíe el rango de lo que debería considerarse como una sexualidad normal se ha pasado por alto en muchos ámbitos, desde el de los educadores sexuales hasta los orientadores de relaciones y los autores de libros de autoayuda. Esto supone un descuido importante porque, mientras la mayoría de la gente coincide conscientemente en una definición progresista de lo «normal» entre dos adultos que consienten en mantener relaciones sexuales, en un nivel menos consciente son muchas las personas que forcejean dentro de una camisa de fuerza compuesta de ideas sexuales. Y, obviamente, sin una información adecuada acerca de nosotras, las

PAS terminamos comparando nuestras respuestas con las de la norma, llegando a la preocupante conclusión de que somos un poquito extrañas. Pues bien, este capítulo debería ayudarnos a respirar tranquilas en estos asuntos.

Pero, en primer lugar, si miras más abajo encontrarás la encuesta que se utilizó para esta investigación. Podrías responderla de vez en cuando para comparar tus respuestas con los resultados de la encuesta.

Cuestionario de temperamento y sexualidad

Conviene que respondas a todas las preguntas con la mayor sinceridad posible; es decir, no pienses en cómo «deberías» de responder.

Cómo se define «sexo» en las preguntas que siguen: Para que las expresiones mantengan cierta simplicidad y coherencia con los términos de otros investigadores, cuando en una pregunta aparezca la palabra «sexo» o la expresión «tener sexo», significa «cualquier actividad mutuamente voluntaria con otra persona que implique el contacto genital y la excitación sexual; es decir, sentirse realmente "caliente", aunque no haya coito u orgasmo». Así pues, no habrá que incluir aquí el besarse ni el «bailar pegados» sin contacto genital, y tampoco se incluirá ninguna actividad sexual forzada. Evidentemente, para la actividad sexual no hace falta pareja, y también habrá preguntas acerca de ello. Pero, salvo donde esto se especifique claramente, «sexo», en estas preguntas, hará referencia al contacto genital voluntario, con excitación, con otra persona.

1. ¿Más o menos, con cuánta frecuencia has tenido sexo en los últimos doce meses?
   - ❒ Nada en absoluto
   - ❒ Una o dos veces
   - ❒ Alrededor de una vez al mes
   - ❒ Dos o tres veces al mes
   - ❒ Alrededor de una vez a la semana
   - ❒ Dos o tres veces a la semana
   - ❒ Cuatro o más veces a la semana

2. Duración del último encuentro sexual:
   ❒ 15 minutos o menos
   ❒ Más de 15 minutos pero menos de 30 minutos
   ❒ Más de 30 minutos pero menos de 1 hora
   ❒ Más de 1 hora pero menos de 2 horas
   ❒ 2 horas o más

«Pareja» o **«Pareja sexual principal»** se refiere aquí a tu más importante o frecuente pareja sexual; o, si no la tienes en estos momentos, se refiere a la persona con la cual hayas tenido la relación sexual más prolongada en el pasado, salvo donde se diga otra cosa.

3. Durante los últimos doce meses de relación con tu pareja, tener sexo te hizo sentir (marca tantas respuestas como necesites para describir tus sentimientos habituales):
   ❒ Satisfecho/a
   ❒ Triste
   ❒ Amada/o
   ❒ Ansioso/a o preocupada/o
   ❒ Asustada/o o temeroso/a
   ❒ Entusiasmado/a o excitada/o
   ❒ Culpable

Responde a las siguientes preguntas utilizando esta escala:

1	2	3	4	5
Nunca o casi nunca	*Rara vez*	*A veces*	*Frecuentemente*	*Siempre o casi siempre*

4. ___ ¿Tienes la impresión de que el sexo es uno de los aspectos potencialmente más satisfactorios de la vida?

5. ___ Cuando consideras una relación sexual, ¿piensas en el posible impacto que pueda tener en la otra persona?

6. ___ En una relación, ¿necesitas sentir cariño por tu pareja sexual para poder disfrutar del sexo juntos?

7. ___ ¿Te resultaría atractiva la idea (si no estás en una relación) de tener cierta variedad de parejas sexuales?

8. ___ ¿Disfrutarías teniendo sexo con alguien a quien no amas?

9. ___ Si estuvieras considerando una nueva relación, ¿te plantearías algo acerca de enfermedades de transmisión sexual o embarazos?

10. ___ Las pistas o mensajes sutiles de carácter sexual, ¿te ponen?

11. ___ Las pistas o mensajes sexuales explícitos, fuertes, ¿te ponen?

12. ___ ¿Te resulta difícil hacer la transición hasta un estado de ánimo sexual?

13. ___ ¿Te gusta ser el más activo (la más activa) sexualmente, quien «lleva la batuta» o decide qué se va a hacer?

14. ___ ¿Necesitas parar durante la relación sexual porque te sientes abrumada/o o sobreestimulado/a?

15. ___ ¿Existen áreas en tus genitales que pueden resultarte dolorosas o excesivamente intensas cuando te las tocan, aun cuando estés excitado/a?

16. ___ Si algo te distrae o te interrumpe mientras tienes sexo, ¿te saca del estado de ánimo sexual?

17. ___ ¿Prefieres tener música de fondo mientras tienes sexo?

18. ___ ¿Te gusta hablar durante el acto sexual?

19. ___ ¿Te gusta que las cosas sean siempre igual cuando tienes sexo?

20. ___ Mientras tienes sexo o mientras consideras tenerlo, ¿te perturban con facilidad sonidos u olores leves, ver determinadas cosas, etc. (en el entorno o en la otra persona)?

21. ___ Con tu pareja sexual principal, ¿tienes orgasmo (llegas al clímax)?

22. ___ ¿Te resulta difícil volver de inmediato a las actividades cotidianas después de tener sexo?

23. ___ ¿Encuentras en el sexo cierta sensación de misterio o de poder?

24. ___ ¿Te resulta fácil tomarte el sexo a la ligera?

25. ___ ¿Te gusta tener sexo?

26. ___ ¿Disfrutas con la variedad en tus actividades sexuales?

27. ___ ¿Afecta el alcohol adversamente a tu desempeño sexual?

28. ___ ¿Te has dado cuenta de si determinados medicamentos afectan adversamente tu desempeño sexual?

29. ___ Durante los últimos doce meses, ¿ha interferido tu salud física en tus actividades sexuales?

30. ___ Durante los últimos doce meses, ¿han interferido tus problemas emocionales en tus actividades sexuales?

31. ___ Durante los últimos doce meses, ¿han interferido el estrés o la tensión en tu vida con tus actividades sexuales?

32. ___ ¿Tienes fantasías sexuales mientras tienes sexo con alguien?

33. ___ ¿Tienes fantasías sexuales mientras te masturbas?

34. ___ Si tienes fantasías sexuales, ¿implican una situación muy romántica?

35. ___ Si tienes fantasías sexuales, ¿implican imágenes en las que tienes poder sobre la otra persona?

36. ___ Si tienes fantasías sexuales, ¿implican imágenes en las que la otra persona tiene poder sobre ti?

OTRAS PREGUNTAS:

37. ¿Mantienes una relación actualmente?
❒ Sí ❒ No

38. Número de parejas sexuales que has tenido en tu vida hasta el momento: _____

39. Número de parejas sexuales con las que has convivido durante más de un mes: _____

40. Edad que tenías cuando tuviste tu primera relación sexual: _____

41. Edad en que comenzaste a convivir con una pareja sexual: _____

42. Número de parejas sexuales en los últimos doce meses (aunque la actividad sexual con una pareja fuera sólo una vez): _____

43. En la infancia, antes de la pubertad (es decir, si eres chica, antes de que comenzaras a menstruar o, si eres chico, antes de que te cambiara la voz y te creciera vello púbico), ¿te tocó alguien sexualmente?
❒ Sí ❒ No

Si has respondido «Sí», ¿crees que estas experiencias han tenido algún efecto en tu vida desde entonces?
❒ Sí ❒ No

44. En ocasiones, las personas pasan por períodos en los cuales no están interesadas en el sexo o tienen problemas para conseguir cierta gratificación sexual. Abajo hay unas cuantas preguntas acerca de si te ha ocurrido algo de esto en los últimos 12 meses. Durante los últimos 12 meses, ¿has tenido alguna fase de varios meses o más en los que (marca todo lo que se aplique a tu caso):

❒ Tener sexo carecía de interés para ti?

❒ Sentías ansiedad por tu capacidad para el desempeño sexual justo antes de tener sexo?

❒ Llegaste al clímax (tuviste un orgasmo) con demasiada rapidez?

❒ Experimentaste dolor físico durante la relación sexual?

❒ No te resultó placentero el sexo (aunque no fuera doloroso)?

❒ Fuiste incapaz de llegar al clímax (a tener un orgasmo)?

Mujeres: ❒ Tuviste problemas para lubricar?

45. Por término medio, durante los pasados doce meses, ¿con cuánta frecuencia te has masturbado?

❒ Más de una vez diaria
❒ A diario
❒ Varias veces a la semana
❒ Una vez a la semana
❒ Dos o tres veces al mes
❒ Una vez al mes
❒ Una vez cada dos meses
❒ Entre tres y cinco veces este año
❒ Una o dos veces este año
❒ Ninguna vez en todo el año

Acuérdate del problema con los promedios

Cuando presente los datos a continuación, acuérdate de que normalmente doy cuenta de ligeras diferencias de promedios entre dos grupos. Los grupos superponen siempre en gran medida, lo cual quiere decir que para cada afirmación que hago existen muchas excepciones. Tú quizás seas una de esas excepciones, por lo que eso no te convierte en un caso extraño. Aun en el caso de que tus experiencias fueran inusuales, nos seguirían ayudando a definir lo que hacen las PAS. En esta investigación encontré multitud de PAS que habían tenido todas y cada una de las experiencias posibles, incluida la de no haber tenido nunca relaciones sexuales. Así pues, tengas relaciones sexuales o no, puedes estar tranquilo de que hay muchas PAS en la misma situación, y por muchos y diferentes motivos.

Sólo para tu información, recibí cuestionarios de 308 mujeres y 135 hombres. El promedio de edad era de 48 años para los hombres y de 46 para las mujeres. Todos y cada uno de los participantes cumplimentaron una forma breve del Autoexamen PAS, además de responder a la encuesta, porque esperábamos (y, de hecho, encontramos) que algunas de las supuestamente no-PAS que no eran suscriptores de nuestra revista eran en realidad PAS. Cuántos de los participantes eran PAS estaba en función de cómo los dividiéramos. Intenté tanto dividirlos en el punto medio de sensibilidad/no-sensibilidad como comparando a los muy sensibles con los muy poco sensibles, pero los resultados fueron más o menos los mismos.

Dónde las PAS no difieren de los demás

Las PAS y las no-PAS obtuvieron puntuaciones muy similares en cada uno de los siguientes ítems del cuestionario de sexualidad:

- Número de parejas sexuales con las que has vivido (pregunta 39).
- Duración del encuentro sexual más reciente (2).
- El sexo es uno de los aspectos potencialmente más satisfactorios de la vida (4).
- Excitarse con pistas sutiles (10).
- Dificultades para hacer la transición hasta el sexo (12).
- Gusto por ser el más activo y decidir qué vais a hacer ambos (13).
- Gusto por hablar durante el sexo (18).
- Frecuencia en tener un orgasmo (21).
- Frecuencia de masturbación (45).

- Problemas físicos o emocionales, o medicamentos que interfieren en el sexo (28, 29, 30).
- Tener fantasías de poder sobre la otra persona (35).
- Haber sufrido abusos sexuales y, en ese caso, si estas experiencias afectaron a tu vida (43).
- Informar de una disfunción sexual (tal como falta de interés, no encontrar placentero el sexo, impotencia, eyaculación precoz) (44).
- Sentimientos de satisfacción, preocupación, excitación o culpabilidad durante el acto sexual (3).

Todo esto me pareció bastante confortante. Somos igualmente capaces de ver el sexo, en sí, como algo satisfactorio, de ser activos y de tomar las riendas, de excitarnos y no sentir culpabilidad ni preocupación alguna, e igual de libres de problemas sexuales relacionados con la no sensibilidad. En resumen, no parece que las PAS seamos más inhibidas o más problemáticas sexualmente que el resto del mundo.

Dónde las PAS difieren de los demás

En las siguientes preguntas, las PAS, tanto hombres como mujeres, respondieron con más frecuencia que las no-PAS con valoraciones de «Frecuentemente» o «Casi siempre». Todas las diferencias que aparecen aquí son estadísticamente significativas, lo cual significa que es probable que haya en realidad una diferencia de medias entre las PAS y las no-PAS en los siguientes ítems:

- Pensar que el sexo tiene un sentido de misterio o poder (pregunta 23).
- Resultarte difícil volver abruptamente a las actividades cotidianas después del sexo (22).
- No ponerse (no excitarte) con pistas o mensajes sexuales explícitos, fuertes (11).
- Sensaciones dolorosas o demasiado intensas en determinadas zonas de tus genitales cuando te tocan, incluso con excitación (15). (Esto fue especialmente cierto en el caso de las MAS cuando se las com-

paró con las no-MAS, pero también dio un resultado significativo en el caso de los HAS y los no-HAS).

- Necesidad de detenerse durante el acto sexual por sentirse abrumados o sobreestimulados (14).
- Una distracción o una interrupción durante el acto sexual te saca del estado de ánimo sexual (16).
- Mientras tienes sexo o estás considerándolo, perturbarse fácilmente con sonidos u olores leves, o viendo determinadas cosas (en el entorno o en la otra persona) (20).
- Preferencia porque las cosas sean iguales cada vez que tienes sexo (19) y no disfrutas particularmente de la variedad en las actividades sexuales (26). (Aquí se observó una diferencia en las MAS al compararlas con las no-MAS, pero la diferencia fue aún mayor en los HAS al compararlos con los no-HAS).

Estos resultados fueron los que yo esperaba. Los dos primeros reflejan el hecho de que procesamos las experiencias de una forma profunda. La sexualidad nos parece misteriosa, poderosa y distante del mundo cotidiano. Obviamente, es difícil volver a la vida ordinaria sin más ni menos.

Las otras preguntas reflejan el hecho de que nuestra sensibilidad física y nuestra conciencia de las sutilezas pueden interferir de forma patente en la sexualidad. Formulé estas preguntas porque pensaba que, si eran ciertas para la mayoría de las PAS, nos resultaría reconfortante saber que no estamos solas, y nos daríamos permiso para ser quienes somos, aun cuando eso signifique acabar de vez en cuando abrumadas o sobreestimuladas, aunque nos distraigamos con facilidad o nos «pongamos» con igual facilidad, y nos guste que las cosas sean iguales cada vez. (¿Quién necesita cambios cuando la sexualidad con la que estamos familiarizados es ya de por sí misteriosa y poderosa?) Todo forma parte del «lote»; si a tu pareja no-PAS le gusta tu intensidad, tendrá que seguir la corriente de tus necesidades y preferencias, que inevitablemente vienen con ello, del mismo modo que tú tendrás que seguir la corriente de su menor sensación de intensidad en torno al sexo y su mayor interés en, por ejemplo, pistas e imágenes sexuales explícitas. Todo el mundo, sea PAS o no, tiene sus preferencias en relación con la sexualidad.

Las mujeres altamente sensibles y la sexualidad

En algunos ítems, el patrón de diferencias entre las PAS y las no-PAS fue diferente en el caso de las mujeres. Las MAS difirieron de las no-MAS en los siguientes ítems (mientras los HAS no diferían demasiado de los no-HAS en estos mismos ítems):

- Es *menos* probable que las MAS tengan problemas para tener un orgasmo o lubricar si se las compara con las no-MAS (pregunta 44).
- Es *menos* probable que se sientan tristes, asustadas o temerosas, y más probable que se sientan amadas (3).
- Tienen menos parejas sexuales a lo largo de su vida (38) y durante el último año (42).
- Tuvieron sexo con menos frecuencia durante el último año (1).
- Consideraban más el impacto de la relación sexual en la otra persona (5).
- Antes de iniciar una relación sexual, estaban más preocupadas con las enfermedades de transmisión sexual o el embarazo (9).
- Necesitaban sentir cariño por sus parejas para poder disfrutar del sexo (6) y disfrutaban menos teniendo sexo con alguien a quien no amaban (8).
- Sentían menos deseo de variedad en cuanto a parejas sexuales, incluso no manteniendo una relación, un compromiso (7).
- Eran menos capaces de tomarse el sexo a la ligera (24).
- Les gustaba menos tener sexo (25).
- Eran menos proclives a tener fantasías sexuales mientras tenían sexo con una pareja, fantasías sexuales románticas o fantasías en las que la otra persona tenía poder sobre ellas (32, 34, 35).
- Tuvieron su primera relación sexual más tarde (40).

Es ésta una imagen muy interesante de las mujeres sensibles. Añadiendo estos puntos a los que ya teníamos de todas las PAS (la intensidad, el distraerse con facilidad, la sobreestimulación y el molestarse con «pequeñas cosas») las MAS parecen tener orgasmos con más facilidad, y encontrar el sexo tan satisfactorio como las no-MAS. Al mismo tiempo, tienen menos sexo y son ligeramente menos proclives a disfrutar de él. Un motivo de esto podría ser que la sexualidad, como es una fuente de estimulación general, es potencialmente una fuente de sobreexcitación, si la vida de la persona ya es suficientemente estimulante. Estos resultados se podrían deber también al hecho de que las PAS daban cuenta asimismo de que en muchos momentos la estimulación de sus genitales les resultaba dolorosa o demasiado intensa, aun a pesar del hecho de estar excitadas sexualmente. A las MAS en particular les puede resultar difícil quejarse cuando algo les duele o les molesta sin sentirse avergonzadas, extrañas, frías, displicentes o culpables por interferir en el placer de su pareja. Pero el dolor es el dolor, y las PAS tienen un umbral de dolor bajo.

Pero, por encima de todo, esta encuesta señala que las MAS, como grupo, son consideradas, concienzudas y reflexivas respecto a con quién se meten en la cama, pues quieren expresar su sexualidad en el marco de una relación amorosa. Este cariño puede explicar el hecho de que tengan más facilidad para alcanzar el orgasmo, que tengan una mayor sensación de ser amadas y menos sentimientos de temor o tristeza. Estupendas mujeres.

Los hombres altamente sensibles y la sexualidad

Los HAS mostraron puntuaciones superiores a las de los no-HAS en las siguientes preguntas (mientras que, en general, las MAS no diferían de las no-MAS en éstas):

- Es más probable que actualmente mantengan una relación (pregunta 37).
- Prefieren no tener música de fondo mientras tienen sexo (17).
- El alcohol afecta más adversamente a su desempeño sexual (27).
- Tienen más fantasías sexuales mientras tienen sexo con una pareja (32) o mientras se masturban (33). (¡Qué imaginación más rica y atareada!)

Salvo por las diferencias generales entre las PAS y las no-PAS, los HAS no parecen ser demasiado diferentes de los no-HAS. En cuanto al mayor efecto del alcohol sobre ellos, eso es lo que yo hubiera predicho, dado que todas las PAS se ven más afectadas por el alcohol, y el alcohol interfiere más en el desempeño sexual de los hombres que en el de las mujeres, de ahí el efecto diferencial en el desempeño sexual de los HAS.

Alta sensibilidad, búsqueda de sensaciones intensas y sexualidad

El cuestionario incluía también una versión breve del Autoexamen del Buscador de Sensaciones Intensas (BSI) que pudiste ver en el capítulo 1. Como allí dije, este rasgo es independiente de la sensibilidad; es decir, una persona puede ser fuerte en uno de ellos, en los dos o en ninguno.

A veces, el hecho de ser un BSI puede tener efectos en algún aspecto de la sexualidad que la sensibilidad no consigue afectar. En estos casos, el efecto de la búsqueda de sensaciones es el mismo para las PAS que para las no-PAS. Otras veces, la búsqueda de sensaciones afecta a un aspecto de la sexualidad que también se ve afectado por la sensibilidad. En estos casos, la búsqueda de sensaciones aumenta o reduce efectos en tu sexualidad. Esta situación es sobre todo evidente para el siguiente resultado, que fue cierto tanto para los BSI mujeres como hombres, donde la búsqueda de sensaciones resta o aminora el efecto de la sensibilidad.

Recuerda uno de los resultados generales para todas las PAS, el que sostiene que, en el sexo, y por término medio, preferimos hacer las cosas de la misma manera cada vez (pregunta 19). Sin embargo, los BSI, tanto hombres como mujeres, son menos proclives a hacer las cosas de la misma forma cada vez en sus relaciones sexuales. (Lo cual no nos sorprende nada). Así, las PAS/no-BSI son las que más prefieren que las cosas discurran de la misma forma cada vez, en tanto que las no-PAS/BSI son las que más variedad buscan. Las PAS/BSI y las no-PAS/no-BSI se encuentran en el medio. Una vez más, nos encontramos aquí con un ejemplo en el cual la búsqueda de sensaciones aminora el efecto de la sensibilidad, con los dos temperamentos anulándose mutuamente sus efectos.

El resto de resultados para la búsqueda de sensaciones tuvo patrones diferentes para las mujeres y para los hombres.

Los resultados para las mujeres

- Las mujeres BSI, comparadas con las mujeres no-BSI, preferían tener más parejas sexuales (pregunta 7) y habían tenido también más parejas sexuales a lo largo de su vida (38). Las MAS y las no-MAS no diferían mucho en este aspecto, de manera que el efecto de ser una BSI es el mismo en todas. Si tú eres una buscadora de sensaciones y eres a la vez sensible (MAS/BSI –o, para el caso, una no-MAS/BSI–), probablemente te gustará tener más parejas y habrás tenido más parejas sexuales a lo largo de tu vida que una BSI, sea MAS o no.
- Las mujeres BSI encontraban el sexo menos emocionante y excitante (un curioso resultado) (3). De nuevo, las MAS y las no-MAS no difieren demasiado en esto. Así pues, si eres una MAS/BSI, esta tendencia podría restarle valor en tu caso a la excitación del sexo, si se compara con una no-BSI, sea MAS o no lo sea. (Como con el hallazgo anterior, esta misma diferencia se observa en no-PAS/BSI frente a no-PAS/no-BSI. Pero, dado que este libro se centra en las PAS, por mor de simplificar, no voy a seguir señalando esto en situaciones similares).
- Las mujeres BSI son más proclives a pensar que pueden disfrutar del sexo con alguien a quien no aman (8). Dado que las MAS sienten lo opuesto, nos encontramos aquí con un ejemplo de sustracción en el que ambos temperamentos se anulan mutuamente. Así, si tú eres una MAS/BSI, puede que te encuentres en mitad de todo esto (y, por tanto, una MAS/no-BSI dará una puntuación muy baja en este aspecto).
- Las mujeres BSI sienten que el sexo tiene más poder y misterio (23). Y lo mismo ocurre con las MAS. Por tanto, si eres una MAS/BSI, los rasgos se suman y sentirás el sexo como algo más misterioso y

poderoso que las mujeres con cualquier otra combinación de rasgos de temperamento.

- Las mujeres BSI prefieren tener más sexo que las no-BSI (25). Dije antes que las MAS son menos proclives a tener sexo que las no-MAS. Así pues, si tú eres una MAS/BSI, probablemente te encontrarás en puntuaciones intermedias, pues aquí la búsqueda de sensaciones resta a la sensibilidad, y ambas se anulan mutuamente.
- Si tú eres una MAS/BSI, habrás sido menos proclive a masturbarte en los últimos doce meses (45).
- Las mujeres BSI son más proclives a tener fantasías sexuales mientras se masturban que las no-BSI (33). Las MAS y las no-MAS no difieren mucho en este aspecto, de manera que, una vez más, será más probable que hagas esto si eres una MAS/BSI que si eres una MAS/no-BSI.

En resumen, si eres una MAS/BSI, tu búsqueda de sensaciones incrementa el interés en cierta diversidad de parejas, la posibilidad de que te guste más el sexo, disfrutar del sexo con alguien a quien no amas, una mayor sensación de que te gusta el sexo y de sentirlo aún más como algo poderoso y misterioso, aunque te resultará menos emocionante y te masturbarás también menos. Sin embargo, si no tienes una elevada búsqueda de sensaciones, yo diría que no te estás perdiendo nada. ¿Por qué? Porque, dejando a un lado lo que puedan transmitir los medios de comunicación, simplemente no forma parte de tu naturaleza el desear todo lo que se relaciona arriba. Los caballos no comen carne, los lobos no comen avena.

¿Y qué decir del resultado que sostiene que las MAS/BSI disfrutan más del sexo? Esto sólo se puede deber al aura de entusiasmo general que parecen traer a toda sensación y experiencia relativamente novedosa, incluido el sexo. De nuevo, antes de que tú, MAS/no-BSI, te pongas verde de envidia, considera la posibilidad de que quizás las MAS/BSI no obtengan tanto placer como obtienes tú de actividades con una menor carga de sensación, tal como reflexionar en silencio. La hierba puede parecer más verde, pero puede suceder que, instintivamente, elijamos ese trozo de hierba que se adecúa más a nuestro sistema nervioso.

Los resultados para los hombres

- Para los hombres BSI, sean sensibles o no, los problemas emocionales (pregunta 30) y el estrés o la tensión (31) interfieren más en el sexo de lo que consideran los no-BSI. Quizás esto se deba a que es más probable que los BSI tengan una vida más intensa. Los HAS no difieren mucho de los no-HAS en este sentido (un resultado interesante en sí mismo), de modo que ser un BSI incrementará esta posibilidad. Si tú eres un HAS/BSI, será más probable que tengas este problema que si eres un HAS/no-BSI.
- Los hombres BSI son menos proclives a tener el tipo de problema sexual asociado con la falta de placer (44). Los HAS no difieren de los no-HAS en este aspecto, de modo que, si eres un HAS/BSI, será menos probable que tengas este problema que si eres un HAS/no-BSI.
- Los HAS que son no-BSI tienen una mayor tendencia a salir del estado de ánimo sexual si se distraen durante la relación sexual que los hombres de cualquiera de los demás grupos (16).
- El promedio de parejas sexuales durante los últimos doce meses de los hombres con ambos temperamentos, HAS/BSI, es inferior a uno, mientras que los otros tres grupos ofrecieron un promedio de una pareja sexual durante el último año (42). Esto podría significar que, si tú eres tanto un hombre sensible como un buscador de sensaciones, te va a resultar más difícil encontrar o mantener una relación satisfactoria de larga duración. Teniendo un rango de excitación óptima más estrecho, probablemente buscarás una pareja que sea animada e interesante, y que sea capaz de tener profundidad –además de estar bien dotada para comprender a un tipo de hombre tan contradictorio, que a veces quiere excitación e intimidad y a veces que le dejen solo.

Comentarios de los participantes en la encuesta

Después de observar todas estas diferencias entre promedios, vamos a prestar atención a algunas de las voces individuales de los participantes.

El desarrollo sexual de las PAS

Varias PAS, especialmente las más jóvenes, hablaron del proceso que habían seguido para comprender su sensible vivencia de la sexualidad, después de un considerable número de ensayos y errores. Una mujer de 32 lo denominó «el giro de 180 grados»:

> Por extraño que parezca, descubrí que había tenido unas cuantas parejas sexuales más que mis amigas no-PAS. La mayoría de aquellas relaciones tuvieron lugar cuando yo tenía veintitantos años, en una época en la que cada vez me percataba más (de un modo semiconsciente) de mi alta sensibilidad, pero combatiéndola activamente al mismo tiempo, intentando ser «normal». Me habían dicho una y otra vez que era demasiado sensible, y que tendría que endurecerme, o no llegaría muy lejos en la vida... Finalmente, no obstante, me enamoré de verdad.

A continuación explica que las emociones y las sensaciones que tenía en aquella época le resultaban abrumadoras en exceso. Aquella relación terminó al cabo de casi tres años, en gran medida porque ni ella ni su pareja habían comprendido bien sus mutuas diferencias temperamentales. Ella quedó hecha pedazos, pero en ningún momento olvidó la «calidad espiritual y conmovedora» de aquellos instantes sexuales. Esta mujer ha «permanecido célibe» durante los últimos tres años, pero admite que su idea de lo que es una PAS y los estándares de sus necesidades como tal han «cambiado para siempre». Afirma que el mero hecho de pensar en conocer a alguien como posible pareja «ahora, como una PAS hecha y derecha, me parece una abrumadora tarea; me estoy tomando mi tiempo para considerarlo». Otra mujer hizo un relato similar, pues afirmaba haber tenido también muchas parejas a los veintipocos años, y que ahora, a los 47, llevaba diez años sin tener parejas sexuales.

> Como en casi todos los demás aspectos de mi vida, en mis primeros años no fui demasiado fiel a mí misma, a mi naturaleza PAS, en lo referente a las experiencias sexuales. El incremento en la autoconciencia, en el respeto al yo, cambia profundamente la perspectiva de una PAS sobre el sexo.

Por otra parte, algunas PAS han sentido su diferencia desde un principio sin experimentación alguna. Una mujer de 26 años dijo que no había tenido sexo todavía porque aún no se había enamorado de verdad. «Yo siento con intensidad, y quiero tener a mi lado a una persona que respete mi sensibilidad. Quiero y espero disfrutar del sexo. No creo que mi sensibilidad sea un problema para mí en este aspecto; de hecho, creo que lo potenciará». Pero sigue esperando.

Las MAS no están solas en este sentimiento. Un HAS de 33 años al que entrevisté dijo que «lo único que tengo claro es que tengo que estar enamorado, que tengo que haber conocido antes a la mujer. Casi hubiera deseado ser de otra manera [...] En parte, el temor se debe al rechazo, de modo que espero para estar seguro de que de verdad me gusta esa persona y que yo le gusto a ella. Y no he sufrido demasiados rechazos gracias a este enfoque».

Este aprendizaje selectivo no es exclusivo de los heterosexuales. Un hombre gay de 40 años dice en sus anotaciones que ha tenido muchas relaciones, sobre todo en su juventud; pero que, debido a su sensibilidad, ya no está interesado en relaciones que no tengan «los tres componentes» de la resonancia emocional, física y espiritual. Piensa que sólo alrededor del 20 por 100 de los hombres gays son sensibles como él, de modo que sabe que tiene que ser paciente y buscar la pareja correcta, que para él tiene que ser una persona sensible.

Nuestra mayor (y nada sorprendente) sensibilidad al placer

Muchas PAS comentaron que su placer sexual era intenso, quizás inusualmente intenso. Por ejemplo, una mujer escribió lo siguiente:

> Siempre he sido físicamente sensible al placer sexual en el sentido de que hasta el más ligero toque o caricia puede ser una fuente de profunda satisfacción. Cuando me besan, mi nivel de excitación se dispara y se me estremecen hasta los dientes, los folículos de mi cabello se erizan, y emito sonidos vocales de placer parecidos a leves gemidos.
>
> Me he preguntado muchas veces si mi naturaleza sensible me proporcionó una «ventaja» en términos de placer. Yo sospecho que sí.

Otra comentó que termina «sobreexcitándose» y que tiene que detener a su pareja, a quien ayuda después a alcanzar el orgasmo, el cual le genera a ella un orgasmo simultáneo por la mera sensibilidad ante el placer que siente él. Según esta mujer,

> Durante el proceso, siento cómo se balancea mi torso y una especie de liberación, aunque no un verdadero orgasmo. O bien el balanceo se inicia justo antes de que mi compañero llegue al clímax. Entonces nos movemos ambos, aunque no en el coito, y llegamos al clímax juntos. Es como si pudiera sentir lo que siente mi compañero y mi cuerpo reaccionara a ello. Es como si se estimulara con estas intuiciones.

Otras notaron tanto los placeres como los dolores asociados con tal sensibilidad. Una mujer de 48 años confesó que podía tener «orgasmos de clítoris, del orificio vaginal, vaginal, cervical, uterino y ovárico. Creo que la conciencia PAS nos permite subdividir las cosas con tantos y tan útiles detalles».

Esta misma mujer comenta que, ya desde la adolescencia, era consciente de que no era como los demás, que lo sabía por las películas, por los libros y por el modo en que la gente hablaba. Para ella, el sexo ha sido siempre «poderoso y misterioso», mientras que los demás parece que pueden hablar de él de una manera superficial, que «sacude dolorosamente mi sensibilidad».

> La actividad sexual puede ser a veces dolorosa si todo no está en su sitio desde el punto de vista de una PAS. Las cosas pueden cambiar en un abrir y cerrar de ojos debido a estímulos sumamente sutiles de los que mi pareja no es consciente. También he tenido problemas por causa de la extrema sensibilidad de mis sentidos. Por ejemplo, yo soy muy sensible a los olores desagradables de la zona genital.

Cuando le pidió a su primera pareja que se lavara, él pensó que a ella el sexo le parecía «sucio». Ahora se da cuenta de que él no disponía del agudo sentido del olfato que tiene ella, pero el mero recuerdo de todas aquellas incomprensiones le causa un considerable dolor.

Sexualidad y conexión empática

Muchas PAS dan cuenta del desarrollo de fuertes conexiones con sus parejas sexuales. Ya he hablado de la mujer que podía tener un orgasmo sintiendo simplemente el orgasmo de su compañero, sin ninguna otra estimulación. Una MAS de 55 años escribió lo siguiente:

> Durante mi trigésimo año de matrimonio, y especialmente al término de él, se me hizo evidente que la unión sexual en sí constituía una profunda comunión interior. Con mucha frecuencia, yo absorbía los sentimientos de mi marido [...] Con esto he obtenido una intuición tremenda de la importancia de la unión sexual.

La importancia de una conexión empática se demuestra también por el hecho de que, sin ella, algunas PAS encuentran el placer sexual casi imposible, como explica esta mujer de 48 años:

> He tenido pocas experiencias sexuales con otros hombres y han estado muy espaciadas en el tiempo. Mi matrimonio duró dos años, y cada una de mis relaciones con otros hombres duraron seis meses o menos. Siendo una súper PAS (obtuve una puntuación del 100 por 100 en su autoexamen), necesito bastante tiempo en una relación hasta que me atrevo a la intimidad que supone una relación sexual [...] y rara vez doy con un hombre que esté dispuesto a darme tanto tiempo [...] Nunca he tenido un orgasmo con pareja alguna [...] Dado que sí que tengo orgasmos, con frecuencia intensos, cuando me masturbo (una habilidad que he desarrollado con el tiempo), yo creo que sí que dispongo del potencial de llegar al orgasmo con un compañero. Sin embargo, nunca he tenido la oportunidad de explorar tal posibilidad.

Los obstáculos a la sexualidad

Aunque, por término medio, la sexualidad de las PAS no se vio más dificultada que en las no-PAS por disfunciones sexuales, enfermedades, estrés, medicamentos, insatisfacción en la relación o una historia de abusos sexuales, sí que hubo algunas PAS que informaron de que la menopausia, la falta de interés por parte de su pareja o un abuso sexual previo habían interferido de diversas maneras en su sexualidad.

Una de las historias más conmovedoras que recibimos en este aspecto fue la de una persona que, debido a un trauma físico en la infancia, había tenido problemas sexuales en la edad adulta. Era el caso de Bruce, un hombre muy sensible que había tenido polio a la edad de 7 años, tan gravemente afectado que estuvo a punto de morir en dos ocasiones. Cuando, siendo ya adulto, se enamoró e intentó tener relaciones sexuales con su joven esposa, fue incapaz de eyacular. Mediante psicoterapia se descubrió el motivo: en el hospital infantil, la mayor parte de los enfermeros eran mujeres, todas las cuales le habían «violado» (bombeándole el estómago y succionándole los pulmones), y aquello le generó un miedo generalizado a las mujeres, ante el temor inconsciente de que pudieran estar intentando extraer algo de su cuerpo, incluido su semen. La esposa de Bruce se mantuvo a su lado con el paso de los años, en los que han tenido avances y mejoras, aunque las cosas están lejos de ser perfectas. Sin embargo, afirman que su relación es fuerte y está impregnada de un profundo amor. De hecho, sostienen que sus problemas les han unido más, que el tener que aceptar este «lote» tan extremo ha fortalecido sus respectivos caracteres. Quizás el mensaje de la historia de Bruce sea que tener unas relaciones sexuales satisfactorias puede ser importante y puede merecer todos los esfuerzos que hagan falta en una relación, pero que no lo es todo.

Algunos consejos acerca del sexo en las PAS

En gran medida, los mismos consejos que se les dan a las PAS para que tengan unas buenas relaciones cercanas se aplican también en general para unas buenas relaciones sexuales. Sin embargo, convendrá resaltar algunos puntos.

Acerca del deseo

Para las relaciones sexuales hace falta sentir deseo. Los hombres jóvenes no parecen tener problemas en este aspecto, sean o no PAS, pero he observado que el deseo se puede convertir en un problema para muchas MAS, y quizás también para algunos HAS, a medida que maduran y las secreciones hormonales van decreciendo. No obstante, los problemas con el deseo suelen ser de carácter psicológico, no físico. Todas las personas, PAS incluidas, tienen que sentir verdadero placer durante las relaciones sexuales, casi en cada ocasión, para poder sentir un deseo fiable y reiterado. Para sentir placer, tienen que estar relajadas y padecer poco o ningún dolor. Pero, por encima de todo, nadie se excita sexualmente cuando está sobreexcitado en un sentido no sensual; después de un día ajetreado, por ejemplo. Sin embargo, dado que las PAS sintonizamos tan bien con las necesidades de los demás, es probable que hagamos el amor de todos modos, incluso cuando no estamos relajadas ni lo deseamos, simplemente por complacer a nuestra pareja. A veces, el esfuerzo funciona de todos modos y terminamos pasándonoslo bien. Pero, con frecuencia, cuando de verdad no queremos tener sexo y lo hacemos de todos modos, no resulta demasiado placentero. Por tanto, es bastante natural e inevitable que la próxima vez no tengamos demasiadas ganas de hacerlo.

También existen todo tipo de razones para «hacer una pausa para comprobar» antes de rendirse al deseo, razones como la preocupación por un desempeño sexual adecuado, haber crecido en un ambiente sexualmente represivo, un historial de abusos sexuales, la preocupación por enfermedades de transmisión sexual y las dudas acerca de la otra persona, si es digna de confianza o no; todo esto para empezar. Dado que las PAS tenemos la tendencia a detenernos para comprobar y reflexionar sobre los posibles riesgos, los motivos sólidos para sospechar un peligro pueden llegar a paralizar nuestro deseo sexual.

¿Qué podemos hacer con todo esto?

1. *Sé paciente,* y, si tienes pareja sexual, deberá tener paciencia también. Pero trabaja activamente sobre ello. El deseo sexual no suele mejorar si no le prestas atención.
2. *Dialoga mucho* con tu pareja acerca de lo que os gusta y no os gusta a cada uno, en vez de adivinarlo o proyectarlo. (Si no tienes pareja, explora el tema por ti mismo; quizás puedes dialogar en tu imaginación con tu yo sexual). El diálogo acerca del sexo precisa de confian-

za, al igual que el sexo en sí. Pero, dado que probablemente te has sentido en más de una ocasión en peligro, por temor a ser juzgado o rechazado en este aspecto, la confianza en asuntos sexuales se ha de construir con sumo cuidado, diálogo a diálogo, pues no emerge así como así.

3. *Haz sólo aquello de lo que verdaderamente disfrutes,* que puede ser mucho menos variado y exótico que lo que tú imaginas que complace a los demás. Evidentemente, convendrá que tomes en consideración también las preferencias de tu pareja, pero tened en cuenta que ambos sufriréis las consecuencias a largo plazo si cualquiera de los dos se involucra en actividades de las que, ciertamente, tú no disfrutas. Y esto porque tu deseo se evaporará. También es posible que una actividad sexual de la que tu pareja disfruta te parezca bien o que, incluso, te resulte placentera a ti también en una ocasión y decididamente no te apetezca en la siguiente ocasión. Tienes que sentirte libre para vetar una actividad, incluso «en mitad de la faena», si no te sientes a gusto con ella.
4. *Si deseas menos las relaciones sexuales que tu pareja, tendréis que llegar al acuerdo de que seas tú quien inicie el acercamiento,* al menos durante un período de tiempo prolongado. Esto te obligará a darte cuenta de cuándo estás interesada, y te vas a sentir interesada de vez en cuando si no te sientes presionada. Tú tienes tu propio cuerpo sexual. Esta estrategia evita la «escisión de la pareja» de la que hablábamos en el capítulo 5, pues no conviene que tu pareja adopte el rol de ser la única que siente deseo y tú el rol de no sentir deseo nunca. Así pues, ni siquiera tengas sexo para complacer o aliviar a tu pareja, al menos durante un tiempo. Si no tienes ganas de sexo, no lo hagas. Tu pareja siempre tendrá la opción de masturbarse. (Sin embargo, si la discordancia de deseo es muy grande entre vosotros, probablemente tendréis que explorar más a fondo en el asunto, quizás con un orientador de relaciones especializado en problemas sexuales).
5. *Reflexiona sobre tu deseo sexual cuando estés a solas,* antes de involucrarte en actividades sexuales con otra persona; pues, en cuanto te pongas en marcha, la estimulación sensorial te puede distraer de las señales de deseo del cuerpo. En soledad, puedes hacer uso de tu

maravillosa imaginación para anticipar las sensaciones de tener sexualmente a la otra persona, poniendo así «en marcha» tu respuesta sexual.

6. *Disfruta de tus sueños sexuales* y créelos cuando te dicen que estás en un estado de ánimo sexual también en tu vida despierta.
7. *No te preocupes si tu mente deambula de aquí para allá mientras tienes sexo.* Envía a tu cuerpo a jugar con el cuerpo del otro y ten la seguridad de que van a pasar un buen rato. Y, descuida, estarás presente cuando tengas que estar presente.
8. *Si las fantasías sexuales ayudan, disfrútalas.* Las PAS pueden alimentar la preocupación de que no es «correcto» pensar en cualquier otra cosa que no sea su pareja mientras tienen sexo, pero a veces, nosotras, más que las no-PAS, necesitamos un empujoncito para cruzar la línea que separa la vida cotidiana de ese estado alterado de conciencia que llamamos sexualidad. La mayoría de las personas tienen fantasías sexuales incluso cuando hacen el amor con su pareja, y las investigaciones sobre el tema[1] indican que aquellas personas que tienen fantasías sexuales tienen relaciones más felices que las que no recurren a la fantasía... ¡en tanto en cuanto no tengan esas fantasías con alguien con quien pretenden tener una aventura!

Otras ideas... para las personas que tienen una relación

Aun cuando sentir deseo no sea un problema para ti, tu temperamento sugiere que los siguientes puntos pueden ser importantes:

1. *No dudes de que tu temperamento y el temperamento de tu pareja tienen importancia en asuntos sexuales,* y aceptad que ambos se afectan mutuamente. En este aspecto puede haber alguna decepción, como la de que quizás tu pareja no-PAS no llegue nunca a considerar el hacer el amor como algo misterioso o poderoso, como te ocurre a ti; en tanto que una pareja no-PAS quizás lamente el hecho de que no te entusiasme la idea de hacerlo en el lavabo de un avión. Si ambas

---

1. J. J. Griffin, *Sexual Fantasy, Extramarital Affairs, and Marriage Commitment* (tesis doctoral, California Graduate School of Family Psychology, 1990).

sois PAS, tal vez os decepcionéis ante la reiterada situación de no encontraros mutuamente dispuestas a la relación. Pero, a medida que aceptéis vuestras mutuas corrientes naturales, las demandas imposibles que os hacéis menguarán, de tal modo que os sentiréis más libres y menos inadecuados, poniéndoos menos a la defensiva. Al final, puede convertirse en casi un regalo.

2. *Aprended.* Conoce a fondo tu cuerpo sexual y el de tu pareja. Aprended lo que os complace a cada uno y haz pleno uso de esos conocimientos como sólo una PAS puede hacerlo.
3. *Sé flexible.* Esto no significa que tengas que acceder a algo que, como PAS, «no te pone». Todo lo contrario. Si eres verdaderamente flexible, seguro que encontrarás algo que os satisfaga a los dos.

Otras ideas... para las personas que no mantienen una relación

Si no mantienes una relación en estos momentos, tu yo sexual no deja de ser por ello menos real, y merece todo tipo de atenciones.

1. *Disfruta del sexo en soledad.* Según mis datos, las PAS son tan proclives a masturbarse como las no-PAS, así que espero que te sientas bien con la sexualidad como solista. Todo el mundo necesita encontrar su sitio en este tema, pero existen evidencias sólidas de que la masturbación está relacionada con la salud y la felicidad. Amar a tu cuerpo e invitarle con frecuencia a sentir su energía sexual es algo perfectamente adecuado. Las personas sin pareja sexual no deberían perderse este flujo de energía autoiniciado.
2. *Alimenta tu pasión.* Si estás a la espera de encontrar una pareja sexual, es de suma importancia que mantengas tu deseo sexual en plena floración, en lugar de podarlo y no dejarlo florecer hasta que aparezca alguien. El deseo sexual invita al deseo, la indiferencia sexual lo aleja. Si reprimes tu sexualidad, quizás no seas consciente de que estás transmitiendo desinterés, y sin embargo es lo que estás haciendo.
3. *Recuerda, deseo no significa falta de discriminación,* como en algunas ocasiones lo vemos representado. El hecho de que una MAS

sienta su anhelo sexual no significa necesariamente que tenga que ser receptiva al primero que se acerque; y el hecho de que un HAS perciba el hambre de su cuerpo no significa que vaya a buscar sexo indiscriminadamente. Una persona o una situación determinadas pueden apagar el deseo, pero eso no elimina la realidad de tu deseo. Los sistemas conductuales de «pausa-para-comprobar» y de activación operan de manera independiente, de tal modo que, aunque estés deseando zambullirte de cabeza, todavía puedes detenerte y reflexionar si toca hacerlo o no.

4. *Piensa en otras vías de vida que excluyen la actividad sexual, si tal es tu elección o el resultado de tus circunstancias.* Muchas MAS y HAS han hecho lo mismo. Conviene recordar que en diversas culturas, en la India por ejemplo, la restricción de toda actividad sexual se considera un aspecto casi esencial para el desarrollo de poderes mentales y espirituales superiores. Aunque este sendero lo suelen tomar los hombres, las mujeres que se abstienen reciben una admiración especial, e incluso se las teme debido a la fuerza interior que se cree adquieren de esta manera. A lo largo de la historia, los consejeros sacerdotales en particular se han abstenido normalmente de toda relación sexual. Sin embargo, en nuestra cultura está mal visto y se tiene por algo anticuado, aunque es evidente que esto no convierte esta idea en un completo error, pues la abstinencia puede devengar grandes beneficios y sabiduría, si se asume como una austeridad con propósitos superiores.

En especial para las PAS: una mirada profunda a la sexualidad

Gran parte de la información que he podido encontrar a lo largo de los años acerca de la sexualidad me ha parecido útil, aunque superficial. Pero estaba decidida a no dejarte con la misma sensación en este capítulo. Lo que viene a continuación son, simplemente, unas cuantas citas sobre la sexualidad de personas que creo que son o fueron PAS. Básicamente, sus palabras me «pusieron». Quizás lo que viene a continuación sea pornografía PAS.

De D. H. Lawrence:

El matrimonio no es matrimonio si no hay una correspondencia de sangre. Pues la sangre es la sustancia del alma, y de la conciencia más profunda [...] La sangre del hombre y la sangre de la mujer constituyen dos corrientes eternamente diferentes, que nunca se mezclan [...] Son los dos ríos que circundan la vida en su totalidad, y en el matrimonio el círculo se completa, y en el sexo los dos ríos se tocan y se renuevan mutuamente, sin por ello mezclarse ni confundirse. Lo sabemos. El falo es una columna de sangre que llena el valle de la sangre de una mujer. El gran río de sangre del varón alcanza en sus profundidades al gran río de sangre femenina, aunque nunca rompe sus límites. Es la más profunda de todas las comuniones, como todas las religiones, en la práctica, saben bien.[2]

¿Un «consejo marital» de Lawrence?

Vitalmente, la especie humana está muriendo. Es como un gran árbol desarraigado, con sus raíces al aire. Tenemos que plantarnos de nuevo en el universo. Preparémonos ahora para la muerte de nuestra «pequeña» vida actual, y la reemergencia de una vida más grande, en contacto con el cosmos en movimiento.[3]

De Rainer Maria Rilke

Quizás la gran renovación del mundo consista en esto, en que el hombre y la mujer, liberados de todo falso sentimiento y deseo, dejen de buscarse como opuestos, y lo hagan como miembros de una familia y vecinos, y se unan como seres humanos, con el fin de soportar con sencillez, seriedad, paciencia y de forma conjunta la pesada responsabilidad de la sexualidad que se les ha confiado.[4]

---

2. D. H. Lawrence, «Marriage and the Living Cosmos», en *Challenge of the Heart: Love, Sex, and Intimacy in Changing Times,* ed. J. Wellwood (Boston: Shambhala, 1985), 166.
3. Ibíd., 169.
4. R. M. Rilke, «Advice for a Young Lover», en *The Art of Staying Together: Embracing Love, Intimacy, and Spirit in Relationships,* ed. M. R. Waldman (Nueva York: Jeremy P. Tarcher/ Putnum, 1998), 171.

> Aquellos que se encuentran en la noche para entrelazarse y mecerse en la apasionada lujuria están realizando un importante trabajo. Están recolectando «dulces», profundidad y poder para el canto de algún futuro poeta, que se levantará y hablará de la dicha indescriptible.[5]
>
> La tierra está henchida de este secreto hasta en sus más pequeñas partículas. Oh, si sólo recibiéramos este secreto con más humildad, si lo portáramos con más seriedad, si lo soportáramos y sintiéramos cuán tremendamente difícil es, en lugar de tomárnoslo a la ligera.[6]
>
> Pero no te preocupes si eres consciente de todo esto, porque «aunque se equivoquen y se abracen ciegamente, el futuro viene de todos modos [...] Los que viven el secreto en el error [...] lo pierden para sí pero lo transmiten como una carta sellada, sin saberlo.[7]

De Bernd Jager:

El fenomenólogo Jager describe la pasión sexual como una especie de rebelión de la carne. En la vida cotidiana, «la superficie domina a las profundidades» como la cabeza domina al cuerpo.

> Pero, en el mundo de la pasión, las profundidades ya no son el mero soporte de una superficie brillante; se elevan y destruyen el encantador juego de la luz, la brillante cobertura exterior de las cosas y los seres.[8]
>
> Todo despliega una oscura sustancialidad con la cual estamos secretamente vinculados. Y nosotros mismos comulgamos con todas estas cosas ya no sólo mediante la vista, a través de la inspección o la deducción, sino más bien a través de un parentesco más profundo, a través de nuestra carne...

---

5. Ibíd.
6. Ibíd., 170.
7. R. M. Rilke, «Learning to Love», en *Challenge of the Heart,* 264.
8. B. Jager, «Passion and Transformation," en *Challenge of the Heart,* 218.

Sentimos la agitación de toda carne en nuestra carne [...] En el mundo de la pasión somos vasos comunicantes en los que se recoge la turbulencia, a través de los cuales se sondea a sí misma y, por tanto, adquiere lentamente definición. Toda la vida aquí se difunde en sucesivas olas desde las profundidades y el centro. Las superficies aquí son las tensas pieles de los tambores o el acero en blanco de las vías del ferrocarril, sobre el cual pegamos la oreja para escuchar el retumbo de un acontecimiento que se acerca.[9]

El orgasmo que se aproxima es como el final del viaje, a cuyo término «el buen timonel, después de haber hecho cuanto pudo, se ata a la rueda del timón y se confía a las olas para que lo lleven [...] En el apogeo de la pasión, el agua dirige al barco.[10]

En los mismos órganos sexuales, se encuentra también este salto, esta discontinuidad. Jager ve las manos como diseñadas para explorar el mundo exterior y para trabajar, para obedecer nuestra voluntad.

Los órganos sexuales se vuelven hacia dentro, órganos taciturnos e ineptos, que no responden a un mundo de tareas diurnas. El ascenso y la caída del pene no es una hazaña de fuerza, ni siquiera de agilidad...[11]

Dejamos de ser obreros aferrados a una herramienta y la herramienta que no es una herramienta en absoluto nos aferra a nosotros, excepto tal vez como siervo del mundo sin trabajo de la noche,

Reflexiones finales

La sexualidad –la carta sellada de Rilke sobre el importante trabajo de recolectar «dulces», profundidad y poder para que algún futuro poeta hable de la dicha indescriptible– es la bendición y la responsabilidad del cuerpo altamente sensible. Puede ser una bendición diferente, una responsabilidad diferente que las de las no-PAS. Atesora esa diferencia.

9. Ibíd., 218-219.
10. Ibíd., 220.
11. Ibíd., 221.

CAPÍTULO 9

El sendero espiritual de las PAS: el amor seguro lleva al camino, el camino lleva al amor seguro

En todas las entrevistas mantenidas, las PAS no tuvieron reparos en hablar del aspecto espiritual de sus relaciones. Haciendo honor a este interés, el objetivo de este capítulo no es el de dar cuenta de lo que dijeron, sino el de ir más allá de eso. La mayor parte de lo que hay escrito sobre las relaciones tiene, desde la perspectiva de una PAS, un carácter ligeramente superficial, el de cómo ser feliz y mantener la felicidad. El Espíritu y sus transformaciones quedan fuera, como relación y en las relaciones. Pero yo no creo que un libro dirigido a PAS pueda omitir estos temas.

Comenzaremos discutiendo lo que, para algunos de nosotros, es la Primera Relación en todos los sentidos, que no es con nuestra madre o padre, sino con Dios, el Espíritu, el Yo. Al menos para algunos de nosotros, todas las relaciones humanas afectan y se ven afectadas por la relación última. Para otras PAS, la espiritualidad es un tema problemático o, incluso, algo a evitar, pero si deseas explorarlo un poco más, quizás te resulte valioso el tema del miedo a la intimidad (tema que vimos en el capítulo 3). Esta vez, sin embargo, consideraremos el miedo a la intimidad con Dios, el Espíritu o el Yo. También reflexionaremos sobre cómo el amante interior nos guía hacia la autointimidad[1] y ahondaremos en esta forma de intimidad. Por último, volveremos al amor humano, en particular al trabajo espiritual que una PAS puede llevar a cabo durante años y años con un compañero o compañera que esté dispuesto a ello.

Nosotras, las PAS, como consejeros sacerdotales de la cultura (descritos en el capítulo 1), somos quienes tenemos que desarrollar la más plena comprensión de los profundos, a veces oscuros, a veces altamente espirituales aspectos de las relaciones. Estos aspectos vienen atormentando a la humanidad desde hace tiempo, cada vez que el dolor y el anhelo creados por un amor distorsionado han desembocado en guerras y crueldades. Las mejores mentes no han podido más que frustrarse ante la pregunta de cómo tratar con el amor/odio en la naturaleza humana, especialmente cuando está impregnada con el apasionado deseo de servir al Otro Más Grande, se trate de una amante, un líder, una nación o Dios. Estos temas constituyen el trabajo de las PAS. Nosotras ponderamos el significado real de nuestras relaciones, como los inversores ponderan el valor real de sus acciones (aunque eso no nos impide pensar también, a veces, en acciones). El mundo ya tiene gente de sobra que pondere acciones; y, si pusiéramos toda su información en papel y almacenes, probablemente cubriríamos el estado de Vermont. Sin embargo, la información sobre los aspectos profundos (inconscientes, espirituales) de las relaciones íntimas difícilmente llenarían un armario. Pero, ¿cuál de estos temas es más probable que permita a la especie humana sobrevivir durante otro milenio? Así pues, sean cuales sean las relaciones en las que te halles inmerso actualmente (matrimonio, otro tipo de emparejamiento, amistad, familia, relación terapéutica), lo que pretende este capítulo es estimular el desarrollo de tu sabiduría acerca del amor. Así pues, comencemos a trabajar.

---

1. En inglés existe una correspondencia entre los términos «*the Self*» y «*Self-intimacy*», que en español no tenemos más remedio que traducir como «el Yo» y «autointimidad». Por otra parte, dada la orientación junguiana de la autora, es posible que tengamos que relacionar estos términos con el *Self* de Carl Jung, sobre todo hablando de espiritualidad. *(N. del T.)*

La espiritualidad como visión de lo invisible

Cada persona tiene sus propias ideas acerca de la espiritualidad, y yo deseo encarecidamente respetar vuestras ideas, de modo que quizás lo mejor que puedo hacer es comenzar dejando clara mi visión de la espiritualidad, e insistiendo en que esta visión es exclusivamente mía, y no tienes por qué coincidir con ninguna de mis ideas. De esta manera evitaremos que mis puntos de vista anden merodeando entre líneas, y quizás ayude también a clarificar tus puntos de vista para que puedas compartirlos con los demás cuando surja el tema. (Éste es también el motivo por el cual en mis libros *El don de la sensibilidad* y en el *Workbook* yo instaba a que plasmarais por escrito los preceptos de vuestra religión, fuera ésta cual fuera).

Yo tengo la sensación de que el espíritu de Dios está en todas partes aunque, paradójicamente, sea más fácil de ver en lo invisible. Para ver lo invisible, comienza con los valores que hay tras las artes y las leyes de una cultura, la personalidad tras el rostro. Lo que se halla detrás de estas cosas, si miramos en profundidad, es lo que John Desteian llama «el espíritu dominante», el alma personal y colectiva, normalmente sabia y bien adaptada (aunque también hay una sombra en ella). Si miramos aún más allá, si miramos en lo invisible (el aliento que viene y que va, la sabia en la planta, la extraña y salvaje belleza de la naturaleza), llegaremos al espíritu esencial, el misterioso jugo instintivo que lo alimenta todo, que nos lleva a amarlo todo tanto como lo amamos.

Por último, para aquellos que son capaces de ahondar aún más, el nivel más profundo de lo invisible es la fuente del espíritu esencial –Espíritu, Dios, Brahman, el Uno, Allâh, el absoluto, la conciencia pura.

¿Quién conoce esta fuente? En cierto sentido, nadie. Pero las personas que están sensibilizadas a ella, que la buscan, se ven arrastradas hacia ella. Dado que nosotras, las PAS, somos especialistas en ver lo que otros no ven, en intuir lo que se halla tras la escena, podríamos decir que tenemos un talento espiritual; podemos rastrear el espíritu en todos estos niveles. Eso es lo que yo pienso acerca de la espiritualidad.

Otro activo que aportamos a las relaciones: el talento espiritual

Mis propias evidencias

Habiendo estado con miles de PAS identificadas como tales, en grupos y a solas con ellas, he podido hacer las siguientes observaciones:

1. *La cualidad del silencio.* Cuando un grupo está compuesto sólo por PAS, como puede ser el público de una de mis charlas o seminarios, tanto si están escuchando, esperando a que yo hable o meditando, estás personas tienen la tendencia a crear un profundo silencio, algo que sólo encontramos, normalmente, en recintos sagrados o en grupos que se reúnen con un propósito espiritual. Es como si las PAS habitaran en lo invisible.
2. *Las tendencias éticas.* Las PAS tienden a ser consideradas con los demás de un modo que, al menos superficialmente, se parece mucho a una actitud religiosa, tal como muchos religiosos la describen. En modo alguno somos santos, y tal actitud tiene siempre un lado sombrío pues, por ejemplo, podríamos ser amables debido en parte a nuestro miedo a las reacciones de los demás, mientras por dentro quizás nos parezca todo un fastidio. Pero, cualquier persona que hable ante un público compuesto exclusivamente por PAS tendrá la sensación de que se le escucha más, se le apoya más y se le tienen pequeñas consideraciones (menos murmullos, gente que abandona la sala, quejas) que no recibiría de un público más heterogéneo. El entorno invisible de los sentimientos está bien atendido por las PAS.
3. *Buena disposición para las experiencias espirituales.* Da la impresión de que buscamos experiencias espirituales, y de ahí que, probablemente, las tengamos con más frecuencia. Por ejemplo, las PAS suelen sentirse cómodas interiorizando a través de la meditación, la reflexión o la oración siempre que les ofrezco una oportunidad así, mientras que las no-PAS se suelen sentir incómodas ante ofertas como éstas, y preguntan de forma ansiosa o irritada qué es lo que se espera que hagan. Muchas PAS han tenido experiencias espirituales

desde la más temprana infancia, incluso sin preparación religiosa alguna, y se reconocen con más frecuencia ante la afirmación de «mi vida interior es rica y compleja». Están familiarizadas con lo interior, lo invisible.

4. *La espiritualidad impregna la vida.* Las PAS tienden a expresar la espiritualidad en todos los aspectos de su vida. Si se les pregunta, e incluso sin preguntarles, hablan más acerca de ello que las no-PAS.

   Vamos con más frecuencia a servicios religiosos o a discusiones espirituales o filosóficas. De hecho, somos con frecuencia las instigadoras de estos eventos. Podemos ver nuestra propia vocación, nuestra salud y cualquier otra cosa como distintos aspectos de la espiritualidad.

   De ahí que, como sería de esperar, veamos también a las personas que amamos y a nuestras relaciones de esta manera, como un sendero espiritual hacia una mayor sabiduría, humildad o unidad con la vida toda, o bien como indicadores que nos anuncian lo cerca o lejos que estamos de nuestro objetivo espiritual. En definitiva, lo invisible se ve en todas partes.

Las evidencias genéticas

¿Qué es lo que hace espiritual a una PAS o a cualquier otra persona? En determinados ambientes, considerar el interés espiritual como un producto de la debilidad o la ignorancia se ha convertido en una moda intelectual. Piensan que la gente es espiritual cuando son incapaces de afrontar las duras realidades de la vida o de aceptar los «hechos científicos». Tal menosprecio es más habitual entre determinados reyes guerreros no-PAS, quienes, según mi opinión, carecen del talento espiritual de un consejero sacerdotal/PAS.

Claro está que los reyes guerreros tienen sus propios talentos, entre ellos el de «afrontar la dura realidad» y el de zambullirse de cabeza sin pensar suficientemente en los miles de implicaciones que pueden tener sus acciones, como hacen las PAS. Todo esto está muy bien pero, debido al hecho de que los duros talentos de los reyes guerreros son los preferidos en nuestra cultura, el talento espiritual no suele considerarse como un talento en absoluto, lo cual no es correcto.

En un estudio realizado por los genetistas conductuales Kenneth Kendler, Charles Gardener y Carol Prescott[2] se descubrió que una aptitud parecida a lo que yo llamo «talento espiritual» es una cualidad en parte hereditaria, al igual que lo es, por ejemplo, la habilidad musical. Estos investigadores diseñaron su estudio para obtener información sobre las relaciones entre afiliación religiosa, vulnerabilidad al alcoholismo, trastorno psiquiátrico y los rasgos hereditarios de cualquiera de estos elementos. Los autores entrevistaron a 2.000 mujeres, entre las que había 500 gemelas idénticas y 350 gemelas fraternas, preguntándoles acerca de tres características religiosas: devoción personal (importancia de la espiritualidad en la vida cotidiana, oración privada, búsqueda de consuelo espiritual), conservadurismo religioso personal (si estaban de acuerdo, por ejemplo, con la idea de que la Biblia es literalmente cierta) y conservadurismo institucional (si pertenecían a una Iglesia conservadora).

Si una característica está en gran medida determinada genéticamente, el grado de similitud de las dos hermanas sobre tal característica debería ser más elevado en el caso de las gemelas idénticas (debido a que sus genes son idénticos). Si, por el contrario, el entorno es el principal factor, entonces dos hermanas sin genes idénticos no se diferenciarán mucho de las hermanas con genes idénticos. Por tanto, el grado de similitud en esa característica debería ser más o menos igual entre las gemelas idénticas y las fraternas, dado que los genes de las gemelas fraternas no son más similares que los de cualquier par de hermanas. (Por cierto, una investigación similar sobre PAS es uno de los motivos por los que se asume que la sensibilidad es heredada).

Los resultados indicaron que las gemelas idénticas eran más parecidas en su grado de devoción personal que las gemelas fraternas. Es decir, la tendencia a tener experiencias espirituales o a buscarlas es un rasgo heredado. Sin embargo, no se observaron diferencias entre las gemelas idénticas y las fraternas en lo relativo a su conservadurismo religioso personal o institucional, lo que sugirió por tanto que estos rasgos vienen más determinados por la familia o la comunidad que por los genes.

2. K. S. Kendler, C. O. Gardener y C. A. Prescott, «Religion, Psychopathology, and Substance Use and Abuse: A Multimeasure Genetic-Epidemiologic Study», *American Journal of Psychiatry* (1997): 322-329.

También habría que mencionar que la devoción personal fue menos común, y no más, entre aquellas que eran alcohólicas o depresivas debido al estrés, y que no guardaba relación con trastorno psiquiátrico alguno. Estos resultados deberían hacer recapacitar a los que sostienen la teoría de que los sentimientos religiosos surgen de la debilidad. Y la devoción personal era también mayor en las personas con más años de formación, de educación, lo cual también debería hacer recapacitar a los que afirman que los sentimientos religiosos surgen de la ignorancia.

Evidentemente, éste no era un estudio sobre PAS. El hallazgo de que algo se pueda ver afectado por los genes no quiere decir que un gen lo esté causando. Sin embargo, yo apostaría tranquilamente a que no es un «gen religioso», sino algo más básico, algo que incumbe al sistema nervioso: su tendencia a hacer una pausa y reflexionar, a ser consciente de las experiencias sutiles. Es decir, su sensibilidad heredada.

La espiritualidad es una relación

Este libro trata también del amor humano, de las relaciones humanas. Sin embargo, no hay duda de que nuestra capacidad para amarnos se ve afectada por nuestra espiritualidad. Pero también voy a sugerir lo contrario, que nuestra capacidad para intimar con lo Divino se ve afectada por nuestras relaciones humanas. Después de todo, todas las religiones y prácticas espirituales, desde el chamanismo hasta el zen, el budismo, el sintoísmo o el cristianismo, enfatizan la relación entre el individuo y el espíritu. ¿Cómo no van a influir nuestras experiencias personales de las relaciones humanas en nuestro sentido de relación con lo Divino, con el Universo, con el Yo?

Tiempo muerto. Obviamente, voy a tener que proponer un término para lo invisible último, en lugar de estar diciendo una y otra vez «Dios, Espíritu, lo Divino, etc.». Y voy a elegir el Yo (*Self*), principalmente porque quiero discutir el concepto junguiano del eje ego-Self, tal como lo describe Edward Edinger en su libro *Ego and Archetype (*Ego y arquetipo).[3] Pero convendrá que explique este término, el Self. No es una nar-

3. E. F. Edinger, *Ego and Archetype: Individuation and the Religious Function of the Psyche* (Nueva York: Penguin Books, 1972).

cisista negación de Dios.[4] Es la traducción tradicional de la idea oriental de que nuestra conciencia individual es parte de la una conciencia mayor, el Self, que lo incluye todo porque todo es una manifestación de la conciencia de Dios. Refleja la intuición de que Dios es incognoscible, pero que la experiencia que el yo individual puede tener de su Self (Yo) no lo es tanto. De hecho, se podría decir que, en última instancia, el Self es todo lo que el yo individual haya experimentado jamás.

En algunas teologías se diferencia radicalmente y se ven como contradictorias la idea de que uno es «uno con Dios» y la idea de que uno está separado de Dios y le debe devoción. Sin embargo, a mí no me parecen contradictorias estas dos experiencias. Son algo así como la naturaleza de onda, y al mismo tiempo de partícula, de la luz. Para conocer al Self, convendrá que no niegues ninguno de estos dos enfoques, sea cual sea el que se te presente. Ambas experiencias son muy parecidas a nuestra experiencia de las relaciones humanas, en las que hay momentos de fusión y también de separación, de suficiente distancia como para sentir devoción por el otro.

La otra mitad del eje ego-Self, el ego, es meramente tu mente consciente. Así, lo único que nos quedaría por definir es el eje. La definición de Edinger hace referencia al eje como a una línea recta que conecta dos objetos, a lo largo de la cual pueden darse distintas posiciones de estos dos objetos. Con independencia de lo lejos o cerca que se hallen entre sí, la conexión entre ellos permanece, invisible pero poderosa.

Obviamente, lo que estamos intentando describir como un eje es en realidad demasiado rico como para traducirlo a cualquier metáfora. También podrías decir que la conexión ego-Self es un cordón umbilical con la Madre de Todo que sustenta a tu ego aún-no-plenamente-nacido. O que el Self es una bañera en la cual tu ego se baña y un mar del cual tu ego ha evolucionado, del mismo modo que la vida surgió de los océanos. Estas metáforas expresan la visión de que el Self es también, en última instancia, la psique en su totalidad, personal y colectiva, los

4. Téngase en cuenta, como ya se advirtió antes, que *self,* en inglés, es una de las formas por las cuales se identifica al «yo». Sin embargo, en la literatura junguiana en castellano se mantuvo el término inglés *Self,* con mayúscula, para diferenciarlo del yo pequeño cotidiano del individuo, que es lo que en terminología junguiana podría equipararse con el «ego». Así, el Self estaría asociado con un Yo superior más grande que vendría a coincidir con la conciencia una de la divinidad. *(N. del T.)*

espíritus dominante y esencial de Desteian, combinados, incluyendo todos los arquetipos y también tu ego individual. Tu ego ha emergido de la totalidad y, no obstante, sigue siendo parte de ella, de igual modo que un bebé se separa de la madre al nacer para, no obstante, seguir perteneciendo a la familia.

El eje ego-Self y las primeras relaciones

Para muchas personas, conceptos como el eje ego-Self y espiritualidad forman parte de un mundo transcendental que nada tiene que ver con las relaciones personales, si es que ese mundo existe realmente para ellas. Pero, una vez más, creo que las relaciones personales y nuestra relación con lo transcendente están estrechamente entretejidas. Cuando olvidamos esto es cuando perdemos la conciencia de nuestro cordón umbilical con el Espíritu. Así pues, vamos a renovar parte de esta conciencia.

Según Edinger, y también según el junguiano Eric Neumann, que probablemente acuñó el término *eje ego-Self,* venimos a la vida desde el Self, y en la primera infancia aún estamos sumidos en una unidad inconsciente con él. Esta identificación total con el Self hace que los bebés y los niños muy pequeños sean tan encantadoramente grandiosos y codiciosos, tan arrolladoramente naturales y fuertes, de una forma instintiva e inconsciente. (Claro está que todo esto es mucho menos encantador en un adulto). A medida que nos vamos haciendo conscientes de nosotros mismos, en torno a los dos años, perdemos parte de esa inocencia, pero ganamos conciencia de nuestra individualidad. La separación entre el ego y el Self ha comenzado, el Paraíso se ha perdido, y aparece el eje: ahora hay una relación.

Sin embargo, la relación más prominente a esa edad es con nuestros cuidadores, de modo que proyectamos nuestra memoria recesiva del Self sobre nuestros cuidadores y establecemos nuestras relaciones ego-Self con nuestros progenitores. Sin embargo, poco a poco nos damos cuenta de que nuestros progenitores son algo menos que perfectos, de que no son el Self perdido. (Si este proceso no es gradual, podemos escindir y desdoblar los aspectos negativos de nuestros progenitores –por ejemplo, podemos negarlos o asignárnoslos a nosotros mismos–, o podemos escindir el progenitor/Self de tal manera que nuestros progenitores son del todo malos, mientras alguna otra persona real o imaginaria es del todo buena, tal como se discutió en el capítulo 7).

Tras retirar nuestra proyección del Self sobre nuestros progenitores, comenzamos a buscar al Self por todas partes, quizás en una profesora o en nuestro primer amor. Después de que una serie de personas especiales también nos fallen y veamos que no son tan íntegras y maravillosas como el Self, podemos dejar de buscar y llegar a la conclusión de que no hay nadie que merezca ser idealizado, renunciando inconscientemente al Self, o podemos involucrarnos en una religión que sea capaz de absorber esa proyección nuestra –ésta, después de todo, es una de las razones de las religiones–. Pero, para muchas personas, la religión tampoco es capaz de cumplir esa función, y la duda sobre la existencia del Self se hace más profunda.

Sin embargo, las PAS no suelen rendirse tan fácilmente. Cierto es que, sobre todo cuando somos jóvenes, podemos llegar a la conclusión de que es mejor ser autosuficientes, buscar nuestros objetivos en el mundo y olvidarnos de aquel sueño que se desvanece. Pero esta solución rara vez funciona durante mucho tiempo. Para las PAS, los objetivos que no se saturan de significado –significado último, espiritual– no son satisfactorios, por regla general. Sin saber qué hacer, adónde recurrir, llegamos con el tiempo a un estado de alienación ego-Self, tan lejos del Self como podemos estar en ese eje que, de un modo u otro, nos ata a él. En este estado, las PAS en particular se van a sentir muy solas en un universo que parece vacío, sin Dios, carente de encanto.

El ciclo recurrente de las PAS

En el caso de las no-PAS, esta alienación tendrá lugar normalmente hacia la mitad de la vida, si es que llega a suceder. En el caso de las PAS, pienso que se da un ciclo recurrente de búsqueda en el cual encontramos o parece que encontramos lo que buscamos, para luego desilusionarnos de nuevo. O también podemos quedarnos completamente bloqueados dentro de este ciclo. Según Edinger, y según mi propia experiencia, todo esto viene determinado en gran medida por las experiencias de la infancia.

Por ejemplo, una persona puede haberse quedado bloqueada en esa parte del ciclo en la que se ha identificado por completo con el Self, como un bebé. Quizás la persona se halle sumergida en algo así como una espiritualidad grandiosa, convencida de estar iluminada o de ser una persona especialmente elegida por Dios para fundar un movimiento o para llevar a cabo alguna misión transcendental. Debemos tener cuidado a la hora de juzgar tales llamadas, pero es probable que estas personas, durante su infancia, fueran consentidas en exceso –como aquellas con el estilo de apego preocupado de las que hablé en el capítulo 3– o bien se abusó de ellas o se las descuidó física o emocionalmente, de tal modo que se aferran a una fusión inconsciente con el Self como defensa contra el terror de quedarse solas en un mundo hostil (el temor del narcisista o del evitador displicente).

También te puedes quedar atascado en el extremo opuesto del ciclo de la identidad total, en un estado de alienación. Esto es habitual en las personas que se sintieron traicionadas o desilusionadas por el progenitor/Self de una forma repentina o extrema. Las PAS en particular pueden también mantenerse a distancia del Self por miedo. Quizás en la infancia te sentiste agobiado y sobreestimulado por los adultos que te rodeaban, sobre los cuales habías proyectado el Self. O quizás alguno de tus progenitores te utilizó para gratificar algún deseo; el deseo de tener un niño prodigio, por ejemplo, o un compañero, o el caso mucho más extremo de utilizar sexualmente a un niño. Ya en la edad adulta, quizás desees desesperadamente cierta cercanía con el Self, pero con el temor inconsciente de sentirte abrumado o utilizado. Y si en tu infancia no se te permitió poner límites al ego, parte de este miedo puede estar justificado. Es cierto que el ego puede quedar saturado por el Self si no se puede sostener por sí solo.

El estilo de apego ego-Self

Ni yo ni Edinger habríamos reducido jamás el tipo de relación que mantienes con el Espíritu a una cuestión de problemas de infancia exclusivamente. Pero no resulta sorprendente que las investigaciones indiquen de forma consistente que la imagen que la gente tiene de Dios es parecida a la imagen que tienen de sí mismas, de tal modo que, por ejemplo, las personas con una alta autoestima tienden a ver a Dios, principalmente, en su aspecto amoroso.[5] En cuanto al estilo de apego (tal como se explicó en el capítulo 3), los psicólogos sociales Lee Kirkpatrick y Phil Shaver descubrieron que las personas con estilos de apego seguro perciben a Dios como más amoroso, y menos distante y controlador que las personas con estilo de apego inseguro.[6] (En este estudio se vio que no había más probabilidad de que las personas seguras fueran religiosas o espirituales; esto quizás tenga más que ver con el hecho de ser una PAS. Pero, en caso de ser espirituales, su espiritualidad tenía un tono positivo). Entre los tipos inseguros, los evitadores (los investigadores combinaron los tipos temerosos y displicentes) tendían a ser agnósticos, tal como sería de esperar –y evitan por completo el tema de la relación, sin esperar nada de nadie–. Sin embargo, los evitadores fueron con diferencia los que con más probabilidad podían experimentar una repentina conversión religiosa (el 44 por 100 en este grupo de estilos de apego, frente al 10 por 100 en el resto de grupos combinados).

Los tipos preocupados eran los que más probabilidades tenían de irse a los extremos; es decir, se convertían en ardientes ateos o bien habían tenido experiencias espirituales intensas, tales como «hablar en lenguas». Estos resultados son los que cabría esperar de personas que están ansiosa y ambivalentemente preocupadas con las relaciones, maximizando su preocupación acerca del apego, incluido su apego al Self.

Como dije en el capítulo 3, no es más probable que las PAS tengan un estilo de apego inseguro; las probabilidades son de alrededor del 50 por 100. En lo referente al apego al Self o Dios, quizás seas incluso más segura, dados tus talentos espirituales. No obstante, si tuviste un apego muy inseguro con la primera persona que cuidó de ti, tendrás que recordar las implicaciones del hallazgo de Gunnar de que los niños inseguros sensibles tienden a percibir las experiencias novedosas como más amenazadoras que el resto de los niños. Si éste fuera tu caso, el uni-

---

5. P. Benson y B. Spilka, «God Image as a Function of Self-Esteem and Locus of Control», *Journal for the Scientific Study of Religion* 12 (1973): 297-310.
6. L. A. Kirkpatrick y P. R. Shaver, «An Attachment-Theoretical Approach to Romantic Love and Religious Belief», *Personality and Social Psychology Bulletin* 18 (1992): 266-275.

verso no te parecerá demasiado seguro. Puedes volverte a Dios como el único hecho seguro, dada tu natural inclinación espiritual, pero será difícil que confíes en la realidad de esa seguridad si tu experiencia y tu misma fisiología se han fundamentado en la inseguridad.

La comprensión del eje ego-Self de lo que se halla por debajo de un estilo de apego inseguro tiene sentido con las PAS. Por ejemplo, permite explicar por qué la inseguridad en la infancia puede traer consigo más depresión y ansiedad en las PAS que en las no-PAS cuando llegan a la edad adulta. Llevamos la carencia de un progenitor/Self cariñoso hasta su conclusión lógica: el universo está vacío. Existen motivos de sobra para la desesperación, así como para sentirse indigno. En opinión de Edinger, cuando un progenitor rechaza a un niño, ambos ven inconscientemente al progenitor como Dios. Es decir, se infla al progenitor «hasta una identificación con la deidad» y, por tanto, el niño experimenta el rechazo del progenitor/Self «como algo inhumano, total e irrevocable».[7] Seguramente, así es como sucede en un niño sensible.

Si entendemos las heridas de la infancia como perturbaciones en el eje ego-Self, podemos apreciar también de qué modo la religión intenta ayudar, cuando explica hasta qué punto Dios nos ama y nos acepta. Pero en el interior de una persona insegura en particular siempre habrá algo que se resista a dejarse convencer.

El eje ego-Self bloqueado y el amor

Volviendo a los efectos del eje ego-Self sobre el amor en la edad adulta, cuando tenemos la sensación de que nuestra pareja nos rechaza constantemente, aunque en realidad no sea cierto (o no tanto como lo proyectamos), podemos decir que en realidad estamos proyectando nuestra experiencia del Self como alguien que nos rechaza. En este sentido, se podría decir que el «modelo de trabajo» o estilo de apego no es otro que nuestra posición en el eje ego-Self.

Lo que es digno de resaltar es que haya tantas personas, sobre todo PAS, que, aun habiendo sufrido malos tratos en su infancia, o habiendo sufrido multitud de traumas en la edad adulta, sigan creyendo tanto en

7. Edinger, *Ego and Archetype,* 39-40.

Dios (recordemos las conversiones repentinas de los evitadores) y sigan enamorándose con tanta intensidad. Uno podría sospechar que ésta es la evidencia de que llevamos en nuestro interior un sueño, el arquetipo, más o menos consciente, de una conexión potente y estable con el Self. Es este recuerdo del Self del cual vinimos, ese eje que siempre está ahí, no importa cuán alienadas nos sintamos. Y, si seguimos intentando creer en el Self o enamorarnos (de momento las equipararé), podemos albergar todavía cierta seguridad de que quizás podamos establecer conexiones suficientemente buenas con un otro suficientemente bueno en un universo suficientemente bueno.

El problema se reduce a alcanzar tal seguridad (*véase* el capítulo 4), pero ahora está completamente entretejido con la seguridad espiritual. Es decir, puede ser difícil tener una relación íntima con otro ser humano, sentirse verdaderamente seguro, cuando no hay intimidad ni seguridad con el Self. No obstante, las investigaciones sobre el apego sugieren que también puede ser difícil mantener una relación íntima con el Self si uno no puede mantener una relación íntima y segura con otros seres humanos. De modo que tenemos un círculo vicioso. Tenemos un sueño/recuerdo de amor; tenemos un sueño/recuerdo del Self; pero para algunas personas es demasiado difícil confiar en que el sueño se pueda hacer realidad o que el recuerdo sea real.

La sanación del eje ego-Self

Las «señales de carretera» que indican las rutas hacia un estilo de apego seguro (que te di en el capítulo 3) se pueden ver ahora de un modo novedoso, a través del eje ego-Self. Por ejemplo, el aspecto curativo de dos de ellas (tener paciencia contigo mismo y tener más experiencias seguras novedosas) constituye realmente la aceptación del Self.

La aceptación por parte del Self

Los buenos terapeutas tienen como principal prioridad dejar clara la idea de que, durante la sesión de terapia, todo pensamiento o sentimiento es aceptable (aunque actuar en función de ellos quizás no lo sea), que todos esos pensamientos y sentimientos forman parte de la totalidad del Self y que no hay motivos para temerlo ni sentirse alienados con él. Esta aceptación de cada impulso y aspecto, por repugnante que pueda parecernos, es esencial para volver a aproximarse al Self. Todos los santos han tenido que enfrentarse a su pecador interior y sentir que había sido perdonado para que el amor entre el ser humano y Dios les pareciera seguro.

No es de extrañar que, en palabras de Edinger, «El terapeuta sea una persona que se convierte en el centro de la vida y los pensamientos del paciente. Las sesiones de terapia se convierten en puntos centrales de la semana. Un centro de significado y orden ha aparecido donde previamente no había otra cosa que caos y desesperación».[8] El cordón umbilical que ha aparecido merced a la aceptación del terapeuta envía la aceptación al ego, lo nutre y lo acerca al Self.

Sea en psicoterapia, en una religión o en cualquier otro ámbito, cuando una relación proporciona la aceptación de los aspectos más oscuros de la personalidad –que las personas inseguras aprendieron a ocultar desde el mismo principio con el fin de sobrevivir–, tal relación facilitará inmensamente el desarrollo de la seguridad, así como el coraje para confiar en el Self y en los demás. Pero esta aceptación tiene que continuar durante bastante tiempo.

El resto de sugerencias del capítulo 3 se pueden comprender de forma similar en los términos del eje ego-Self. La aflicción te abre a todo tipo de sensaciones, a todo tipo de experiencias corporales y emocionales, cada una de las cuales es un mensaje del Self, como las imágenes y los símbolos de nuestros sueños. La identificación y la meditación se pueden considerar medios para acercarnos al Self a lo largo de ese eje.

Algunos comentarios sobre los sueños y la sanación

Trabajar con los sueños es una de las mejores maneras de acercarse al Self, de *saber* que está ahí y que puede conectar contigo. Cada vez que recuerdes un sueño y te ocupes de él durante el día, encontrarás nuevas

8. Ibíd., 40.

ideas y vislumbres que nunca te habías planteado. ¿De dónde vienen estas percepciones? Todas las religiones nos enseñan que los sueños son mensajes del Self para el ego. He aquí un ejemplo de ello, tomado del Libro de Job 30:15-18:

> En sueños, en las visiones de la noche,
> cuando el sueño más profundo cae sobre los hombres,
> mientras duermen en sus lechos, Dios les hace que escuchen,
> y su corrección les golpea y aterroriza.
> Para transformar a un hombre de insensata conducta,
> para poner a prueba el orgullo del hombre mortal,
> en el borde del pozo lo retiene vivo
> y le impide cruzar el río de la muerte.

La sensación del Self en este pasaje me lleva a pensar en un osco pero en última instancia cariñoso progenitor que nos toma de la mano al cruzar la calle, un Self que nos mantiene vivos en el borde del pozo, que nos aterroriza un poco para impedir que crucemos el río de la muerte, hacia ese lugar de alienación del Self y de vacía desesperación.

Si no sueles soñar, esto puede ser el evitador que hay en ti diciendo «el Self y yo no tenemos nada que ver el uno con el otro». Pero yo te reto a que lo intentes de nuevo. Si prestas atención hasta a los fragmentos más pequeños de tus sueños (y duermes lo suficiente), los sueños te hablarán. Quizás necesites ayuda para comprender lo que te dicen (los sueños utilizan un lenguaje singular para ti, pero no dejan de haber «reglas gramaticales» comunes a todos los sueños que te ayudarán a decodificarlos). Estas reglas las puedes aprender en libros, seminarios o en la terapia junguiana. Pero no dudes de que los sueños te hablarán.

El/la amante interior como guía para una intimidad estable con el Self

El/la amante interior, esa misteriosa figura, tan especial, se presentó en el capítulo 2, pero una perspectiva espiritual de ella te permitirá comprender por qué, por ejemplo, alguien del otro género –ese género «extraño»– puede ser tan importante para la vida interior. Pues sólo este ser de un género tan diferente puede portar los aspectos más extraños y escindidos de ti mismo que anhelan emparejarse, fundirse o crear contigo. Cuanto más ames a tu amante interior, más integridad sentirás en ti; es decir, más cerca estarás de la aceptación del ego por parte del Self y de la aceptación del Self por parte del ego.

Sin embargo, no me gustaría dar a entender que tus interacciones oníricas o de imaginación activa con tu amante interior son «meros» símbolos de tus progresos hacia la integración de los polos opuestos de tus complejos. El amante interior es el modo que utiliza el Self para relacionarse con nosotros de un modo que los seres humanos podamos comprender, y lo que se te pide es que cuides de la relación del mismo modo que lo harías con un/a amante exterior. No obstante, tu amante interior aparecerá al principio en tus sueños, bajo el aspecto de tu amante exterior, de un amor del pasado o de una persona completamente extraña, o incluso bajo la forma de una figura nueva en cada sueño. Con el tiempo, él o ella se fusionará y se hará muy real, y tú la reconocerás y le responderás. Tal amante interior se puede convertir en una fuente de consuelo y seguridad, así como en una guía para el Self o, incluso, una figura mucho más accesible que suplanta al Self.

Cuando nos acercamos al Self, tal estado de dicha se expresa a través de los sueños bajo la forma de una boda maravillosa con el amante interior. Otros sueños de carácter nupcial, como el de tener inconvenientes para casarse, negarse a casarse o el de ser una asistente a una boda pueden darnos pistas acerca de los obstáculos que se interponen en el camino de vuestro mutuo amor, o de la integración de algún aspecto opuesto en tu interior. Terapeutas freudianos aparte, los sueños acerca de sexo y de problemas durante la relación sexual pueden también estar asociados a la relación con el Self, o con esa parte del Self que adopta el género extraño, y quizás no tengan nada que ver con el sexo físico en absoluto.

Si el eje ego-Self está necesitando una sanación drástica, el amante interior revelará la misma idea, apareciendo bajo la forma de una perturbadora figura onírica, expresando simbólicamente todas las distorsiones que interfieren y dificultan la intimidad entre el ego y el Self. Por ejemplo, si aún te sientes afectado por el rechazo de una persona sobre la cual proyectaste al Self, tu amante interior aparecerá al principio como una figura crítica, despectiva, poco dispuesta a ayudar; puede que incluso se mofe de ti.

La «rehabilitación» de un potencial amante interior negativo a través del trabajo interior es equiparable al trabajo que tendrías que hacer en las relaciones externas día a día. A medida que trabajes sobre uno de los lados, el otro cambiará. En los dos ámbitos, quizás lo único que tengas que hacer es aprender a rendirte más, a someterte a esa unión íntima. O quizás tengas que romper una lanza por ti mismo, o ser más receptivo, o escuchar, o convencer a tu amante interior para que cambie. A través de los sueños, el Self te hablará de tus progresos.

Por ejemplo, Elise (la MAS de la que hablé en el capítulo 3, que estaba trabajando su miedo al abandono) no podía arriesgarse aún a sentir amor porque, para ella, el punto más llamativo del amor es que siempre lleva, más pronto o más tarde, a una pérdida. A medida que su trabajo interior fue avanzando, soñó con la muerte de un perro al que quería mucho (como si su psique no pudiera arriesgarse a afrontar la pérdida de un ser humano querido). En el sueño, ella sabía que estaba disgustada con la muerte del animal, pero era incapaz de sentir nada en absoluto. Entonces, su amante interior se le apareció bajo el aspecto de un monje (simbólicamente, todavía muy lejos de ser alguien con quien pudiera casarse) que llevaba a cabo un funeral por el perro. Durante el funeral, el monje lloraba sin poderse contener por ella, por su pérdida. Al oírle llorar, Elise pudo sentir cómo el pesar crecía en su interior, contra su voluntad, para finalmente emerger de sus labios en unos sonoros y humillantes sollozos, en mitad de la ceremonia. Pero todo fue bien; a nadie le importó. Después de aquello, Elise sintió una intensa e indescriptible tristeza en el sueño. Pero se le hizo más llevadero merced al ejemplo del monje, que seguía realizando su ritual a pesar de estar llorando, claramente en un acto de amor por ella.

¿Cómo puedes trabajar esta relación interior? De nuevo, ocupándote de tus sueños, a través de los cuales podrás iniciar un romance con tu amante interior, incrementándolo a través de la imaginación activa (descrita en la pág. 119). A medida que crezca el amor entre vosotros, os iniciaréis en lo que yo llamo la vida íntima con el Self.

La vida íntima con el Self

A medida que el proceso de individuación siga avanzando, los ciclos de cercanía y alejamiento del Self, o de encallamiento total en el camino, llegarán a su fin. Los sueños y la imaginación activa te proporcionarán una sensación cada vez más intensa de que las imágenes y los símbolos que recibes son mensajes de un Self muy involucrado contigo. También comenzarás a vivir mucho más los acontecimientos externos como mensajes del Self. Será como si no sólo se redujera la escisión entre los aspectos aceptables y los inaceptables de ti mismo, sino también entre el consciente y el inconsciente e, incluso, entre la vida interior y exterior. Así es, en mi opinión, cómo deberían vivir las PAS.

Una forma de comprender esta situación (lo que Jung y los posteriores analistas junguianos llamarían vivir la «vida simbólica») consiste en compararla con la vida anterior a que sanaras la escisión. Alienada del Self, la vida exterior puede parecer tan banal y sin sentido, especialmente para una PAS, que puede sentirse de hecho como estar «al borde del pozo... del río de la muerte». Para hacer que este vacío se desvanezca, tú proyectas de un modo casi inconsciente al Self sobre algo tangible, como un gran proyecto en tu trabajo, la crianza de un hijo especial, o algo incluso como el alcohol. Otras figuras que, a veces, eligen las personas para proyectar el Self pueden ser un necio gurú o predicador que te consienta que proyectes el Self sobre él, o un amor imposible. Es éste un comportamiento nacido de un anhelo espiritual ciego e instintivo, incrementado por poderosos complejos personales, como el de la necesidad de un amor básico no recibido en la infancia. Ésta es la «insensata conducta» de los versículos de Job, todo ello parte de la vida sin intimidad con el Self.

Volviendo sobre Mark y Linda

Mark y Linda (de los que hablé en el capítulo 5) son aquella pareja que pasó por tremendas dificultades debido a los sucesivos encaprichamientos de Linda, que culminaron con una aventura de ésta con otro hombre. Linda estaba desesperada, buscando ciegamente al Self, algo que Mark (o cualquier otro) no podía ser. Al final encontró lo que buscaba en su práctica espiritual, aunque al principio le pareció que había encontrado lo que buscaba en su maestro espiritual, sobre el cual había proyectado el Self. Pero su sabio maestro rechazó la proyección y le hizo ver que su matrimonio con Mark era parte de su sendero. Es decir, ella tenía que ver a Mark como algo que el Self le había dado y con el que esperaba que ella trabajara, no sin ayuda, pero sin tener otras aventuras aparte. Pues las aventuras no le iban a exigir que se acercara al Self o que integrara los aspectos escindidos de ella, como el que le hacía despreciar a Mark hasta el punto de permitirse traicionarlo. El hecho de ver sus encaprichamientos como expresiones de su necesidad de acercarse al Self fue lo que impidió que Mark y Linda se divorciaran.

¿Por qué a la intimidad con el Self se le llama también la «vida simbólica»?

Los símbolos son decisivos para la intimidad con el Self. Desde un punto de vista junguiano, un símbolo es un indicador que señala hacia algo misterioso que no se puede conocer directamente o que no se puede describir fácilmente con palabras. (Por otra parte, una señal, como es por ejemplo una señal de *Stop,* designa algo que se puede expresar fácilmente con palabras). Pero los símbolos son mucho más que eso, pues portan el mensaje del Self y la energía del Self. Están vivos, tan vivos como cualquier amante. Si no eres consciente de lo que son estas energías vivas, quizás las obedezcas ciegamente o las tomes de forma literal, no como símbolos, y las proyectes sobre personas o situaciones del mundo.

Por ejemplo, Gillian, una MAS, era una joven madre felizmente casada que, después de un solo día de clases de equitación, se encaprichó de su instructor. Él era un campeón de hípica del circuito internacional, y era famoso por sus breves y tempestuosos *affaires*, aunque se rumoreaba que las mujeres implicadas no lo habían lamentado demasiado. La potente atracción que sentía Gillian por él era lo último que esta esposa y madre sensible y concienzuda hubiera deseado sentir. Lo que pude decirle (aunque no con estas palabras) fue que sus sentimientos por aquel hombre bien podían ser un mensaje de su Self, que le señalaba que estaba haciendo caso omiso a una parte importante de sí misma en aquellos momentos –un tipo de persona autocomplaciente, salvaje y libre que vive en contacto con sus instintos, tanto a través de la sexualidad como a través de los caballos, cuyas mentes animales uno tiene que conocer íntimamente para poder ser un campeón de hípica–. Esto es a lo que apuntaba el instructor de hípica como símbolo.

Desde un punto de vista no simbólico, Gillian podía elegir entre tomarse el símbolo literalmente y tener una aventura, o bien, afinando más, podía optar por vivir como vive su amante interior jinete. Pero, evidentemente, la misma idea de hacer cualquiera de estas dos cosas y de destruir así muchas vidas le resultaba terrorífica. Sin embargo, si Gillian asumía sus sentimientos de un modo simbólico, dejarían de ser terroríficos para convertirse en una bien necesaria advertencia del Self, que le indicaba que estaba viviendo una vida parcial, sacrificándose en exceso y perdiendo el contacto con sus instintos.

Esto no quiere decir que nos lo tengamos que tomar todo tan simbólicamente que nunca hagamos nada. Es muy conveniente actuar en función de los mensajes del Self cuando podemos hacerlo de forma honorable. En el caso de Gillian, quizás ella termine cabalgando en espectáculos de hípica en años venideros, o en cualquier otra cosa equivalente para ella. (Y, si su familia es sensata, la animarán a hacerlo, dándose cuenta de que sacrificar tal esperanza, tal como se explica en el capítulo 7, no será bueno ni para ella ni para el resto de la familia a largo plazo).

Las PAS son personas que, normalmente, se preocupan mucho por tomar decisiones conscientes y éticas. Para ello, tus decisiones deben ser realmente decisiones, no gobernadas por energías que no puedes comprender. Y las PAS no son más inmunes a las compulsiones inconscientes que el resto de las personas; puede que incluso seamos menos inmunes. Así pues, tienes que ser muy bueno a la hora de considerar el mensaje simbólico del Self que pueda haber latente en un deseo.

Puede que incluso llegues a comprender la mayor parte de los acontecimientos de tu vida como una comunicación desde el Self, de tal modo que tengas la impresión de que en todas las circunstancias de tu vida ha habido una bendición y una justicia constantes. Me gusta mucho esta metáfora de Edinger: los acontecimientos de la vida, tanto los buenos como los malos, no son más que las cuentas de un rosario, el rosario de la vida, que simboliza ese largo y numinoso encuentro entre el ego y el Self.[9]

Josh y la portadora de agua

Como último ejemplo, vamos a hablar de Josh, un hombre sensible que se mostraba retraído y temeroso en el ámbito social. Intentó resolver sus problemas sociales metiéndose en un grupo de terapia en el que se enseñaban habilidades sociales, tomando algo de Prozac e, incluso, reflexionando en cómo su rechazadora madre y su ausente padre podrían haber influido en su baja autoestima, que le llevaba a un temor constante ante el rechazo social. Pero en su caso, ninguno de estos enfoques le funcionó, por valiosos que puedan ser en otros casos.

Una noche soñó con que un monstruo le apresaba, y sus forcejeos y su lucha no le valían de nada. Es decir, el Self le estaba diciendo que ni el entrenamiento en habilidades sociales, ni el Prozac ni sus reflexiones iban a poder matar al monstruo.

Josh tuvo más sueños con el monstruo, que con el tiempo fue tomando otras formas, como una bruja que lo convertía en una piedra, un desierto en el que Josh se moría de sed y una araña que lo capturaba en su red. Con la ayuda de alguien que conocía el trabajo con los sueños, Josh comenzó a reflexionar en lo que cada una de estas imágenes significaba. ¿Cómo te enfrentas a una bruja? Muchos cuentos de hadas nos ofrecen respuestas arquetípicas para la arquetípica antimadre malvada. Pero, ¿quién es la bruja en esta vida? ¿Y qué hay de la araña? Era verde. ¿Por qué verde? ¿Envidia, que dicen que es verde? ¿Qué pensaba él de las arañas? ¿Acaso las arañas son realmente malas?

Una noche soñó con una misteriosa mujer que le traía agua en el desierto. Aquello le resultó interesante. Conscientemente o no, sintió que el Self le había sugerido algún remedio. Pero ¿por qué era una mujer la que le traía el agua? ¿No sería que tenía sed de lo femenino? Él solía considerarse como demasiado femenino, pero quizás no lo fuera. Y así, el diálogo entre el ego y el Self se puso en marcha. En la actualidad ya no está atrapado por ese indiferenciado y compulsivo instinto que le lleva a retraerse en las ocasiones sociales. Ese instinto tiene cualidades,

---

9. Edinger, *Ego and Archetype*, 117.

y Josh tiene ahora algunas ideas para tratar con él. No son ideas que haya encontrado en un libro o que le haya transmitido un terapeuta (aunque, una vez más, al principio te puede ir bien aprender cómo se decodifica). Pero el sueño, el mensaje, la sabiduría le está llegando desde su propio interior.

Este simple hecho, el de que las respuestas le estaban llegando desde el interior, comenzó a tener efectos en su retraimiento y su miedo ante cualquier situación social. Incluso comenzó a cuestionarse si realmente era esa persona superficial y poco interesante que él pensaba que era. Se preguntó también si estaba realmente tan solo. Incluso, si no llegaba a casarse nunca, ¿acaso eso convertiría su vida en un caso desesperado y sin significado?

En términos de la vida íntima con el Self, Josh no tenía ni la más mínima pista de ello en un principio. Estaba completamente atrapado por su miedo instintivo a que le hicieran daño. Pero el Self, a través de los sueños, le mostró que se estaba comportando como si un monstruo lo hubiera atrapado como a un bicho en una telaraña. Estaba tan imbuido de aquella idea, tan identificado con estas situaciones, que las estaba representando en el mundo exterior. Él era el ser humano en las garras del monstruo, el insecto en la telaraña, y podría haber sido pronto el hombre enamorado de la primera mujer que apareciera para calmar su sed. Pero, a medida que se fue haciendo consciente de que las figuras interiores eran símbolos, comenzó a utilizar sus mensajes para elevarse por encima de sus respuestas instintivas, puramente inconscientes. Ya no era alguien que estuviera a merced de un monstruo o de una araña, ni alguien eternamente agradecido a una portadora de agua. Las imágenes, terroríficas o hechizantes, fueron elevadas a otro nivel, recibieron un significado. Su instinto se civilizó de algún modo.

La civilización es un asunto del ego consciente, de aquel que elige, que considera todas las consecuencias que sugieren una serie de símbolos. Tal influencia civilizadora, simbolizadora, es la especialidad de las PAS. Ése es el motivo por el cual los reyes guerreros han recurrido siempre a sus consejeros sacerdotales, a las PAS, para que les expliquen sus sueños.

Cuando todos los estados de la mente, incluso aquéllos como el miedo o la timidez, se pueden ver como encuentros numinosos entre el ego y el Self, hemos alcanzado una gran parte del objetivo de una vida espiritual. Entonces veremos el encuentro numinoso incluso cuando nos enfrentemos a los mayores miedos y pérdidas de la vida, incluso a la misma muerte. Pero una timidez como la de Josh es un buen punto para comenzar.

La unión de dos vidas simbólicas

Casi todas las religiones y tradiciones espirituales insisten en que los rituales y las prácticas sagradas se realicen en compañía, y es que las experiencias espirituales son más poderosas de esta manera. Al mismo tiempo, los rituales y las prácticas, realizados junto con las personas a las que amamos, enriquecen y sanan estas relaciones como ninguna otra cosa puede hacerlo. Si mantienes una relación y no realizáis ya rituales, si no meditáis, rezáis o vais a servicios religiosos juntos, os sugiero que deis este importante paso.

No podemos esperar que la espiritualidad se ocupe de cada problema que podamos tener en una relación, claro está. La espiritualidad enciende la luz en los pisos superiores, en tanto que el trabajo duro por comunicarse y por comprender la psicología humana –nuestros complejos, los materiales de la sombra, los instintos y la expresión simbólica– mantiene encendidas las luces en los pisos inferiores. Codo con codo, sin inclinarse ni distanciarse, sino en posición vertical, dos personas que trabajan juntas pueden convertirse en dos torres de luz. Sin embargo, vistas desde lejos, puede parecer que forman parte de una gran Ciudad de la Luz. Uno de los más repetidos símbolos oníricos del Self es el de la Ciudad Santa, y aunque yo soy en el fondo una chica de campo, en este mismo momento me estoy imaginando que el amor está a punto de llegar a su casa en esa ciudad, haciéndose uno con sus ritmos y su vida (una torre, o dos torres) en el luminoso paisaje de la ciudad.

Así pues, ¿qué es el amor?

Nos estamos aproximando al final de este libro y nos encontramos ya en posición de comprender el amor de una forma radicalmente distinta. En el capítulo 4, definí el amor de un modo más bien árido, como «el deseo de entablar y mantener una relación íntima con otra persona en particular», pero ahora podemos comprender que esa otra persona puede ser quienquiera que tenga los atributos necesarios para que proyectemos sobre ella el Self. Así pues, en cierto sentido, todo amor se dirige hacia el Self, se dirige hacia la Ciudad Santa para permanecer allí erguidos, codo con codo al lado de tu amante, dos torres en el horizonte de la ciudad. Incluso cuando nuestro amor lo dirijamos hacia un automóvil o un perro, y ciertamente cuando lo dirigimos hacia una madre, un amigo, un amante, lo que estamos intentando hacer es amar al Self.

En mi opinión, esto no significa que el amor por otra persona ensombrezca nuestra visión del verdadero objetivo, el Self, una idea que vienen a sugerir algunas tradiciones espirituales. Desde mi punto de vista, el amor interpreta más papeles que ése. Por un lado, cada vez que nuestro amante nos decepciona por el mero hecho de que no es el Self, ahondamos en nuestro interior hasta que encontramos lo que buscamos. Pero algunos amores humanos parecen ser también senderos hacia el Self, tal como lo explican los sufíes; desde *fana* a *baqa,* desde la visión de lo divino en la persona amada hasta la visión de la persona amada como parte de lo divino (¿te acuerdas de esto en el capítulo 4?). Para que esta transformación tenga lugar, y para estabilizarla después a fin de que pueda soportar todas las tormentas, tu amor y tú vais a necesitar tiempo.

Para las PAS con amores de larga duración

Lo más probable es que una PAS desee una relación prolongada, dado que, después de reflexionar sobre ello, tenemos la sospecha de que es ahí donde podemos encontrar un mayor potencial para la profundidad (aunque, por término medio, las relaciones se hagan menos satisfactorias con el transcurso del tiempo, y la mitad de todos los matrimonios terminen en divorcio). Aunque también podemos tener motivos menos gloriosos para desear una relación estable, dado que nos disgustan los cambios, así como rechazar o ser rechazadas, somos conscientes de que los finales son inevitablemente dolorosos y que las alternativas probablemente no sean mejores en modo alguno.

Sea cual sea el motivo por el cual insistimos, las relaciones de larga duración son necesarias para potenciar la intimidad con el Self, del mismo modo que la intimidad con el Self es necesaria para profundizar en nuestro amor a largo plazo. De acuerdo con Jung, y por introvertido que Jung fuera, ambas formas de crecimiento personal requieren decididamente del mantenimiento de una relación.

> El ser humano sin relaciones carece de totalidad, pues sólo puede alcanzar la totalidad a través del alma, y el alma no puede existir sin su otro lado, que se encuentra siempre en un «Tú». La totalidad es una combinación de Yo y Tú, que se muestran como partes de una unidad transcendente cuya naturaleza sólo se puede captar simbólicamente.[10]

En parte, Jung está diciendo que con nuestros amantes podemos enfrentarnos a nuestras sombras y complejos, retirar nuestras proyecciones y aceptar nuestros límites en razón de nuestra personalidad y temperamento, y tenemos además la oportunidad de transcender esos límites, de alcanzar la totalidad gracias a que el otro posee algo de lo que nosotros carecemos. Pero aún hay más a mi entender: la sugerencia de que la relación es parte del Self, un nuevo símbolo del Self que apunta hacia el Self.

Quizás no todas las relaciones tengan este intenso sentido de venir del Self y retornar a él. Pero, cuando una relación lo tiene, creo que hay algo de predestinación en ella. Un ejemplo que me encanta, debido entre otras cosas a que procede del lugar donde vivo, es la historia de amor del poeta Robinson Jeffers y de Una Call Kuster.[11] Jeffers es famoso por sus versos, escritos principalmente en la década de 1920, acerca del sentido y el significado que encontró en su tierra natal, las agrestes tierras de California al sur de Monterey. Siendo evidentemente un hombre altamente sensible, se enamoró con locura de Una cuando se conocieron en Los Ángeles, en un curso de posgrado en alemán avanzado. Ella era una mujer dinámica, apasionada y bien educada,

---

10. Jung, *The Practice of Psychotherapy,* 244-245.
11. J. Karman, *Robinson Jeffers: Poet of California* (Brownsville, OR: Story Line Press, 1996).

singularmente capaz para apreciar las profundidades del poeta. Por desgracia, ella estaba ya casada con un encantador pero superficial hombre de negocios que tenía poco en común con ella, salvo el rico entorno social de Los Ángeles en el que se habían conocido.

Robinson y Una intentaron cortar su relación una y otra vez pero, después de un año de separación voluntaria, Robinson volvió a Los Ángeles desde Seattle y, a la media hora de haber llegado, se encontró casualmente con Una en la calle. Aquella coincidencia fue un símbolo, en términos junguianos, que ninguno de los dos pudo ignorar. Después de muchas penalidades (y del escándalo público, claro está), se casaron y vivieron juntos durante cuarenta y cuatro años, hasta la muerte de ella. Él construyó para ella, con sus propias manos, una casa de campo de piedra con una torre sobre un promontorio rocoso, sobre la playa. Y, sobre todo mientras construía la torre de Tor, Jeffers escribió sus mejores poemas. Tanto la torre como los poemas estaban al servicio de su amor.

Un amor que se antoja predestinado y sagrado, como el amor de Robinson y Una, parece tener vida propia. Algo nuevo ha nacido, un tercer elemento, el gran amor en sí, que es el Self, presente junto a los dos amantes. Este tercer elemento realiza exigencias a los dos amantes, como la de que Una y Robinson tuvieran que pasar por el escándalo público, y que él le construyera a ella una torre y escribiera sus poemas.

Las relaciones románticas no son las únicas que pueden parecer predestinadas, sagradas, dirigidas por el Self. Hay amistades que también pueden encajar en este patrón. Y uno puede tener más de una de esas relaciones a la vez. En el ejemplo de Arturo, Ginebra y Lanzarote, uno de los triángulos amorosos más predestinados, sagrados y dolorosos de la historia, da la impresión de que cada una de las tres parejas que formaban cada uno por separado con los otros dos tenía una relación con esta cualidad, al igual que los tres juntos.

Sea cual sea la forma que adopte una relación aparentemente predestinada por el Self, la misma relación se convierte –como en un sueño importante– en un mensaje del Self, la enseñanza de una maestro espiritual. Te pide devoción, obediencia y humilde servicio a cambio del disfrute de su dicha. Pero si os exige que os peleéis, tendréis que pelear como «dignos oponentes», por utilizar el término de Haule en

Divine Madness. Si os exige que perdonéis, tendréis que perdonar. Si os exige una confesión de vuestros pecados, tendréis que confesaros. Puede incluso exigiros que renunciéis a la presencia física del otro, pero eso también se ha de hacer como un servicio al amor, que se mantiene más sagrado y más fuerte que nunca debido al sacrificio de vuestros deseos individuales ante el Self.

¿Que cómo sabe uno cuál es la voluntad del Self? Como siempre, a través de sueños, síntomas, «coincidencias» o señales en la vida diaria, así como a través de otros indicios que señalan hacia ese mundo misterioso y numinoso que subyace a este mundo aparentemente ordinario. Tú y yo, como PAS que somos, estamos especialmente diseñadas para descifrar esa voluntad, para prestar cuidadosa atención a ello, para llevar a cabo sus requerimientos de la mejor manera que podamos, y para, haciéndolo así, permitir que la totalidad de nuestro ser, el ego y el Self, el amante y el Amor, tengan la vida y el desarrollo más plenos. Es, por así decirlo, nuestro Santo Grial.

Recordando la historia de Arturo, Lanzarote y Ginebra, cabría preguntarse por qué el amor de Ginebra y Lanzarote no fue más castigado por Dios (o por el narrador), dado que la adúltera pareja no sólo traicionó a Arturo, sino que trajo además la caída de Camelot. Pero, como señala Haule en *Divine Madness,* lo que se olvida con facilidad es que el objetivo de todo ello –de Arturo, de su reinado, de Merlín, de la Tabla Redonda, de Lanzarote, de Ginebra y del mismo Camelot– era el Santo Grial, un poderoso símbolo del Self. En la búsqueda del Self, todas las tradiciones espirituales nos dicen que habrá extrañas exigencias y tiempos oscuros para todos los implicados, pues para que nazca lo nuevo tiene primero que morir lo viejo.

Las PAS, sobre todo, no son precisamente personas a las que les gusten los cambios ni las muertes, de modo que este mensaje es importante: en las relaciones prolongadas tienes que estar dispuesto a soportar que el aspecto amistoso y agradable de tu relación se vea traicionado, quizás mediante una lucha terrible, para que renazca la pasión del Self a través del espíritu esencial. Pero, por encima de todo, tienes que estar dispuesto a ayudar en la caída de vuestros Camelots (quizás los proyectos que habíais emprendido juntos, el bonito hogar que habíais creado o los hijos que habíais criado, literal o figurativamente). Esto incluye el estar dispuesto a aceptar la caída final de tu Camelot, la muerte de uno de vosotros dos.

Cuando Lanzarote y Ginebra se retiran al monasterio y al convento respectivamente para vivir sus existencias separados y en soledad, pensamos que esto lo hacen como penitencia. Pero quizás habría que verlo como la próxima fase de su aventura amorosa, el *baqa* del que hablábamos en el capítulo 4. El Self los llevó a tal nivel de unidad que se fueron en paz a sus separadas y sagradas existencias y muertes, por siempre unidos. El Espíritu Santo les había liberado de la necesidad de la presencia física del otro para que pudieran disfrutar de una unión definitiva y más satisfactoria en el interior del Self.

Llegó la despedida

Al igual que Lanzarote y Ginebra, ha llegado la hora de liberarnos de estas palabras que nos vinculan, y de disfrutar de una relación más sutil y permanente. Es difícil escribir estas últimas líneas, pues lo siento como una pérdida. Tú y yo nos hemos acercado. Yo he sentido tu presencia en todo momento, aunque no supiera tu nombre. He intentado anticiparme a tus necesidades, tus preguntas y tus problemas. Pero esto no es más que mi naturaleza sensible; tú habrías hecho lo mismo por mí.

También debo a esta sensible naturaleza mía el hecho de que me disgusten las despedidas. Pero mi amante interior, que es un hombre sabio, intenta ayudarme en estas transiciones diciéndome que todo comienzo precisa de un final. Así pues, me consuelo con el inicio que harás con alguien, interior o exterior, hombre o mujer, de un nuevo mito o un nuevo capítulo de tu mito. Soñemos el sueño hacia delante. Buenas noches.

Índice analítico

A

B

C

D

E

F

G

H

I

J

K

L

M

N

O

P

R

S

T

V

Y

Z

Índice